신석기·청동기시대

동북아시아
묘제 문화 연구

복기대·정석배·우장문·전성영·염정하·송호정·윤호필·가종수·미야모토 가즈오

신석기·청동기시대
동북아시아 묘제 문화 연구

지은이 ㅣ 복기대 외
펴낸이 ㅣ 최병식
펴낸날 ㅣ 2016년 9월 23일
펴낸곳 ㅣ 주류성 출판사
주소 ㅣ 서울특별시 서초구 강남대로 435 주류성빌딩 15층
전화 ㅣ 02-3481-1024(대표전화) 팩스 ㅣ 02-3482-0656
홈페이지 ㅣ www.juluesung.co.kr

값 20,000원

잘못된 책은 교환해 드립니다.

ISBN 978-89-6246-292-0 93910

이 저서는 2013년도 정부(교육과학기술부)의 재원으로 한국학중앙연구원
(한국학진흥사업단)의 지원을 받아 수행된 연구임(AKS-2013-SRK-1230004).

신석기·청동기시대

동북아시아
묘제 문화 연구

복기대·정석배·우장문·전성영·염정하·송호정·윤호필·가종수·미야모토 가즈오

머리말

1.

인류역사 발전과정에서 사람이 죽은 후 무덤을 만들기 시작한 시기와 그 이전 시기는 사유체계가 전혀 다르다. 전자는 사후세계가 존재한다고 믿기 시작한 것으로 볼 수 있는데, 이는 좀 더 체계적으로 발전하면서 종교로서 성장할 수 있는 바탕이 된다. 그렇기 때문에 무덤들은 세월이 흐르면서 규모나, 매장 방법 그리고 무덤을 치장하거나 그 주변의 가꾸는 일들이 제도로 만들어지기 시작하였고, 이런 제도는 시대와 개개인의 관념에 따라 차이는 있지만 오늘날까지 불문율로 이어지고 있고, 장래에도 존속할 가능성은 매우 높다. 이렇게 무덤은 구체적으로 딱 부러지게 말을 할 수는 없지만 어떤 의미에서든지 잘 보호해야 한다는 의무와 책임감을 동반하게 만드는 구조물이다. 그러므로 무덤을 만드는 데는 무엇보다 주검을 보호해야 하는 것이 무덤조영의 1차 목표이기 때문에 최선의 방법을 동원하여 조영한다.

  예를 들면 흙이 발달한 평원지역은 육식을 하는 들짐승들로부터 주검을 보호하기 위하여 땅을 깊게 파서 주검을 보호할 것이고, 돌이 많은 지역은 무덤을 깊이 파지 않고 돌로 둘레를 돌리거나 덮어 짐승들로부터 주검을 보호했을 것이다. 이런 무덤을 만드는 방식은 원래 태생적으로 형성된 자연환경이 가장 큰 결정을 하는데, 시대가 흘러갈수록 자연환경을 활용하면서 점점 다양하게 변화해왔다. 이 변화하는 과정에서 그들만의 습관이나 풍속, 그리고 제도를 활용하여 무덤을 만드는데 이런 노력은 한 지역의 사유체계를 고스란히 반영하고 있다. 이를테면 불과 100년전까지만 하여도 한국 사회에 만연하였던 조상의 무덤자리가 후손들의 길흉화복에 큰 영향을 끼친다는 사유체계에 입각한 무덤 풍수를 한 예로 볼 수 있다.

  현대의 인류학자나 고고학자들은 이런 무덤들을 통하여 선사시대를 조명하고, 역사시대는 문헌기록에 대한 보완과 기록에는 없는 사실들을 추가로 확인하여 바른 역사를 연구하는데 활용하고 있다. 간혹 어떤 경우는 무덤발굴을 통하여 후대에 쓰여진 역사를 완전히 뒤집기도 한다. 이렇게 무덤은 역사연구에 중요한 역할을 한다.

2.

  동북아시아는 선사시대부터 지금까지 매우 다양한 무덤들이 있었다. 북쪽으로는 멀리 시베리아부터 동남진하면서 만주 지역, 한반도,

그리고 일본 열도 남단까지 이어지는 무덤의 공통적인 벨트가 있는데 그것은 돌을 사용하여 무덤을 만드는 전통이다. 물론 이 지역 무덤 모두 돌을 사용하여 무덤을 만든 것은 아니지만, 돌을 사용하여 무덤을 만드는 방식은 지역과 시대를 초월하여 물리적인 기술 활용을 제외하고는 거의 비슷한 틀을 유지하고 있다는 것이다. 그러면서 거의 무덤형식을 취하기는 하지만 무덤이 아닌 고인돌을 만들기도 하였다. 물론 이 고인돌의 형식도 지역이나 시대에 따라서 크기나 만든 방법이 차이가 있다. 그러나 최근 연구에 의하면 고인돌은 다양한 의식이 치러진 곳이라는 견해를 볼 때, 만드는 형식은 개인과 집단의 차이일 뿐 그 만든 목적은 같은 것으로 볼 수 있다. 이들에 대한 지금까지 연구된 결과를 볼 때, 생물학적인 유전자, 모든 물질에는 그들 나름대로 혼이 있다는 전통 사유체계, 알타이어계라는 친연성은 매우 가까운 것으로 나타났다. 특히 '하늘'이라는 공통의 관념체계의 유사성은 오늘날까지도 이 지역 사람들에 대한 동질성을 느끼게 만들어 놓고 있다.

이 지역의 남서쪽으로 이웃하고 있는 황토퇴적 지대인 황하유역의 문화권이 있다. 이 지역 사람들은 땅의 기운이 사람의 삶에 큰 역할을 한다는 믿음을 갖고 있다. 그러므로 황하유역 사람들은 무덤을 만드는 데도 주로 흙을 사용하여 만들었다. 물론 그 지역은 대부분이 흙이기 때문에 흙을 사용하여 생활을 한다. 그 흙을 어떻게 사용하는지는 여러 방법이 있다. 선사시대 문화권의 무덤들은 신분이 높을수록 땅속 깊이 묻혔다. 역사시대에 들어오면서 벽돌을 사용한 무덤이 만들어지면서 무한정 땅속 깊이로는 들어가지 않았다.

하늘의 기운에 의지하여 살아가는 북방사람들과는 생활풍습, 언어 경제 형태 등 대부분의 문화들이 다르다.

3.

　돌을 사용하여 무덤을 만드는 사람들과 흙을 사용하여 무덤을 만든 사람들은 서로 이웃하며 살아간다. 이런 그들은 서로의 문화들을 표면적으로 인정하면서 살아간다. 그런데 냉정히 평가해보면 간혹 그들의 문화들을 깊이 알아야 할 필요도 있다. 지금까지 동아시아지역의 역사연구를 돌아보면 황하 유역의 연구는 매우 다양하게 진행돼왔다. 이에 반해 동북아시아 지역의 역사는 황하 유역의 변방으로 연구가 진행되고 있는 중이다. 그러나 앞에서 말한 바와 같이 두 지역은 전혀 다른 문화권이다. 그렇기 때문에 어느 변방으로서의 연구가 아닌 독자적인 문화권으로 연구가 되어야 하고, 이를 바탕으로 이해가 되어야 하며, 동시에 인정이 되어야 하는 것이다. 그래야만이 학문연구의 본질인 이해를 바탕으로 미래로 가는 것이다.

　이런 맥락에서 볼 때 동북아시아의 고대문화와 이 문화가 전승되는 것이 무엇일까 고민을 해봤다. 유물, 유적을 통하여 동북아시아의 고대사를 연구하고자 할 때 가장 잘 남아 있고, 그 관련된 가치들이 남아 있는 것은 돌을 사용한 무덤들이었다. 이 무덤들은 동북아시아에서는 종횡으로 연결되고 있었다. 이는 매우 중요한 문화의 흐름임에도 불구하고 관련 학계에서 이들에 대한 간헐적인 연구는 있었지만 맥락을 짚는 연구는 되질 않았다. 그 이유는 여러 가지가 있을 것인데, 무엇보다 연구에 가장 어려운 점은 지역이 넓고, 연구 주체인 무덤들이 분포한 나라가 러시아, 몽골, 중국, 한국, 일본 등 많은 나라라는 것이다. 그렇기 때문에 맥락을 잡아서 연구하기가 어려웠던 것이다. 사정이 이렇다 하여 연구를 시도도 못한다는 것은 연구자로서 소임을 다하지 못하는 것이라 생각하여 몇몇 학자들이 의견을 모아 연구를 진행하기로 하였다.

4.

이 연구는 앞서 말한대로 시간과 국경을 초월하는 연구이면서 동시에 동아시아에서 최초로 진행되는 연구라서 구체적인 연구보다도 방향을 잡는 것을 우선으로 하였다. 그러므로 각 지역의 석제 관련 중요 유적들을 소개하고 이해를 시키고, 이를 바탕으로 앞으로 한걸음, 한걸음 더 나아가는 방향으로 초점을 맞췄다. 많은 사람들이 관심을 갖고 있는 바이칼호 지역의 유적들, 중국 요동 지역에서 새롭게 연구된 고인돌, 조사는 되었어도 아직 공개되지 않은 북한 지역의 고인돌, 그리고 한반도 남부지역에서 확인된 원방돌마당 무덤과 일본 규슈 일대 지역의 고인돌에 대한 개황과 현재도 전승되고 있는 남아시아의 고인돌 축조 등에 관한 글들을 모아 봤다.

이런 자료들은 아직 우리 학계에서 잘 알려지지 않은 새로운 자료들이라 향후 이런 연구에 관심이 있는 분들에게는 좋은 자료가 되리라 생각한다.

글을 배열하다 보니 북으로는 바이칼에서 시작하여 동남지역을 통과하여 남으로는 규수 지역까지 걸쳐 있는데, 공교롭게도 이 벨트는 한민족의 흐름과도 밀접한 관계가 있는 지역이라는 것이다. 이런 관계설정을 이해한다면 향후 이 지역의 돌을 사용한 문화에 대한 연구는 계속될 것이며, 무엇보다 한국학계에서 주도적으로 진행하는 것이 당연할 것으로 생각한다. 앞으로 많은 연구자들의 관심이 필요한 연구주제라 생각한다.

차 례 |

몽골-바이칼 지역의 청동기시대 묘제

정석배

한국전통문화대학교

I. 머리말

몽골과 바이칼은 남북으로 서로 이웃하며 동쪽의 대흥안령과 서쪽의 사얀–알타이 산맥 사이에 위치한다. 몽골은 지형적으로 동(東)몽골과 서(西)몽골로 크게 구분되는데 동몽골은 북쪽의 헨티 산맥 지역을 제외하면 대체로 초원지대에 해당되고, 서몽골은 항가이 산맥과 알타이 산맥 등 대개 산악 지역이다. 항가이 산맥에서는 셀렝가 강과 오르혼 강 등이 발원하며, 몽골 동북부 지역에 위치하는 헨티 산맥에서는 톨라 강과 케룰렌 강, 오논 강 등이 발원한다. 이 중에서 몽골의 중심부 지역을 따라 남쪽에서 북쪽으로 흐르는 오르혼 강은 동·서 몽골의 경계에 가까이 위치한다.

바이칼 지역은 역사–지리적으로 바이칼 호수를 경계로 동남쪽 지역과 서남쪽 지역으로 크게 구분되고 있는데 셀렝가 강이 합류하는 동남쪽 지역은 '자바이칼'로, 앙가라 강이 흐르는 서쪽 지역은 '쁘리바이칼'로 각각 불린다.

몽골 지역은 선사시대의 문화양상이 동쪽과 서쪽 지역이 서로 일정한 차이를 보였다. 양 지역 간의 문화적 차이는 고고학적으로 동기시대부터 확인된다. 예를 들어, 이 시기에 동몽골 지역에서는 앉은 자세의 무덤이, 서몽골 지역에서는 아파나시예보 문화와 관련된 누운 자세의 무덤이 각각 확인되고 있다. 양 지역 간의 차이는 청동기시대에 들어와 더욱 분명해지는데 서몽골 지역에서는 카라수크-히르기수르 문화가, 동몽골 지역에서는 판석묘문화가 각각 발전한다. 여기에서 지적되어야 할 점은 동기시대 아파나시예보 문화 단계 이후부터 카라수크 문화 단계 이전까지의 시기는 몽골 전 지역에 걸쳐 아직 고고학적 문화양상이 분명하지 못한 일종의 공백기로 남아 있다는 사실이다. 서몽골 지역의 가장 서쪽 부분에서는 카라수크-히르기수르 문화 단계 이후 초기 철기시대 스키타이 세계에 포함되는 찬드만-우울 문화 혹은 울란곰 문화가 발달하였다. 하지만 이 시기 동몽골을 중심으로 하는 나머지 지역은 아직 판석묘문화 단계였다.

바이칼 지역의 청동기시대는 글라스꼬보 문화에서 시작되는데 이 문화는 쁘리바이칼 지역을 중심으로 하지만 공간적으로 자바이칼 지역도 일부 포괄한다. 그 다음 단계는 쁘리바이칼과 자바이칼 두 지역이 대체로 일치하는 것으로 생각되는 바, 쁘리바이칼은 쉬베라 문화 단계, 자바이칼은 카라수크-쉬베라 문화 단계를 거쳐 판석묘문화 단계로 진입한다. 다만 판석묘문화 유적은 자바이칼과 동몽골 지역에 집중되어 있다.

따라서 이 글에서는 몽골-바이칼 지역의 청동기시대 묘제를 서몽골과 동몽골 지역의 동기시대 단계, 쁘리바이칼 지역을 중심으로 하는 글라스꼬보 문화 단계, 쁘리바이칼과 자바이칼 지역의 카라수크-

쉬베라(혹은 쉬베라-카라수크) 문화 단계, 몽골의 카라수크-히르기수르 문화 단계, 동몽골과 자바이칼 지역을 중심으로 하는 판석묘문화 단계로 나누어 각각 차례대로 살펴보기로 한다.

II. 몽골과 바이칼 지역의 청동기시대 묘제

1. 몽골의 동기시대

몽골에서 동기시대에 해당하는 무덤유적은 아직 그 수가 많지 못하지만 동몽골과 서몽골 두 지역에서 각각 조사된 예가 있다.

이 시기 동몽골 지역의 무덤유적으로는 노로블리인 울 고분이 있다.(도면 1)[1] 이 유적은 초이발산 시에서 72km 떨어져 있는 케룰렌 강 우안의 낮은 둔덕에 위치한다. 무덤은 크기가 75×70cm인 평면상 타원형의 구덩이로서 깊이는 1.6m였다. 피장자는 다리를 오므리고 앉아 있는

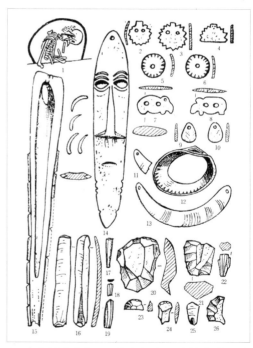

〈도면 1〉 동기시대 노르블리인-울 고분(1)과 출토 유물(2~26)(E. A. 노브고라도바 저/정석배 역, 1995)

자세로 매장되었고 황토로 덮여 있었다. 다리뼈가 늑골 아래에서 발견되었다. 이 무덤에서는 돌날 등의 석기들과 함께 백묵으로 만든 3천여 개의 원통형 구슬과 2개의 고리, 마랄 사슴과 사향고양이의 송곳니로 만든 장신구와 치레 걸이들, 조개껍질로 만든 둥근 패식과 동물상 및 팔찌, 돌날 쐐기 단검 등이 출토되었다. 그 외에도 공이의 형태를 한 석제 호부도 함께 부장되어 있었는데 위 가장자리 부분의 작은 구멍 아래로 눈썹, 눈, 코, 입 등 사람의 얼굴이 묘사되어 있다. 이 사람 얼굴 호부는 길이가 22.5cm이다. 이 유물들은 쁘리바이칼 지역의 신석기시대 및 사얀-알타이 지역의 아파나시예보 문화의 것들과 비슷한 것으로 평가된다. 노로블리인 울 고분에 매장된 피장자는 남자이며 두개골은 단두형에 높은 편으로서 몽골인종에 속한다.

서몽골 지역에서는 동기시대 무덤이 아르항가이 아이막의 알탄산달 유적과 바얀홍고르 아이막의 샤타르 출루우 유적에서 각각 3기씩 조사되었다.(도면 2)[2] 두 유적 모두 강가에 위치한다. 알탄 산달 유적에서 발굴된 무덤은 모두 평면상 원형의 봉분을 가지고 있다. 봉분은 작은 막돌과 조약돌 그리고 흙을 섞어 조성하였으며 크기는 직경 4~4.3m, 높이 0.2~0.35m이다. 봉분 아래에는 타원형의 무덤구덩이를 파고 안에 피장자를 안치하였는데 등은 아래로 하고 무릎은 세운 자세였다. 인골은 황토에 덮여 있다. 두향은 서향과 동향이 모두

---

1) 노브고라도바 E.A. 저/정석배 역, 1995,『몽고의 선사시대』, 학연문화사, 1995, pp.109~113.

2) 노브고라도바 E.A. 저/정석배 역, 1995,『몽고의 선사시대』, 학연문화사, 1995, pp.113~124.

보인다. 3기 모두에서 유물
은 출토되지 않았다.

이와 비슷한 형태의 무
덤이 샤타르 출루우 유적에
서도 발굴되었다. 무덤은 평
면상 원형이며 크고 작은 강
돌로 봉분을 만들었다. 봉분
의 직경은 6.5m부터 10m까
지이다. 유적의 3기 무덤 봉
분 아래에는 화강암 판돌로
만든 환상석열이 2열 혹은
2~3열 조성되어 있다. 무덤

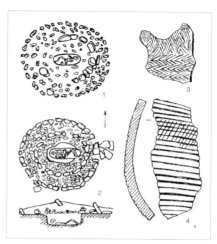

〈도면 2〉 서몽골의 동기시대 무덤과 유물
(E.A. 노브고라도바 저/정석배 역, 1995, 그림
19, 재편집)

구덩이는 타원형이고 피장자는 등은 아래로 무릎은 세운 자세로 매
장되었으며 무덤 바닥과 인골이 황토로 덮여 있다. 유물은 수점의 토
기편이 거의 전부이나, 토기의 특징이 알타이와 미누신스크 분지의
아파나시예보 문화의 것과 매우 흡사하여 이 두 무덤 유적은 아파나
시예보 문화 단계로 파악되었다. 무덤의 특징도 아파나시예보 문화
의 것과 비슷하다.

2. 쁘리바이칼의 글라스꼬보 문화

글라스꼬보 문화의 유적은 쁘리바이칼의 앙가라 강과 레나 강 상
류 지역 및 자바이칼의 셀렝가 강 하류 지역에 분포한다. 이 문화의
초기 단계는 아직 신석기시대의 면모를 지닌 것으로 파악되고 있다.

절대 연대는 A.P.오끌라드니꼬프가 1950년에 제안한 기원전 1,700~ 1,300년이 아직도 수용되고 있지만, 최근에는 방사성탄소연대를 통해 그 상한이 기원전 3~2천년기 교체기, 다시 말해서 기원전 2,000년 무렵까지 올라가고 있다. 포파노보 고분군 제2그룹의 무덤 인골들에서 확보된 3670±40년 전(27호 무덤), 3740±50년 전(36호 무덤), 3890± 50년 전(25호 무덤), 4100±100년 전(10호 무덤)이라는 연대들은 이 문화의 절대연대 설정에 매우 중요한 역할을 한다.[3] 자바이칼 지역에서는 이 시기를 포파노보 단계로 부르며, 그 중심연대는 대체로 기원전 2천년기로 보고 있다. 그런데 얼마 전에 후지르-누게 XIV 고분군에서 기원전 2700~2000년이라는 보정연대가 산출되어[4] 글라스꼬보 문화의 연대 문제는 향후 조정이 필요하다고 생각된다.

이 문화의 무덤은 300기 이상이 조사되었다. 일반적으로 수기의 무덤들이 하나의 무덤유적을 이루고 있지만, 셀렝가 강 삼각주 지역에는 80여 기의 무덤으로 된 포파노보 고분군도 있다. 이 문화에서는 피장자를 얕은 무덤구덩이에 매장을 하였는데 등을 아래로 한 곧은 자세(앙신직지-신전장), 측면으로 웅크린 자세(굴신장) 등 여러 가지의 자세를 취하고 있고, 드물게는 화장을 한 경우도 확인되었다. 대

---

3) Лбова Л.В., Жамбалтарова Е.Д., Конев В.П., 2008, Погребальные комплексы неолита — раннего бронзового века Забайкалья, Новосибирск, p.21, p.53.

4) Новиков А.Г., Вебер А.В., Горюнова О.И., 2010, Погрбальные комплексы бронзового века Прибайкалья. Могильник Хужир-Нугэ XIV, Новосибирск, p.199.

개 한 명을 매장한 단독묘이며, 2차장이 행해진 경우도 적지 않은데 일부의 뼈만 매장된 경우도 있다. 두향은 동향이 많다. 강가에 매장을 하였는데 물의 흐름을 따라 매장한 것도 있지만 물의 흐름과 반대 방향으로 매장한 것이 다수이다. 무덤 위에는 장방형이나 보트 모양으로 돌을 덮기도 하였으며 무덤구덩이 안을 판돌로 채우기도 하였다. 무덤 내에 황토가 확인되지 않는 점도 이 문화의 한 특징으로 간주되고 있는데 그것은 쁘리바이칼 지역의 신석기시대의 무덤들에는 황토가 특징적이었기 때문이다.[5]

글라스꼬보 문화의 대표적인 무덤유적은 포파노보 고분군이다. 이 고분군에서 1959년에 조사된 41기는 3개의 그룹으로 구분되었는데 제1그룹(1~7호 무덤)은 신석기시대 끼또이 문화에 해당하며, 제2그룹(8~36호 무덤)은 청동기시대 글라스꼬보 문화에, 제3그룹(37~41호 고분)은 훼손이 심하여 시기가 분명하지 못하다.[6]

포파노보 고분군 제2그룹의 무덤들은 대부분 이미 고대에 도굴이 된 상태였다. 무덤 위에는 봉분이 있는데 대부분 파괴된 상태였고 돌들이 도굴 구덩이로 들어가 있기도 하였다. 무덤구덩이는 잘 남아있지 않지만 대체로 길고(2.3m) 좁은(0.5~0.8m) 편이다. 피장자는 등을 아래로 한 곧은 자세, 측면으로 웅크린 자세, 배를 아래로 한 자세, 앉은 자세 등의 다양한 자세로 매장되어 있었고, 두향은 강물의

---

5) 정석배, 2004, 『북방유라시아대륙의 청동기문화』, 학연문화사, p.227.

6) Лбова Л.В., Жамбалтарова Е.Д., Конев В.П., 2008, Погребальные комплексы неолита − раннего бронзового века Забайкалья, Новосибирск, pp.29~67.

흐름과 상반된 방향이다.(도면 3) 도굴은 거의 예외 없이 무덤의 동편을 흘어서 하였기 때문에 도굴꾼들이 가장 값 있는 물건들이 피장자의 머리나 몸 부위에 위치하고 있음을 분명하게 알고 있었을 것으로 추측되었다. 황토를 뿌린 예는 이 그룹에서는 단

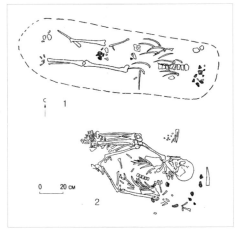

〈도면 3〉 포파노보 고분군 26호(1)와 36호(2) 무덤 평면도(르보바 L. V. 외, 2008, 그림 27 재편집)

1기의 무덤에서 확인되었다. 유물은 토기, 석기, 골각기, 청동유물 등 다양한 종류가 출토되었다.

토기에는 원저, 첨저, 평저가 있다.(도면 4) 구경은 6.9~29cm 사이이다. 태토에는 사립이나 석립이 섞여 있다. 토기 문양으로는 압인문, 진주문, 단선문, 손톱문, 공열문 등이 있다. 15호, 8호, 그리고 16호 무덤에서는 동일 개체에 속하는 토기편이 각기 출토되기도 하였다. 석기에는 화살촉, 긁개, 칼, 공이, 낚시 추 등이 있는데 갈색의 규암, 흑색과 회색의 편암, 석영 혹은 옥수로 만들었다. 골기에는 작살, 단검, 바늘통, 바늘, 낚시 바늘, 화살촉 등이 있고, 각기에는 끌, 숟가락, 칼자루 등이 있다. 마랄 사슴의 이빨과 멧돼지의 송곳니로는 구멍을 내어 치레 걸이를 만들었다. 청동유물은 7점이 출토되었다. 뿔 손잡이에 끼워진 납작 칼, 등이 있는 납작 칼, 미늘이 달린 낚시 바늘, 송곳, 바늘 등이 그것이다.(도면 5) 청동유물은 구리에 주석이나

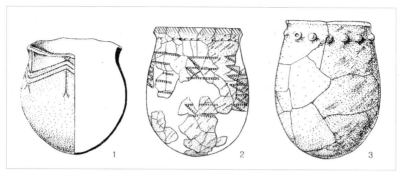

〈도면 4〉 글라스꼬보 문화의 토기(흘로브이스띤 L.P., 1987, 도면 125 재편집)

납, 비소를 합금하였
다. 20호 무덤에서는
가축 양의 뼈가 출토
되었다.

　글라스꼬보 문화
의 다른 무덤유적의
예로 부후산 고분군
을 들 수 있다.[7] 이 유
적은 자바이칼의 북
동부분의 이신가 호
숫가에 위치한다. 이

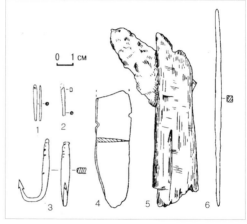

〈도면 5〉 글라스꼬보 문화의 청동유물(르보바 L.V.
외, 2008, 도면 30 재편집)

유적에서는 27기의 무덤이 조사되었는데 신석기시대, 청동기시대,

---

7) Лбова Л.В., Жамбалтарова Е.Д., Конев В.П., 2008, Погребальные к
омплексы неолита － раннего бронзового века Забайкалья, Новосиби
рск, pp.67~74.

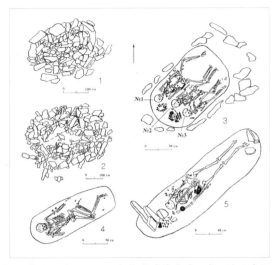

초기철기시대에 각각 해당한다. 1호, 8호, 22호의 3기 무덤이 청동기시대에 속한다. 글라스꼬보 문화 단계에는 모두 무덤 위로 돌을 덮었고, 피장자는 등을 아래로 한 곧은 자세 혹은 웅크린 자세로 매장되었다. 8호 무덤은 두향이 남동향이다. 3기 무덤에서는 공통적으로 석기가 출토되었으며, 8호 무

〈도면 6〉 글라스꼬보 문화 후기 단계 울랴르바 고분군의 무덤들(고류노바 O. I., 2002, 도면 11, 재편집)

덤에서는 낫 모양의 청동 칼도 1점 출토되었다.

　　바이칼 호수 서변에 위치하는 울랴르바 고분군에서는 글라스꼬보 문화의 후기 단계에 해당하는 무덤이 21기가 조사되었다. 무덤 위의 봉분은 평면이 타원 혹은 원형이고 판돌을 수겹 쌓아 조성하였다.(도면 6)

　　적석 봉분의 크기는 대개 4.1-6.0×6.8-7.2m이다. 5기의 무덤에서는 무덤구덩이 위를 판돌로 덮은 것이, 4기의 무덤에서는 무덤구덩이 둘레로 판돌을 두른 것이 각각 확인되었다. 무덤구덩이는 깊이가 0.25~0.6m이며, 장축은 모두 남서·서-북동·동 방향이다. 인골은 등을 아래로 한 곧은 자세, 등을 아래로 하고 다리는 접은 자세, 측면으로 웅크리고 자리를 접은 자세 등 다양한 자세가 확인되었다. 두향은 남서·서 방향이다. 단인장이 많고, 합장, 3인장 등도 보인다. 단인

장은 모두 성인의 무덤이고, 다인장에는 성인과 아이, 혹은 아이들만 매장되었다. 4기의 무덤에서는 적석 봉분 아래에서 모닥불 자국이 발견되었다. 황토를 넣은 무덤도 있다. 무덤 안에서는 대부분 유물이 출토되었다.[8]

글라스꼬보 문화 주민들은 프로토 몽골인이었을 것으로 간주되며, 앙가라 강 유역의 신석기시대 세로보 문화 주민들이 글라스꼬보 문화을 만들었을 것이라는 의견도 있다. 남성의 무덤에는 대체로 사냥 및 어로와 관련된 유물들이, 여성의 무덤에는 가사와 관련된 유물 및 장신구가 주로 부장되어 있어 성과 나이에 따라 노동이 분화되어 있었던 것으로 파악된다. 포파노보 고분군에서 발견된 가축화된 양의 뼈는 자바이칼의 글라스꼬보 문화인들에게 목축이 존재하였음을 입증하는 최고의 증거이다.[9]

이 문화의 무덤에서는 지역의 신석기시대 무덤유적에서와는 달리 조합식 활이 보이지 않는다. 때문에 이 문화에서는 사냥이 부업이었고 어로가 주업이었을 것으로 판단된다. 청동유물은 기원전 18~15세기로 편년되는 남시베리아 미누신스크 분지의 오쿠네보 문화의 것과 가장 가까운 것으로 간주된다. 우스찌 우다 고분군 4호와 6호 무덤 그리고 세묘노프 고분군 4호 무덤에서는 맘모스의 앞니로 만든 납작한 인물상이 2점씩 출토되기도 하였다. 포파노보, 글라스꼬보, 세묘노보 등의 무덤에서 발견되는 옥고리는 사얀-알타이 지역에서 발원한 세

---

8) Горюнова О.И., 2002, Древние могильники Прибайкалья, Издательство ИГУ, pp.17~21.

9) 정석배, 2004, 『북방유라시아대륙의 청동기문화』, 학연문화사, p.229.

<도면 7> 글라스꼬보 문화 인물 복원도(오끌라드니꼬프 A.P., 1955, 도면 71·71, 재편집)

이마-뚜르비노 문화에서도 확인되어 당시 '옥의 길'이 존재하였다는 한 증거로 제시되기도 한다. 글라스꼬보 문화인들의 의복은 퉁구스(에벤키, 에벤) 인들과 유카기르 인들의 의복과 가장 흡사하게 복원된다.(도면 7)[10]

3. 쁘리바이칼과 자바이칼의 카라수크-쉬베라 문화

1950년에 A.P.오끌라드니꼬프가 쁘리바이칼 지역의 선사문화에 대한 시기구분에서 글라스꼬보 문화 다음 단계로 쉬베라 단계를 설정하였고 카라수크 문화 유물들과의 비교를 통해 기원전 1300~900년

10) 정석배, 2004,『북방유라시아대륙의 청동기문화』, 학연문화사, p.232.

으로 편년하였다. 이 단계에 쁘리바이칼과 자바이칼 지역 그리고 야쿠치아 지역에 이르기까지 칼, 검, 유공부 등 카라수크 유형의 청동유물이 널리 확인된다.(도면 8)[11] 하지만 이 청동유물들은 대부분이 수습 유물이다. 이 단계의 유적으로는

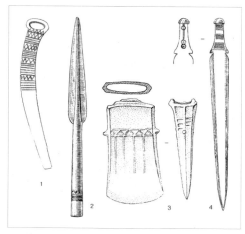

〈도면 8〉 카라수크-쉬베라 문화의 청동유물(흘로브이스찐 L. P., 1987, 도면 134 재편집)

앙가라 강 유역의 쉬베라 고분군, 앙가라 강의 지류인 벨라야 강 유역의 슈밀리하 고분군, 바이칼 호수 서변의 울랴르바 고분군 등을 들 수 있으며, 그 외 셀렝가 강 유역의 포파노보 고분군에서도 이 단계의 유물이 출토되었다.

쉬베라 고분군에서는 이 단계에 속하는 무덤이 모두 12기가 조사되었다. 7기는 성인, 3기는 어린이, 2기는 유아의 무덤인데, 그중 1기에는 성인과 유아가 함께 매장되어 있었다. 1기의 웅크린 자세 남성을 제외하고 나머지는 모두 등을 아래로 한 곧은 자세이다. 일부 인골은 불에 타기도 하였다. 대부분 무덤 위에는 적석을 하였는데, 그

---

11) Хлобыстин Л.П., 1987, Бронзовый век Восточной Сибири // Эпоха бронзы лесной полосы СССР, Москва, p.341.

중 6호 무덤에는 적석을 한 것이 보트 모양을 하고 있다. 5호 무덤은 특기할 만하다. 적석 봉분은 판돌과 강돌로 만들었고, 그 아래 크기가 2.1×1.5m인 무덤구덩이에는 2개체의 남성 인골이 위 아래 서로 겹쳐져 있었다. 아래의 인골은 등을 아래로 한 곧은 자세였고, 위의 인골은 왼쪽으로 심하게 웅크린 자세였다. 두 인골 모두 두향은 강물의 흐름 아래쪽을 향하는 북북서쪽이었다. 위 인골의 엉덩이뼈는 불에 탔고, 이 인골에게서 마랄 사슴의 송곳니로 만든 15점의 구슬이 놓여 있었다. 아래 인골의 가슴에서는 한쪽은 대롱으로 되어 있고 다른 한쪽은 날름거리는 혀를 가진 환상적인 동물의 머리모양으로 된 청동 축모양의 유물이 놓여 있었다. 쉬베라 고분군에서 수량은 많지 않지만 토기, 뼈로 만든 바늘통, 바늘, 화살촉, 규석으로 만든 화살촉, 돌칼, 마랄 사슴의 송곳니로 만든 목걸이, 멧돼지의 송곳니로 만든 장신구, 옥고리 등의 유물이 출토되었다.[12]

벨라야 강의 하구 좌안에 위치하는 슈밀리하 고분군은 쁘리바이칼의 청동기시대 무덤유적 중에서 규모가 가장 크다. 모두 46기의 무덤 가운데 36기의 무덤이 발굴되었다. 발굴된 무덤 26기는 슈밀리하 그룹으로 구분되었는데 글라스꼬보 문화와 카라수크 문화 유형의 유물들이 특징적이다. 슈밀리하 그룹 무덤들에는 피장자가 앉은 자세로 매장되었다.(도면 9) 그중 2기에는 여자와 어린이, 유아와 어린이가 각각 합장되어 있었다. 6기의 무덤에서는 등을 아래로 한 곧은 자

---

12) Хлобыстин Л.П., 1987, Бронзовый век Восточной Сибири // Эпоха бронзы лесной полосы СССР, Москва, pp.341~342.

세의 인골이 발견되
었다. 3기의 무덤에
서는 인골이 흩어져
있어 2차장이 행해
졌을 것으로 판단되
었는데 한 무덤은 2
명의 여성과 2명의
어린이 뼈가 확인된
집단묘였다. 두향은
대개 북향으로서 벨
라야 강의 물의 흐름
과 동일한 방향이나,
7기의 무덤은 다른
방향이다. 인골에는
불의 흔적이 남아 있
는 경우도 있으며,

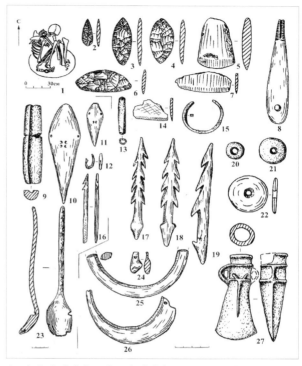

〈도면 9〉 슈밀리하 고분군 슈밀리하 그룹 무덤(1)과 출토 유물들
(2~27)(고류노바 O.I., 2002, 도면 3)

집단무덤 위에서는 모닥불의 흔적이 확인되었다. 황토가 사용된 예
도 있었다.

　여성의 무덤에서는 뼈로 만든 바늘, 바늘통, 뚜르개, 돌로 만든 밀
개, 격지, 돌날, 결합식 낚시 바늘의 몸체, 숫돌, 옥으로 만든 자귀,
마랄 사슴과 멧돼지의 송곳니로 만든 장신구, 뼈와 파스타로 만든 목
걸이, 옥가락지 등이 출토되었다. 37호 무덤에는 자작나무 껍질로 감
싼 여성과 아이가 함께 매장되었는데 가슴 부분에서 2개의 귀가 달린
구리 유공부가 출토되었다. 여성의 무덤에서는 주로 가사 관련 도구

와 장신구가 출토되었다.

남성의 무덤에서는 유물이 더 많이 출토되었는데 사냥 도구, 어로 도구, 가사 도구, 생활 공구 등이 부장되어 있었다. 사냥 도구로는 화살촉, 규석, 옥, 혹은 구리고 만든 칼, 뼈 단검 등이 출토되었다. 어로 도구에는 뼈로 만든 낚시 바늘, 돌로 만든 복합식 낚시 바늘의 몸체, 뼈 혹은 뿔로 만든 작살 등이 있다. 그 외 옥으로 만든 도끼, 자귀, 끌, 규석으로 만든 천공기, 살대 다듬이, 뼈로 만든 마연기, 바늘, 숟가락 등도 발견되었다. 마랄 사슴과 멧돼지의 송곳니로 만든 장신구, 옥으로 만든 고리와 원판, 구리로 만든 팔찌 등도 출토되었다. 남성의 무덤에서는 동물 혹은 사람 모양의 형상도 발견되었다. 38호 무덤에서는 뼈로 만든 사람모양 형상 2점과 큰 동물의 척추 뼈로 만든 사람모양 마스크 1점, 뼈로 만든 뱀 모양의 형상 1점, 그리고 시베리아 코뿔소의 대퇴골로 만든 큰 사슴 형상 1점이 출토되었고, 22호 무덤에서는 노루의 하악골로 만든 곰상이 3점 출토되었다. 또한 슈밀리하 고분군의 한 파괴된 무덤에서는 뼈로 만든 높이가 14.9cm인 여성상도 1점 출토되었다. 사람 형상 혹은 동물 형상의 유물들이 남성 무덤에만 부장되어 있기 때문에 당시 숭배의례는 남성들이 주관하였을 것으로 판단되었다.

금속 유물은 대개 순동으로 제작하였지만 주석 청동으로 만든 바늘통과 비소 청동으로 만든 팔찌와 칼도 있다. 슈밀리하 고분군에서는 물고기의 뼈를 비롯하여 개, 말, 소, 염소(혹은 양) 등과 같은 가축의 뼈도 발견되었지만 경제생활에서 가장 중요한 역할을 차지한 것은 사냥과 어로였을 것이다.[13]

4. 몽골의 카라수크-히르기수르 문화

카라수크 문화는 남시베리아의 미누신스크 분지를 중심으로 가장 많은 유적 조사가 이루어지고 그리고 연구되었다. 하지만 그 유적과 유물은 서몽골 지역을 포함하여 남쪽의 고비와 오르도스에서 북쪽의 남시베리아 끄라스노야르스크 지역까지의 광대한 범위에 걸쳐 분포한다. 서몽골의 청동기시대는 바로 이 카라수크 문화와 깊은 관련이 있지만, 미누신스크 분지와는 문화 내용에서 많은 차이를 보이는 것이 사실이다. 가장 큰 차이는 미누신스크 분지에서 수없이 조사되고 있는 석관묘가 거의 보이지 않고, 미누신스크 분지와는 달리 사슴돌과 히르기수르가 집중적으로 분포하고 있다는 점이다. 또한 미누신스크 분지에서는 청동 칼과 단검 그리고 장신구 등과 같은 카라수크 문화의 대표적인 유물들이 대부분 무덤에서 출토되었다면 몽골 지역에서는 대부분 수습유물인 점이 또한 차이를 보인다.

서몽골 지역의 청동기시대에 대해서는 일찍이 E.A.노브고라도바가 '카라수크 시대'로 지칭하면서 논의를 전개한 적이 있기는 하나[14] 아직 학계에서 널리 받아들여지지 못하고 있고, 또 다른 대안도 제시되지 못한 상태이다. 이 글에서는 서몽골의 카라수크 문화 단계 고고학문화를 몽골 '카라수크-히르기수르 문화'로 부르고자 한다. 이 용어는 이 지역의 이 시기 문화양상을 잘 반영한다고 생각된다.

미누신스크 분지의 카라수크 문화는 전통적으로 기원전 13~8세

---

13) Хлобыстин Л.П., 1987, Бронзовый век Восточной Сибири // Эпоха бронзы лесной полосы СССР, Москва, pp.342~343.

14) 노브고라도바 E.A. 저/정석배 역, 1995, 『몽고의 선사시대』, 학연문화사.

기로 편년되었지만, 최근에는 방사성탄소연대를 통해 기원전 14~9세기가 더 정확한 것으로 인식되고 있는데,[15] 몽골 카라수크-히르기수르 문화의 연대도 기본적으로는 이와 비슷할 것이다. 다만 히르기수르는 더 늦은 시기까지 조성된 것으로 파악된다.

　몽골 카라수크-히르기수르 문화에서는, 미누신스크 분지와는 달리, 무덤유적이 거의 발굴되지 못하였다. E.A.노브고라도바는 테브쉬 우울 고분군에서 발굴된 몇몇 무덤을 이 시기의 무덤으로 파악하고 있다.[16] 테브시 우울 유적은 몽골 중부 지역인 우부르항가이 아이막의 테브쉬 우울 산 남쪽 기슭에 위치한다. 이 유적에는 적석총과 히르기수르 이외에 측면들이 오목하게 들어간 소위 '형상무덤'들도 위치한다. 부근에는 바위그림유적도 있다. 바로 이 '형상판돌무덤' 3기가 1971년에 V.V.볼꼬프에 의해 발굴되었다.[17] 3기의 무덤 모두에서 인골은 깊이 1m까지의 좁은 무덤구덩이에 매장되어 있었는데, 모두 배를 아래로 한 자세였고, 머리는 동쪽을 향하였다. 그중의 한 무덤에서는 원통형의 파스타 목걸이 알들과 함께 금으로 만든 머리핀이 2점 출토되었다. 이 머리핀에는 터기 옥이 상감되어 있으며, 머리

---

15) 보고벤꼬 N.·레그란드 S. 지음/정석배 옮김, 2015, 『동부 유라시아 미누신스크 분지의 고대 문화들(기원전 4~1천년기)』, 단국대학교 출판부, pp.27~30.

16) 노브고라도바 E.A. 저/정석배 역, 1995, 『몽고의 선사시대』, 학연문화사, pp.208~209.

17) Волков В.В., 1972, Раскопки в Монголии // Археологические открытия 1971 года, Москва, pp.54~556.

부분은 산양의 머리 모양을 하고 있다. 이 무덤을 발굴한 V.V.볼꼬프는 이 머리핀이 카라수크 문화의 단검 검파두식을 연상시킨다고 지적하였으면서도 무덤의 연대는 스키타이 시대일 것이라고 판단하였다. 다른 2기 무덤에서는 560점 이상의 파스타 목걸이 알, 126점의 홍옥 목걸이 알, 24점의 터키 옥 목걸이 알, 약 200점의 반구형 청동 패식, 숫돌, 채색 토기편 등이 출토되었다.

이 3기 무덤의 연대와 관련하여 E.A.노브고라도바는 배를 아래로 한 자세는 남시베리아의 아파나시예보 문화와 중국의 은 시기 유적 및 쁘리바이칼의 청동기시대 무덤들에서 확인된 바 있고, 그리고 금제 머리핀의 산양 장식은 카라수크 문화의 손칼과 단검에 보이는 바로 그 형태이기 때문에 이 무덤들은 기원전 2천년기 후반부의 카라수크 시대로 편년되어야만 한다고 생각한 것이다. 사실 이 3기의 무덤은 금제 머리핀은 카라수크 시기의 것일 가능성이 높지만 무덤 자체로만 본다면 판석묘문화의 것이 분명하다. 더욱이 판석묘문화의 이른 단계 무덤들은 카라수크 문화 단계로 편년되고 있어 이 무덤들에 대한 문제는 매우 논쟁적이라 하겠다.

카라수크-히르기수르 문화에는 수습유물이 대부분인 청동 도구와 무기 외에 사슴돌과 히르기수르 그리고 전차그림이 새겨져 있는 바위그림이 있다. 사슴돌은 몽골의 서쪽 지역에서 500여 개가, 동쪽 지역에서 10여 개가 각각 발견되어[18] 동몽골을 중심으로 하는 판석묘

---

18) 노브고라도바 E.A. 저/정석배 역, 1995,『몽고의 선사시대』, 학연문화사, p.261.

문화보다는 서몽골을 중심으로 하는 몽골 카라수크-히르기수르 문화에 더욱 특징적임을 알 수 있다. 사슴돌은 흔히 히르기수르와 같은 제사유적에 함께 시설되어 있다. 예를 들어, 홉스굴 아이막의 우쉬긴 우부르 제사유적에는 히르기수르의 앞과 곁에 3줄로 평행하게 늘어져

〈도면 10〉 몽골 홉스굴 아이막 우쉬긴 우부르 제사유적 복원도(E.A.노브고라도바 저/정석배 역, 1995, 도면 55, 재편집)

있는 방형 혹은 원형의 부속유구들과 함께 사슴돌이 15개 세워져 있었다.(도면 10)[19] 다른 형태의 제사유적에도 사슴돌이 사용되었다. 바얀홍고르 아이막의 헤레그수리인 덴지 제사유적은 돌 상자 모양으로 만들어져 있는데 이곳에서도 모두 15개의 사슴돌이 발견되었다.[20] 이 돌 상자의 바닥은 불에 탄 뼈와 숯으로 덮여 있었고, 동벽의 단에는 7개의 염소 두개골, 4개의 양 두개골, 1개의 송아지 두개골, 그리고 말의 굽과 턱뼈들이 놓여 있어 이곳에서 동물 희생행위가 이루어졌음을 보여 주었다. 다만 헤레그수리인 덴지 제사유적에 대해서는 판석묘문화의 것이라는 의견도 있음을 지적할 필요가 있다.

---

19) 노브고라도바 E.A. 저/정석배 역, 1995, 『몽고의 선사시대』, 학연문화사, pp.299~301.

20) 노브고라도바 E.A. 저/정석배 역, 1995, 『몽고의 선사시대』, 학연문화사, p.297.

히르기수르는 기본적으로 제단역할을 하였던 것으로 파악되고 있지만 무덤으로 사용된 경우도 확인된 바 있다. 1988년에 조사된 자브한 아이막 토손쳉겔 솜 소재지 부근의 5기 중 3기에서 사람을 매장한 흔적이, 2001년도에 조사한 볼간 아이막 다신칠렌 솜의 1기 히르기수르의 적석부 아래 지표면에서 인골이 각각 발견되었다.[21] 히르기수르에는 피장자를 매장할 때에 무덤 구덩이를 따로 파지 않고 지면에 바로 시신을 눕히고 그 위에 돌을 쌓아 매장을 하였다.

히르기수르는 판석묘 및 사슴돌과 짝을 이루고 있는 경우가 많으며,(도면 11) 형태와 구조가 매우 다양하여 몽골 중서부 지역의 것만 30여 종류로 구분되기도 한다. 하지만 거의 모든 히르기수르는 공통의 요소가 있는데 먼저 히르기수르 가운데에 위치하는 원형의 대형 적석부이다. 이 적석부 둘레에는 원형 혹은 방형으로 호석을 둘렀고, 이 호석의 안과 밖

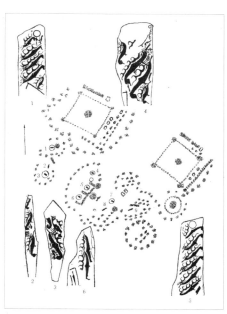

〈도면 11〉 몽골 홉스굴 아이막 주느이 골의 히르기수르 평면도와 사슴돌(E. A. 노브고라도바 저/ 정석배 역, 1995, 도면 62)

---

21) 체벤도르지, 2008, 「몽골의 선사시대」, 『돌에 새겨진 유목민의 삶과 꿈』, 국립경주문화재연구소·직지성보박물관·몽골과학아카데미 고고학연구소, pp. 270~272.

에는, 흔히 밖에 작은 원형 혹은 방형의 돌 구조물을 여러 겹으로 돌려놓았다.[22] 이 돌 구조물은 제사유구로 생각되고 있으며 홉스굴 아이막 부렌톡토흐 솜의 1기 히르기수르에서는 바로 이 호석 밖의 제사유구에서 말의 머리뼈와 턱뼈가 출토되었고, 상기한 볼간 아이막 다

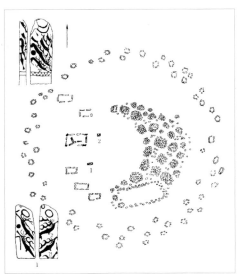

〈도면 12〉 몽골 볼간 아이막 사이한 솜의 히르기스르 평면도와 사슴돌(E.A.노브고라도바 저/정석배 역, 1995, 도면 59)

신칠렌 솜의 히르기수르 호석 밖의 부속유구에서는 말 머리뼈가 부장되어 있었다. 일부 히르기수르에는 중앙 적석부에서 둘레의 호석까지 사방으로 돌로 '길'을 만들어 놓기도 하였다. 히르기수르 중에는 중앙 적석부가 1개가 아니라 다수가 초승달 모양을 이루고 그 둘레로 원형의 부속유구들이 환상으로 배치된 독특한 구조의 것도 있는데 볼간 아이막 사이한 솜의 히르기수르를 그 예로 들 수 있다.(도면 12)[23] 히르기수르의 규

22) 체벤도르지, 2008, 「몽골의 선사시대」, 『돌에 새겨진 유목민의 삶과 꿈』, 국립경주문화재연구소·직지성보박물관·몽골과학아카데미 고고학연구소, p.270.

23) 노브고라도바 E.A. 저/정석배 역, 1995, 『몽고의 선사시대』, 학연문화사, p.324, 도면 59.

모는 그 종류만큼이나 다양하며 직경이 100m 이상 되는 것들이 적지 않다.

히르기수르에는 유물이 매우 빈약하지만 토기편 등이 발견되기도 하고, 볼간 아이막 다신칠렌 솜의 히르기수르에서는 중앙 적석부에서 청동 유공부가 출토되어 히르기수르가 기원전 2천년기 말에서 1천년기 초 사이에 축조되었을 것으로 판단하는 주요 근거가 되고 있다.[24]

5. 몽골과 자바이칼의 판석묘문화

판석묘, 즉 판돌무덤은 동몽골과 자바이칼 지역에 집중되어 있지만, 동북쪽으로 쉴까 강까지, 동쪽으로 대흥안령의 서쪽까지, 남쪽으로 고비까지, 서쪽으로 항가이 산맥까지의 동서 1,800km, 남북 1,400km라는 매우 광범위한 지역에 걸쳐 확인된다.[25] 판석묘의 기본적인 분포지는 초원지대와 삼림초원지대이다. 몽골에서는 판석묘들이 케룰렌 강과 오논 강 유역의 넓은 초원지대에 집중 분포되어 있고, 자바이칼 지역에는 셀렝가 강, 쥐드 강, 치꼬이 강, 힐까 강, 우다 강 등의 강안에 주로 분포하는데 모두 풀이 풍부하게 나 있어 목축에

24) 체벤도르지, 2008, 「몽골의 선사시대」, 『돌에 새겨진 유목민의 삶과 꿈』, 국립경주문화재연구소·직지성보박물관·몽골과학아카데미 고고학연구소, p.272.

25) Цвиктаров А.Д., 1998, Культура плиточных могил Монголии и Забайкалья, Улан-Удэ, pp.23~26.

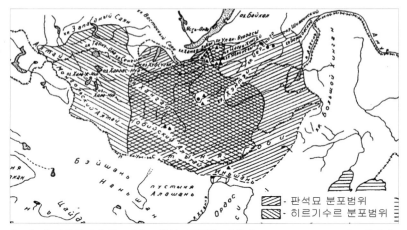

〈도면 13〉 판돌무덤과 히르기수르의 분포영역(쯔이빅따로프 A.D., 1998, 그림 2 재편집)

매우 유리한 지역이다. 판석묘문화의 유적들은 몽골의 중부 및 중서부 지역에서 히르기수르와 분포 범위가 서로 겹친다.(도면 13)

　　판석묘문화의 고분군은 일반적으로 규모가 작은 편으로서 3~5기부터 10~15기까지의 판석묘(혹은 판돌무덤)로 이루어져 있다. 대형 고분군은 손에 꼽을 정도인데 무덤의 수가 몽골의 옴긴 호틀린 유적에 약 50기, 데드 올지인 유적에 24기, 부랴트의 아짜가트 1 유적에 29기, 오논 강 유역의 부달란 동쪽 유적에 44기 등 대개 24기부터 50기 사이이다. 판돌무덤들은 무질서하게 배치된 것들도 있지만 평행하게 열을 이루며 배치된 경우도 적지 않다. 후자의 경우에는 무덤들이 북─남 방향으로 배치된 경우가 많지만 동─서 방향으로 배치된 경우도 있다. 열을 이루는 경우 열의 수는 1열부터 7열까지가 확인되었다. 오논 강 유역의 후고토이 유적에는 31기의 무덤이 5열로, 부달란 동쪽 유적에는 44기의 무덤이 7열로 각각 배치되어 있다. 무질서한

배치에서는 간혹 개별 무덤들이 따로 군을 이루기도 한다. 판돌무덤들은 히르기수르와 함께 있기도 한데 이때에는 히르기수르와 나란히 배치되기도 하고, 히르기수르를 둘러싸는 식으로 배치되기도 하고, 히르기수르의 호석과 적석시설 사이에 위치하기도 하며, 판돌무덤의 적석 부분이 히르기수르의 호석과 겹쳐져 있기도 한다. 판돌무덤들은 황토로 그린 바위그림 유적들과 서로 인접하고 있는 경우도 많다. 판돌무덤들과 이 바위그림들은 서로 비슷한 시기에 조성된 것으로 파악되지만 아직 그 상관문제는 잘 연구되지 못한 상태이다.[26]

판돌무덤은 기본적으로 무덤으로 조성되었지만 무덤이 아닌 제사시설로 만들어진 것들도 있다. 판돌무덤식 제사시설에는 모두 사슴돌이 사용되었고 내부에서 다량의 가축 두개골이 발견된다. 자바이칼의 치타 주에 위치하는 람스까야 산 부근에서 발굴된 제사시설은 판돌로 칸막이가 된 4개의 실로 구성되어 있는데 유구의 전체 크기는 22×3m이고 장축은 북-남 방향이다. 가장 남쪽의 1호 실에서는 68개체의 소, 양, 말의 두개골과 뼈가, 다른 실들에서도 다량의 가축 뼈가 각각 출토되었다. 자바이칼의 발지노 호수 부근 및 오논 강 유역에서는 100기 이상의 '판돌무덤'이 원형 혹은 방형을 이루거나 혹은 가운데의 큰 '무덤'을 중심으로 작은 것들이 방사상으로 배치된 것이 있는데 모두 제사유적일 것으로 판단되었다.[27]

---

26) Цывиктаров А.Д., 1998, Культура плиточных могил Монголии и Забайкалья, Улан-Удэ, pp.26~28.

27) Цывиктаров А.Д., 1998, Культура плиточных могил Монголии и Забайкалья, Улан-Удэ, p.29.

판돌무덤의 종류에 대해서는 몇 가지 의견이 제시된 것이 있지만 대개 지상에 노출된 외형만을 통해 판단한 것이었다. 일반적으로는 높은 판돌로 장방형의 호석을 두르고 네 모서리에 큰 돌을 세운 무덤, 낮은 장방형의 호석과 편평한 적석 봉분이 있는 무덤, 그리고 편평한 적석 봉분이 있고 네 측면이 안쪽으로 오목한 소위 '형상무덤'으로 구분된다. 판돌무덤 한 쪽에 다시 작은 호석을 시설한 무덤형식도

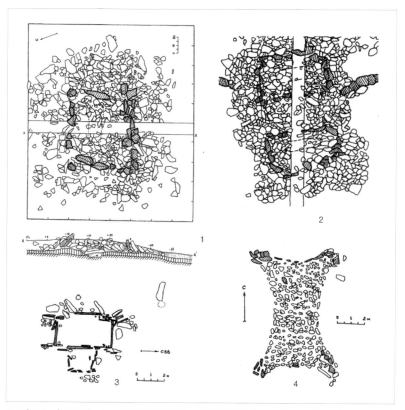

〈도면 14〉 판돌무덤: 1 – 일반적인 장방형 호석 판돌무덤, 2 – 연접 판돌무덤, 3 – 호석부가 판돌무덤, 4 – 형상무덤(쯔이빅따로프 A,D., 1998, 도면 4·12·14 재편집)

있는데 호석부가 판돌무덤으로 부를 수 있을 것이다. 그 외에 2개 혹은 3개의 판돌무덤이 호석 밖의 적석시설을 공유하면서 함께 조성된 일종의 연접 판돌무덤도 있다. 형상무덤, 호석부가 판돌무덤, 연접 판돌무덤은 사실 그 수가 많지 못하며 대부분은 장방형의 호석을 가진 판돌무덤이다.(도면 14) 판돌무덤은 모두 종류에 관계없이 무덤 위 적석시설, 호석, 호석 밖 적석시설, 무덤구덩이라는 공통의 구조를 가진다.[28]

　최근에는 판돌무덤 내부뿐만 아니라 외부도 함께 발굴을 하여 판돌무덤의 구조와 축조기법이 보다 분명하게 드러나고 있다. 부랴트의 빌치르 고분군, 울즈이트 Ⅲ고분군 등에 대한 발굴조사를 통해 판돌무덤은 다음의 과정을 거쳐 조성되었음이 밝혀졌다. 먼저 깊지 않게 무덤구덩이를 파고 시신을 안치하였고, 다음에는 무덤구덩이를 판돌로써 봉하고, 그 위로 다시 장방형으로 적석시설을 하였다. 다음에는 적석시설 둘레로 구지표면에 판돌을 수직으로 세워 호석을 조성하였는데 이 호석은 안쪽으로는 무덤 위의 적석시설이 받치게 하였고, 바깥쪽으로는 다시 돌을 깔아 호석이 서 있을 수 있게 하였다. 다음에는 간혹 동쪽으로 망석을 세우거나 혹은 자그마한 추도시설을 만들기도 하였다.[29]

　판돌무덤의 크기는 대체로 작은 편인데 호석의 규모가 길이 3~

28) Цывиктаров А.Д., 1998, Культура плиточных могил Монголии и З абайкалья, Улан-Удэ, p.32.

29) Цывиктаров А.Д., 1998, Культура плиточных могил Монголии и З абайкалья, Улан-Удэ, p.34.

4m, 너비 2~3m 사이가 일반적이다. 규모가 10×8m 내외인 큰 판돌 무덤은 드물게 발견된다. 지상 위로 돌출된 판돌의 높이는 10~20cm 부터 60~90cm 사이이지만 매우 드물게는 1.5~2m까지도 있다. 호석 의 장축은 대개 동-서 방향이다. 무덤 위 적석시설은 두께가 40~ 60cm가 일반적이지만 매우 드물게는 80cm 이상인 것도 있다. 무덤 구덩이는 평면 모양이 대개 준장방형 혹은 준타원형이며 길이는 사 람의 크기에 따라 차이를 보이고, 너비는 어깨 너비 만큼이다. 무덤 구덩이 안에서 목조구조물의 흔적이 발견된 예는 아직 없다. 1998년 현재 3기의 무덤구덩이 안에서 석관이 발견되었고, 9기에서는 무덤구 덩이 벽에 일부 판돌을 두른 것이 확인되었다. 무덤구덩이의 깊이는 15~90cm 사이이나 15~30cm가 가장 많다. 무덤구덩이의 내부 퇴적 토에서는 숯이나 재가 확인되기도 한다. 무덤구덩이는 큰 판돌로 봉 하기도 하였다.[30]

판석묘문화의 연대에 대해서는 스키타이 시대로 보는 견해와 기 원전 2천년기 중엽부터 서기 2세기까지로 보는 두 가지 의견이 있었 다. 하지만 최근 A.D.쯔이빅타로프는 무덤에서 출토된 유물 자체에 대한 편년, 유물과 유구의 전반적 특징을 통한 편년, 방사성탄소연대 라는 세 가지 방법을 적용하여 판석묘문화를 기원전 13~기원전 6세 기로 새로이 설정하고, 이를 다시 출루트이 단계와 아짜이 단계라는 두 개의 단계로 구분하였다.[31] 이른 출루트이 단계는 기원전 13~기

---

30) Цывиктаров А.Д., 1998, Культура плиточных могил Монголии и З абайкалья, Улан-Удэ, pp.40~45.

31) Цывиктаров А.Д., 1998, Культура плиточных могил Монголии и З

원전 8세기, 늦은 아짜이 단계는 기원전 8~기원전 6세기로 각각 편년되었는데, 카라스크 문화 단계와 스키타이 시대 이른 단계에 각각 상응한다. 다만 이 경우 지금까지 몽골과 자바이칼 지역에는 판석묘 문화 다음에 흉노시기가 도래한다는 지금까지의 인식과는 상당한 괴리가 생긴다. 다시 말해서 판석묘문화와 기원전 2세의 흉노 문화 이른 단계 사이에 일정한 시간적 공백기가 생기게 되는 것이다. 이에 대해 A.D.쯔이빅타로프는 덧매장이 행해진 판돌무덤들과 자바이칼 및 쁘리바이칼 지역에서 조사된 판석묘문화와는 구분되는 기원전 5~3세기의 무덤유적들이 그 시간적 공백을 메워 줄 수 있을 것이라 생각하였다.

출루트이 단계에 해당하는 30개 고분군 52개 무덤과 아짜이 단계에 해당하는 23개 고분군 33개 무덤에 대한 다각적인 분석을 통해 두 단계 무덤의 특징이 다음과 같이 도출되었다.(도면 15) 두 단계 모두에서 판돌무덤의 구조와 무덤 호석의 크기는 변화를 보이지 않는다. 다만 늦은 단계의 판돌무덤에는 이른 단계에 비해 호석 모서리 돌은 3.5배, 망석은 2.5배, 무덤구덩이에 판돌 돌린 것은 2배 각각 더 자주 보인다. 또한 늦은 단계에는 호석의 높이가 더 높고, 무덤구덩이의 깊이가 더 깊어진다. 두 단계 모두 피장자는 등을 아래로 한 곧은 자세로 매장되었고, 불을 사용한 예도 비슷하게 보인다. 하지만 비록 드물기는 하지만 이른 단계에는 황토가 사용되었지만 늦은 단계에는 전혀 보이지 않는다. 동물의 두개골은 늦은 단계에 자주 보이나, 다

абайкалья, Улан-Удэ, pp.88~106.

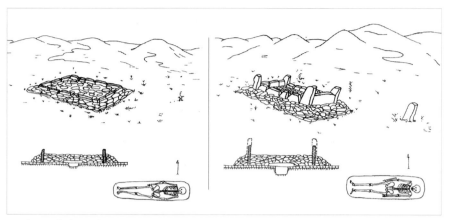

〈도면 15〉 판석묘문화의 무덤 변화 모습: 왼쪽-전기 출루트이 단계(기원전 13~8세기), 오른쪽-후기 아짜이 단계(기원전 8~6세기) (쯔이빅따로프 A.D., 1998, 도면 96 왼편, 재편집)

른 부분의 동물 뼈는 반대로 늦은 단계에 드물게 보인다. 두향은 두 단계 모두 동향이 일반적이지만, 늦은 단계에는 동향 이외의 방향도 적지 않다. 유물에서도 차이를 보이는데 늦은 단계 무덤에는 토기와 도구가 더 드물게 부장되었고, 반대로 무기와 위세품 그리고 마구 등은 더 자주 부장되었다. 물론 동일 종류의 유물인 경우에는 유형에서 차이가 난다.

판돌무덤에서 사람의 뼈가 발견된 것은, A.D.쯔이빅타로프의 연구에 의하면, 542기 중 288기(53.1%)인데 대부분 단인장이고, 합장은 매우 드물다. 피장자는 등을 아래로 하고 대개 다리와 팔은 곧게 펼쳐진 상태로 매장되었으나 팔을 굽힌 경우와 다리를 접은 경우도 없는 것은 아니다. 드물게는 케노타프도 있다. 이곳에는 인골은 없고 유물만 매장하였거나 혹은 인형에 옷을 입혀 매장을 하였다. 간혹 두개골 아래에 돌베개를 놓기도 하였고 때로는 흙을 볼록하게 모아 베

개로 삼기도 하였다. 판석묘문화의 판돌무덤에 매장된 사람들은 기본적으로 몽골인종이다.[32]

　동물의 뼈는 542기의 판돌무덤 중 107기(34.5%)에서 발견되었다. 동물의 뼈는 기본적으로 말, 양, 소, 개 등과 같은 가축의 것이며, 야생동물의 뼈가 부장된 경우는 매우 드물다. 말뼈가 가장 많은 비중을 차지하고 그 다음으로 양과 소의 뼈가 많으며 개의 뼈는 수량이 매우 적다. 동물의 뼈는 무덤구덩이보다는 무덤 위 적석시설이나 호석 밖의 적석시설 사이에서 자주 발견된다.[33]

　출토 유물은 대체로 빈약한 편인데 542기의 판돌무덤 중에서 247기(45.5%)에서만 소량의 유물이 확인되었고 나머지 무덤들에서는 유물이 전혀 발견되지 않았다. 토기, 장신구, 의복 부속품, 도구, 무기, 마구, 석기 등이 있다.(도면 16)[34]

　장신구와 의복 부속품으로는 파스타, 돌, 청동, 뼈 등으로 만든 목걸이 알, 청동 단추-패식, 청동 혹은 뼈 고리 버클, 금 혹은 청동 코일모양 장식, 청동 장식, 청동 혹은 돌 펜던트, 청동 거울, 띠꾸미개, 별 보배조개, 청동 혹은 뼈 고리, 호부, 팔찌, 옥 고리 등이 있다. 도구로는 청동 혹은 뼈 바늘통과 바늘, 뼈 송곳과 천공기, 청동 칼, 숫

---

32) Цвиктаров А.Д., 1998, Культура плиточных могил Монголии и Забайкалья, Улан-Удэ, pp.45~48.

33) Цвиктаров А.Д., 1998, Культура плиточных могил Монголии и Забайкалья, Улан-Удэ, pp.48~51.

34) Цвиктаров А.Д., 1998, Культура плиточных могил Монголии и Забайкалья, Улан-Удэ, pp.52~73.

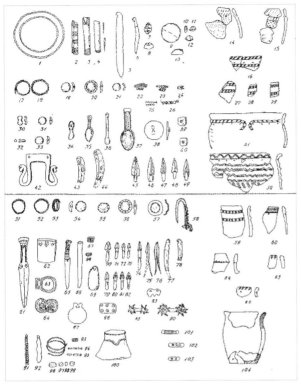

돌, 돌 거푸집, 주물용 국자, 청동 유공부, 뼈 마연기, 뼈 방추차, 돌 공이 등이 있다. 무기로는 뼈 혹은 청동 화살촉, 뿔 혹은 뼈로 만든 활 단부 덮개판, 청동 단검, 청동 'Ⅱ'형 유물 등이 있다. 마구에는 뿔로 만든 재갈멈치와 청동 채찍 손잡이가 있다. 토기는 온전한 것은 전혀 없고 모두 편 상태로만 적석시설 부분에서 출토가 되었다. 토기는 평저이며 돌

〈도면 16〉 판석묘문화의 유물: 위 – 출루트이 단계(기원전 13~8세기), 아래 – 아짜이 단계(기원전 8~6세기) (쯔이빅따로프 A.D., 1998)

대문이 특징적이다. 그 외 삼족기가 이 문화에 특징적인 토기로 알려져 있지만 사실 토기가 발견된 129기의 판돌무덤에서 삼족기가 발견된 것은 18기로서 전체 발굴된 판돌무덤의 3.3%에 불과하다. 삼족기는 대개 판석묘문화 분포권의 동쪽 지역에서 발견된다. 그 외 판돌무덤에서 숯이나 황토가 발견되기도 하는데 숯은 10% 정도 무덤의 적석시설 사이에서 확인되었고, 황토는 더 낮은 비율로 인골 부근에서

덩이 혹은 흩뿌려진 상태로 발견된다. 석기는 밀개, 돌날, 긁개, 몸돌 등이 발견되며 비율은 매우 낮다.

III. 맺음말

지금까지 몽골과 바이칼 지역의 청동기시대 묘제에 대해 각 지역, 혹은 두 지역을 포괄하는 고고학문화를 중심으로 살펴보았다. 동기시대 유적은 동몽골과 서몽골 지역에서 각각 확인되었으며, 모두 사얀-알타이 지역의 아파나시예보 문화와의 비교를 통해 시기가 추정된다. 청동기시대 바이칼 지역은 글라스꼬보 문화로 대표되지만, 몽골 지역에서는 이 단계의 유적이 아직 분명하지 못하다. 그 다음 단계는 바이칼 지역은 카라수크-쉬베라 혹은 쉬베라-카라수크 단계이고, 서몽골 지역은 카라수크-히르기수르 문화 단계, 동몽골 지역은 판석묘문화 단계이다. 다만 카라수크-히르기수르 문화와 판석묘문화는 몽골 중부 지역에서 시·공간적으로 서로 많이 겹친다. 판석묘문화는 공간적으로 자바이칼 지역까지 포괄한다. 히르기수르와 판석묘 모두 스키타이 시대 이른 단계까지는 조영된 것으로 판단된다.

몽골 지역에 대해서는 최근 국내학계에서 많은 관심을 보여 국내 학자들에 의한 유적 발굴과 지표조사 등이 이루어지고 있다. 하지만 발굴조사는 흉노시대에 거의 국한되다시피 하여 몽골 지역의 선사문화를 체계적으로 이해하는데 아직은 부족한 점이 매우 많다. 바이칼 지역에 대해서는 아직 국내학계가 거의 관심을 기울이지 못하고 있다. 이 글에서는 몽골과 바이칼 지역의 청동기시대 묘제에 대해 기왕의 러시아와 몽골에서 행해진 연구 성과를 중심으로 개관하였지만 현장조사를 수반한 것이 아니기 때문에 한계를 가질 수밖에 없을 것이다. 하지만 이 글을 통해 몽골과 바이칼 지역의 청동기시대의 문화 변천 양상에 대해 묘제를 중심으로 어느 정도의 이해는 가질 수 있을 것이라 생각한다. 앞으로는 몽골과 바이칼 지역의 선사문화에 대해 국내학계에서도 많은 관심을 가지게 되길 기대해 본다.

참고문헌

노브고라도바 E.A. 저/정석배 역, 1995, 『몽고의 선사시대』, 학연문화사.

보고벤꼬 N.·레그란드 S. 지음/정석배 옮김, 2015, 『동부 유라시아 미누신스크 분지의 고대 문화들(기원전 4~1천년기)』, 단국대학교 출판부.

정석배, 2008, 「쁘리바이칼 지역의 신석기문화」, 『한국시베리아연구』 제12권 2호.

정석배, 2004, 『북방유라시아대륙의 청동기문화』, 학연문화사.

체벤도르지, 2008, 「몽골의 선사시대」, 『돌에 새겨진 유목민의 삶과 꿈』, 국립경주문화재연구소·직지성보박물관·몽골과학아카데미 고고학연구소.

Волков В.В., 1967, Бронзовый и ранний железный век Северной Монголии, Улан-Батор. (볼꼬프 V.V., 1967, 북부 몽골의 청동기시대와 초기철기시대, 울란-바토르.)

Волков В.В., 1972, Раскопки в Монголии // Археологические открытия 1971 года, Москва. (볼꼬프 V.V., 1972, 몽골에서의 발굴조사 // 1971년도의 고고학 발견들, 모스크바.)

Гришин Ю.С., 1975, Бронзовый и ранний железный века Восточного Забайкалья, Москва. (그리쉰 Yu.S., 1975, 동부 자바이칼의 청동기시대와 초기철기시대, 모스크바.)

Горюнова О.И., 2002, Древние могильники Прибайкалья, Издательство ИГУ. (고류노바 O.I., 2002, 쁘리바이칼의 고대 고분군

들, 이르쿠츠크 국립대학교 출판부.)

Лбова Л.В., Жамбалтарова Е.Д., Конев В.П., 2008, Погребальн
ые комплексы неолита – раннего бронзового века Забайкалья,
Новосибирск. (르보바 L.V., 잠발타로바 E.D., 꼬네프 V.P.,
2008, 자바이칼의 신석기시대 – 초기 청동기시대의 매장 복합체
들, 노보시비르스크.)

Новиков А.Г., Вебер А.В., Горюнова О.И., 2010, Погрбальные
комплексы бронзового века Прибайкалья. Могильник Хужи
р-Нугэ XIV, Новосибирск. (노비꼬프 A.G., 붸베르 A.V., 고
류노바 O.I., 2010, 쁘리바이칼의 청동기시대 매장 복합체들. 후
지르-누게 XIV 고분군, 노보시비르스크).

Окладников А.П., 1955, Неолит и бронзовый век Прибайкалья
// МИА 43, Москва-Ленинград. (오끌라드니꼬프 A.P., 1955,
쁘리바이칼의 신석기시대와 청동기시대 // 역사고고자료 43, 모
스크바-레닌그라드.)

Хлобыстин Л.П., 1987, Бронзовый век Восточной Сибири // Эп
оха бронзы лесной полосы СССР, Москва. (흘로브이스띤
L.P., 1987, 동부 시베리아의 청동기시대 // 소비에트 삼림지대
의 청동기시대, 모스크바.)

Цывиктаров А.Д., 1998, Культура плиточных могил Монголии
и Забайкалья, Улан-Удэ. (쯔이빅따로프 A.D., 1998, 몽골과 자
바이칼의 판석묘문화, 울란-우데.)

Членова Н.Л., 1992, Культура плиточных могил // Степная пол
оса Азиатской части СССР в скифо-сарматское время, Моск

Ba. (츨레노바 N.L., 1992, 판석묘문화 // 스키타이-사르마트 시대 소비에트 아시아지역의 스텝지대.)

요서 지역
석제무덤의
특징 연구

·

복기대

인하대학교

I. 머리말

요서 지역은 구석기시대부터 꾸준히 사람들이 살아왔는데 지금으로부터 1만년 전후한 시기부터 집단을 이루며 살기 시작하였다. 사람들이 집단을 이루는 것은 그 사회가 혈연과 사유체계의 공통성을 공유한다고 볼 수 있다. 이들 집단들은 살아서도 집단이지만 죽어서도 집단을 이루는 것이 일반적인데, 죽은 사람들의 집단을 이루는 것은 대부분 무덤으로 나타난다. 이 무덤들은 삶을 마감하고 죽음을 맞은 육신을 묻는 곳으로 그 시대의 자연현상과 사람들의 가치관 등 다양한 것들이 반영되어 있다. 그렇기 때문에 살았을 때 존귀한 신분이던 사람은 죽어서도 존귀한 존재로 대접 받았고, 남의 부림과 멸시를 받은 사람은 그 주검이 묻힌 무덤에도 그 흔적은 나타난다. 그러므로 이러한 사회상을 반영하는 무덤을 만드는 방식은 세월이 흐르면서 많은 변화가 있고 이 변화는 그 지역과 문화에 맞게 무덤을 만드는 방식이나 관리하는 규범도 만들어지게 되었다. 이렇게 만들어진 무덤들은 훗날 역사를 연구하는데 있어서 매우 중요한 자료가 된다.

남만주 지역사를 연구하는데 무덤의 역할 역시 이 기준을 벗어나지 않는다. 특히 남만주 지역에 가장 문화가 발전하였다고 볼 수 있는 요서 지역의 신석기시대나 청동기시대 전기를 연구하는 과정에서는 문헌기록이 없기 때문에 반드시 고고학에 의존할 수밖에 없다. 이 지역의 무덤 역시 무덤 자체로서의 의미와 그 안에 포함되어 있는 많은 것들은 이 지역사 연구에 중요한 것들을 제공해주고 있다. 그중에 돌을 사용하여 만든 무덤들은 이 지역뿐만 아니라 북방 지역에 널리 퍼져 있지만 요서 지역의 돌무덤들은 각 시기별로 사회상황을 보여주면서 동시에 그 시대적 연결고리도 보여주는 좋은 연구자료가 되고 있다. 그러므로 요서 지역의 돌무덤들은 한 집단의 역사를 연구하는데 기초적인 자료가 될 수 있는 것이다. 그럼에도 불구하고 학계에서는 아직 이 지역의 돌을 사용한 무덤들에 대한 계통적인 연구가 진행되지 않았다. 그러므로 글쓴이는 이 지역의 돌을 사용한 무덤들에 대하여 얼개를 엮는 마음으로 기본적인 연구를 진행해보고자 한다. 연구 대상 시기는 전기 신석기문화부터 후기 청동기시대까지 이어서 계통적으로 개괄적으로 연구를 진행해보고자 한다.

II. 신석기시대 석제무덤

지금까지 요서지역에서는 많은 무덤들이 발견되었다. 이 무덤들 중에 돌을 사용하여 만든 무덤들도 많이 있다. 이들이 처음 돌무덤을 만든 이유는 무엇일까 하는 것이다. 글쓴이가 앞에서도 말했지만 무덤을 만드는 원인은 주검을 보호하기 위한 수단이다. 처음에 무덤을 만들었을 때는 얕은 땅에다 움을 파고 주검을 안치한 후 흙으로 덮었을 것이다. 그러나 들짐승들의 공격으로 주검들은 온전할 수가 없었을 것이다. 그렇기 때문에 주검을 보호하기 위한 방법이 모두 동원되는 것이다. 그중 하나가 들짐승들이 함부로 깨고 들어오지 못하는 돌을 사용하여 무덤을 만들기 시작한 것이 아닐까 추측한다. 물론 이런 돌을 사용한 무덤을 만든 것은 무덤을 만들 수 있는 돌을 구할 수 있는 지역에서는 가능하다.[1] 이렇게 시작된 돌을 사용한 무덤들은 목적이 달성되면서 다양한 이유를 들어 점점 발전해가는 과정을 밟으며 각 시대의 특징을 반영하는 무덤으로 되었을 것으로 추측된다.

이런 전제하에 지금까지 연구결과에 의하면 요서 지역에서 처음 무덤을 만들기 시작한 것은 소하서 문화 시기부터라고 볼 수 있지만,[2] 이 시기의 무덤은 대부분이 거실묘(居室墓)이거나[3] 장방형 토광묘 형식이 대부분이었다. 이 지역에서 가장 이른 시기의 석제무덤이

---

1) 돌을 구하기 어려운 지역은 무덤이 깊어지는 경향을 볼 수 있다. 대표적인 예를 보면 서안 반파 유적 같은 경우는 깊이가 1m 내외의 무덤들이 많은 것을 볼 수 있다. 이런 깊이는 여유나 늑대 등의 습격을 충분히 막을 수 있다.

2) 박진호, 2014, 「요서지역(遼西地域) 초기 신석기문화 연구 ─소하서(小河西)·흥륭와(興隆窪)문화를 중심으로─」, 인하대학교 석사학위논문.

3) 이 거실묘는 사람이 죽어도 살던 집에 묻는 형식으로 생사의 구별에서 생물학적인 죽음은 인정이 되었지만 영혼은 살아 있다는 것으로 생각했을 것으로 추측되는 증거로 볼 수 있다.

만들어진 시기는 소하서 문화보다 늦은 흥륭화 문화 시기인데, 그 흔적은 내몽고 적봉시 임서현에 위치한 백음장한 유적에 남아 있다. 이 유적은 사막과 초원이 교차하는 지대로, 즉 300mm 내외의 강수량이 유지되면 초원지대가 되고, 그 이하의 비가 오지 않으면 사막지대가 되는 곳에 자리하고 있다. 이런 곳에서는 주검이 썩는 것보다 들짐승들이 파먹는 것이 훨씬 많다. 이 들짐승들은 대부분 땅에 구멍을 팔 수 있는 능력들이 있는데 흙무지무덤을 만들면 바로 땅을 파고 주검을 파먹기가 쉽다. 그러므로 주검을 구덩이에 넣고 위에 돌을 쌓아 올리면 주검은 그대로 보존이 되기 때문이 아니었을까 하는 추측을 해본다.[4]

1. 전기 신석기시대 -흥륭와 문화 시기(석제무덤 발생기)[5]-

1) 흥륭와 문화 개요

흥륭와 문화는 기원전 6,200년부터 기원전 5,200년경까지 1,000여 년간 지속되었던 초기 신석기문화로 그 분포 범위는 중국 요녕성 서부와 내몽고자치구 동남부에 걸쳐 있다. 이 문화는 소하서 문화의 뒤를 잇는 문화로 다른 문화와 구별되는 가장 큰 특징은 취락배치와 비

---

4) 현재에도 무덤에 돌널을 사용하는 이유 중 하나가 짐승으로부터 주검을 지키기 위한 것이 가장 큰 이유라고 한다.

5) 박진호, 2014, 「요서지역(遼西地域) 초기 신석기문화 연구 -소하서(小河西)·흥륭와(興隆窪)문화를 중심으로-」, 인하대학교 석사학위논문.

교적 곧은 기벽을 가
진 통형관이다. 취락
은 계획적인 주거지
배치와 환호가 특징
이다. 통형관은 일정
한 형태적 변화가 공
통적으로 나타나며,
시문된 문양 또한 부

〈그림 1〉 흥륭와 취락유적 전경

가퇴문과 인자문(人字紋), 지자문(之字紋)을 공통으로 가진다. 또 흥
륭와 문화 2기부터는 옥기가 발견되는데 특히 무덤에서 옥결(玉玦)이
공통적으로 보인다. 그리고 흥륭와 문화의 각 유적별 연대측정결과
도 크게 상이하지 않다. 하지만 각 유적의 석기, 주거지, 무덤양식은
지역별로 조금씩 차이를 보이는데, 이것들은 지역적인 특징으로 볼
수 있다.(그림 1)

2) 분포 범위

흥륭와 문화의 분포 범위는 북쪽으로 서랍목륜하를 넘어 내몽고
동남부인 적봉시까지, 남쪽으로는 연산 산맥에 이르고, 동으로는 의
무려산, 서로는 대흥안령 산맥 남단인 적봉시 동남부 지역까지를 포
함한다. 이 지역에서 가장 많은 유적을 포함하고 있는 하류는 망우하
(牤牛河)로 이 망우하의 상류가 흥륭와 문화의 주요 분포지이다.

흥륭와 문화의 주요 유적이라고 알려진 흥륭와 유적, 사해 유적,
남태자 유적, 백음장한 유적 등은 모두 서랍목륜하, 노합하, 교래하
그리고 대릉하 유역에 분포한다. 이처럼 흥륭와 문화의 분포 범위는

비교적 크기 때문에 각 지역에서 보이는 유물과 유구의 문화 양상은 일정한 차이가 보이기도 한다. 특히 서랍목륜하를 유역을 중심으로 볼 때 상류, 하류의 유적들 사이에는 명확한 차이가 있는데, 서랍목륜하 중류 이남 지역에

<그림 2> 흥륭와 문화의 분포 범위

위치한 교래하 상류의 흥륭와 유적 그리고 대릉하 상류의 사해 유적은 서로 멀지 않은 곳에 위치하기 때문에 문화 양상에 공통점이 많다. 이와 반대로 서랍목륜하 상류의 북부 지역에 위치하고 있는 백음장한과 남태자 유적의 문화 양상 또한 기본적으로 일치한다.(그림 2)

3) 연 대

이 문화 유적이 발견된 이래로 많은 조사가 이루어졌다. 이 조사를 하는 동안 믿을 만한 연대 측정 표본들이 수집되었는데 이 표본들을 근거로 연대를 측정하였다. 상한연대는 탄소측정연대로 측정을 하였지만 하한연대는 탄소측정연대와 유물을 통한 상대연대 측정도 활용을 하고 있다.

현재 발표된 흥륭와 문화의 절대연대 측정은 14건인데 모두 탄소연대측정법으로 측정되었는데 이 결과 흥륭와 문화의 연대 범위는 B.C.6,200~B.C.5,200년이다.

4) 석제무덤의 특징

앞서 말한 것처럼 요서 지역에서 토광묘가 돌을 사용하여 무덤을 만들기 시작한 것은 '흥륭와 문화' 시기부터이다.[6] 물론 이 문화의 초기부터 무덤 조성을 하는데 돌을 사용하였는지는 분명하지 않았지만 늦어도 흥륭와 문화 중기부터는 만들어지고 있는 것을 알 수 있다. 무덤 발전 과정을 고려해본다면 아마도 돌을 아무 규칙 없이 쌓아 올린 무지무덤이 시대가 앞설 가능성이 높다. 그 이유는 주검의 매장 형식이 앉은 모습인데 이런 모습은 흥륭와 문화의 전시기인 소하서 문화의 매장방식과 비슷하며, 돌을 그대로 쌓아 올린 것을 볼 때 막 쌓기 빠르고 그 다음으로 규격을 만들어 쌓는 방식이 순서일 것이기 때문이다.

이런 대표적인 형태는 무덤방은 네모꼴의 움으로 만들고 주검을 넣은 다음 무지 형식으로 돌을 쌓아 올린 것도 있었다.(그림 3)

이와 달리 규격화가 된 무덤을 보면 다음과 같은 특징이 있다. 무덤의 깊이는 깊지 않고 무덤 칸은 좁

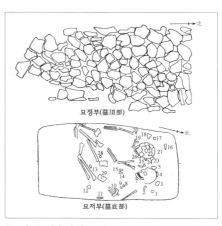

묘정부(墓頂部)

묘저부(墓底部)

〈그림 3〉 백음장한 M2

---

6) 이 문화는 '흥륭와 문화' 혹은 '사해 문화'로 불리기도 하였는데, 현재는 '흥륭와—사해 문화'로 불리기도 한다. 연대는 지금부터 8000년경 무렵으로 주로 분포하는 곳이 서랍목륜하 유역을 중심으로 한다.

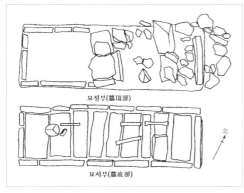

〈그림 4〉 백음장한 M5

〈그림 5〉 백음장한 M5주변 돌담

아 사람의 주검으로 꽉 차는 정도의 크기이다. 그러므로 무덤 크기는 사람 크기와 비례한다고 봐도 무방하다. 무덤에 사용된 돌은 돌을 결대로 뽀갠 넓적한 돌 판이다. 이 돌들을 바닥에 깔고 양옆으로 세워 널을 만들었다. 그리고 주검을 놓고 판석으로 덮은 방식이었다.(그림 4) 그리고 이 무덤을 중앙에 두고 원형으로 퇴뫼형식으로 돌을 둘러쌓아 경계를 표시하였다.(그림 5)

5호 무덤은 단순하게 규격화된 무덤으로 볼 수도 있지만 당시의 또 다른 사회현상이 나타난다는 것이다. 그것은 무덤을 둘러쌓은 낮은 돌담이 있는데 이 돌담들은 5호 무덤을 다른 무덤들과 구별하고 보호하기 위한 시설물이다. 이런 시설의 의미는 종교적인 의미도 포함한다고 볼 수 있을 것이다.[7] 앞으로 많은 연구가 필요한 부분이라 생각한다.

이 문화시기에 석제무덤들이 기원은 되었지만 크게 유행하지는 않았다. 그러나 석제무덤이 시작되었다는 것은 전체 동북아시아 선

---

7) 애니미즘단계를 넘어서서 샤마니즘 단계에 이르지 않았나 추정해본다.

사시대 연구에서 중요한 의미를 갖는다.

2. 중기 신석기시대 -홍산 문화 시기-

1) 개요

홍산 문화는 약 기원전 4,700여 년부터 기원전 3,000년까지 현재 내몽고 동부와 요녕성 서부에 분포한 문화이다.[8] 이 문화의 분포 범위는 일찍이 1950년대에 큰 틀이 확정되었는데, 당시 이 문화를 규정한 근거는 통형 질그릇(筒形土器)과 채도(彩陶)가 중심이었고, 돌을 사용하여 무덤을 만든 것도 이 문화를 규정하는데 일부 근거가 되었다. 이런 홍산 문화의 정의는 1980년대부터 많은 연구가 진행되어 21세기에 이른 지금은 천문과 종교와 민족문제까지 매우 다양하고 폭넓은 홍산 문화의 정의를 갖게 되었다. 이를 바탕으로 간단하게 현재 인식하고 있는 홍산 문화의 특징을 정리해보면 다음과 같다.

먼저 유적의 특징을 살펴보면 다음과 같다.

이 문화의 유적은 무덤유적과 제사유적으로 나눌 수 있으며 무덤과 제사유적이 한 공간에 배치된 유적들도 있다.

무덤은 돌을 활용한 무덤들(積石塚)이 가장 많은데 돌을 판돌(板石)로 가공하여 무덤을 만들었다. 무덤방은 여러 형태로 나타나며 고

---

8) 홍산 문화의 시공간적 분포는 그 범위 밖의 시간대와 공간에서는 다른 문화요소가 나타난다는 사실에 따른 것이다. 일반적으로 문화를 구분하는 척도는 이 방식을 따른다.

위층 무덤으로 추정되는 무덤들은 이른바 피라미드 형식인 계단형이다. 주위에 딸린무덤(陪冢)이 많으며 이 딸린무덤들은 순장 무덤으로 보인다. 무덤 주위에 돌 조각이나 질그릇 조각들을 깔아 마당을 만든 것들도 많다. 이 문화의 무덤들은 집단을 이루어 분포하며 무덤군의 크기에 따라서는 큰 무덤 주변에는 광장을 설치한 것들도 있는데, 우하량 돌무지무덤 유적이 대표적이다.

유물은 질그릇(土器), 옥기(玉器), 석기(石器) 등을 들 수 있다.

이 문화 유적에서는 많은 질그릇이 발견되었다. 질그릇은 모양으로 보아 단지, 보시기, 대접, 항아리 등 여러 종류가 있다. 생활용기로 쓰인 것들은 민무늬가 많고, 무덤에서 발굴된 것은 붉은 바탕에 검은 안료로 그림을 그린 것들이다. 질그릇에 그려진 그림은 대부분 기하학적 무늬이며 구체적으로 무엇을 표현한 것인지는 아직 밝혀지지 않았다. 붉은 질그릇(紅陶)이 많이 발견되었고 검은 질그릇(黑陶)도 많이 발견되었다.

홍산 문화 유물에는 옥기가 매우 다양하게 나타난다. 치레거리로 보이는 다양한 옥기는 짐승 모양을 본뜬 것과 추상적인 것들이 주를 이루며 상징성이 강하다. 옥기 가운데 가장 대표적인 것이 '저룡(猪龍)'이라 일컬어지는 'C'자형 옥기이다.[9] 중국학자들은 이 옥기가 돼지 형상에 용의 추상적 개념을 덧씌워 표현한 상징적인 기물이라고 추정하여 '저룡'이라고 이름 붙였다. 그러나 이런 분류는 고고학적인

---

9) 옥저룡은 동물 형상의 'C'자형 옥기이다. 중국학계에서는 이 형태의 기물을 모두 '용'으로 보고 이 중 머리 모양이 돼지를 닮은 것을 '저룡'이라고 이름 붙였는데 이는 잘못이다.

상식에 맞지 않는 논리를 적용하여 이름을 지었기 때문에 이 문제는 다시 고려를 해봐야 할 것이다.[10] 이외도 매우 다양한 옥기들이 발견되었는데 그 종류의 다양성으로 어느 유형에 귀납하기 어렵다.

석기도 많이 발견되었다. 석기는 대부분 간석기(磨製石器)이다. 농기구가 많이 출토된 것으로 보아 이 문화 지역에서 농사를 많이 지은 것으로 추정된다. 농기구로 사용된 석기는 땅을 가는 쟁기와 곡물 수확에 사용했다고 추정되는 반달돌칼[11] 등이 주를 이룬다. 뗀석기(打製石器)는 돌을 정교하게 마름질하여 양면을 사용했다.

유적과 유물에 나타나는 이러한 특징들이 바로 홍산 문화의 기본 요소들인데, 홍산 문화의 이러한 특징들은 선대문화들의 영향이 큰 것으로 추측된다.[12]

2) 분포 지역

유물들의 분포 지역을 살펴보면 홍산 문화 분포 범위는 동쪽으로 의무려산 기슭, 서쪽으로는 내몽고 적봉시 옹우특기, 남쪽으로는 연산 산맥 이북, 북쪽으로는 서랍목륜하(西拉木倫河) 유역을 경계로 한다. 현재까지 발견된 유적을 보면 홍산 문화는 내몽고 적봉과 요령성

---

10) 복기대, 2007, 「시론 홍산문화 원시용에 대한 재검토 -손수도의 저룡에 대한 비판적 검토를 중심으로-」, 『백산학보』, 백산학회.

11) 반달돌칼은 곡식 이삭을 자르는 용도로 사용되었다고 알려졌지만, 글쓴이가 실험해 본 결과 이삭을 훑어내려 낟알을 떨어내는 용도가 더 적합해 보인다.

12) 요서 지역 전기 신석기 문화이다.

서부인 조양(朝陽), 건평, 능원, 객좌 등지를 중심으로 발전했다고 추정할 수 있다. 가장 많이 분포하는 지역은 내몽고 오한기 지역과 요녕성 조양 지역에 가장 많이 분포한다.(그림 6)

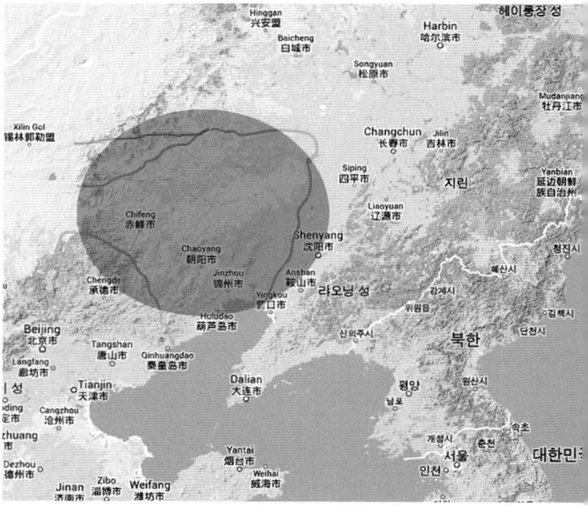

〈그림 6〉 홍산 문화 분포도

3) 홍산 문화 연대

이 문화의 연대를 알 수 있는 자료들은 몇 개가 확인되었고, 선후문화층위관계로 추측할 수 있는 자료도 많이 확인되었다. 이 자료들을 근거로 하여 이 문화의 연대를 추정해보면 상한은 약 기원전 4,700년으로 보는 것이 합리적이고, 하한연대는 기원전 3,000년경으로 추정된다. 이 문화의 연대는 대체적으로 앞서 말한 바와 같지만 전체 홍산 문화 발전 과정을 보면 매우 오랜 세월동안 큰 변화가 없다가 기원전 3500년 무렵 큰 변화가 일어나면서 통상적으로 우리가 인식하는 매우 수준 높은 홍산 문화를 이루는 것이다.

4) 석제무덤

홍산 문화 무덤 양식은 외관상 흙무지무덤(土塚)과 돌덧널무덤(石槨墓)으로 나눌 수 있다. 이 두 종의 무덤 양식 중 홍산 문화 요소를 구별하는 커다란 특징 중에 하나가 돌을 활용하여 담을 쌓고 무덤을

만드는 것이다. 이렇게 돌을 활용한 무덤이 홍산 문화의 주요 요소로
분류되는 것은 지금까지 발견된 홍산 문화의 무덤들은 대부분이 석
제무덤들이기 때문으로 볼 수 있다. 대표적으로 적봉 오한기 사가자
진(四家子鎭)과 요령성 부신 호두구(胡頭溝), 건평 우하량 무덤 구역
등이다. 이런 무덤들을 근거로 하여 이 문화의 돌장구 무덤들을 분류
해보면 다음과 같이 분류를 할 수 있다.

(1) 무덤 종류

무덤은 움, 장구, 주검 배치 방식, 껴묻거리와 껴묻는 방식 등에서
모두 고유한 특징을 보인다. 이러한 특징은 피장자의 신분과 당시 유
행을 반영하는 것으로 해석되었다. 구분은 돌덧널무덤은 돌널무덤,
무덤 칸을 만든 무덤은 돌칸무덤으로 했다.

① 돌무지무덤

민무덤에 속하는 무덤은 대
부분 직사각형이지만 간혹 원

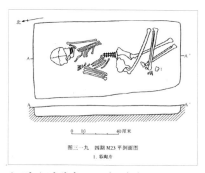

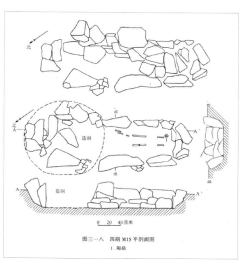

〈그림 7〉 남태자 M10 평·단면도　　〈그림 8〉 백음장한 M15 평·단면도

형에 가까운 것도 있다. 대개 주검 한 구를 묻었으며, 간혹 여러 구를 함께 묻은 것들도 있기는 하다. 여러 구를 함께 묻은 경우에는 주검들의 방향이 일정하지 않다. 주검의 자세는 곧은장, 모로굽은장이고 머리 방향은 정북향 혹은 동북향이다. 남태자 M13, 백음장한 M15이 대표적이다.(그림 7)

② 돌널무덤

돌널무덤의 기본 구조는 땅에 사각형 움을 파고 주로 덧널(槨) 형태의 널(棺)을 만들어 주검을 안치하는 형식이다. 무덤 크기는 주검 크기에 비례하며 대부분 주검 크기보다 약간 크며 깊이는 민무덤처럼 얕다. 돌널무덤에서 출토된 껴묻거리는 대개 옥기 단품이다.

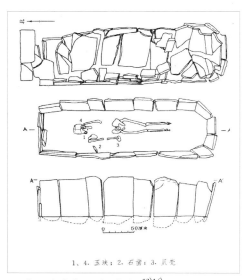

1, 4. 玉玦; 2. 石箭; 3. 貝殼

〈그림 9〉 남태자M7 평·단면도[13][14]

---

13) 內蒙古文物考古研究所, 1997, 「克什克騰旗南臺子遺址」, 『內蒙古文物考古文集 2』, 中國大百科全書出版社, pp.71~73.

14) 內蒙古自治區文物考古研究所編著, 2004, 『白音長汗: 新石器時代遺址發掘報告 上』, 科學出版社.

돌널무덤에는 대개 주검 한 구만 안치되어 있는데, 어린 아이와 청소년이 묻힌 경우도 있어 이 무덤 형식과 피장자의 연령은 상관이 없는 것으로 보인다.

〈그림 10〉 우하량 N2Z2M5[15]

돌널무덤은 대부분 홑무덤이지만 간혹 홑무덤에 딸린무덤이 있는 경우도 있다. 딸린무덤은 큰 무덤에 부속된 무덤이며 큰 무덤 주위에 배치된 경우가 대부분이다. 우하량 2지점 돌칸무덤 주변에 많이 배치된 딸린무덤이 좋은 사례이다. 딸린무덤 중에는 대형 돌칸무덤

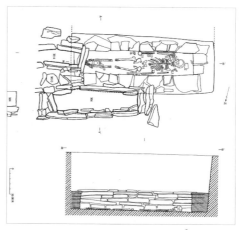

〈그림 11〉 우하량 N2Z1M21 평·단면도[16]

15) 遼寧省文物硏究所, 2012, 『牛河梁: 紅山文化遺址發掘報告(1983−2003年) 上編』, 文物出版社.

16) 遼寧省文物硏究所, 2012, 『牛河梁: 紅山文化遺址發掘報告(1983−2003年) 上編』, 文物出版社.

위에 있는 것도 꽤 있는데, 이 무덤들은 대형 돌칸무덤이 조영될 때 그 위에 만든 것이 아니라 훗날 대형 돌칸무덤을 만든 사람들과 상관없는 사람들이 기존 대형 돌칸무덤을 무시하고 그 위에 만든 것으로 보인다.(그림 9·10·11)

③ 돌칸무덤

돌칸무덤은 땅을 깊이 파서 넓은 사각형 움을 만들었다. 움 한쪽 또는 양쪽을 계단식으로 만들어 돌판 또는 돌덩이로 단을 표시한 경우도 있다. 돌방(石室)은 돌덩이를 다듬어 쌓거나 돌 판을 차곡차곡 쌓아 덧널 형태로 넓게 만들었다. 돌방은 주검 크기에 비하여 넓고 머리와 발쪽은 돌 판을 세워서 만들었다.(그림 12)

돌칸무덤은 거의 공통적으로 독립된 무덤 구역을 이룬다. 예를 들어 우하량 2지점은 무덤 구역이 다섯 구역으로 구분될 만큼 구역이 분명하게 설정되어 있는데, 돌칸무덤은 무덤 구역 외곽으로부터 안쪽으로 3단 정상 중심부에 만들어졌다. 외곽 구역 무덤은 원형 또는

〈그림 12〉 N2Z2호 무덤[17]

사각형 무덤이지만 돌방은 모두 사각형이다. 돌칸무덤 주위에는 별도로 작은 돌널무덤들이 널려 있거나 돌널무덤들이 질서 있게 배열되어 있다. 그 배열은

〈그림 13〉 우하량 2지점 무덤들

N2Z1호 무덤 구역, N2Z2호 무덤 구역 등으로 나눌 수 있다.

④ 제단형 무덤 -초모산 무덤-

오한기 사가자진 초모산 무덤은 돌로 벽을 쌓아 무덤 내부를 구획하고 그 안에 주검을 여러 구 묻었다. 전체적으로 보아 이 무덤은 집 개념으로 만든 무덤으로 보인다. 각 방마다 주검이 있어 가족묘로 볼 수도 있지만, 무덤을 만들 때 각 방에서 일한 사람을 순장을 했을 수도 있다. 이 구역에서는 3기의 무덤을 발견했는데 2호 무덤에서 돌로 조각된 거의 완전한 사람 얼굴상이 나왔다.[18] 무덤에 묻힌 석인상은 아마도 묘주의 생전 모습일 가능성이 있다.(그림 14) 이 석인상 이외

---

17) 遼寧省文物研究所, 2012, 『牛河梁: 紅山文化遺址發掘報告(1983-2003年) 上編』, 文物出版社.

18) 昭國田 主編, 2004, 「草帽山祭祀遺蹟群」, 『敖漢文物精華』, 內蒙古文化出版社.

〈그림 14〉 초모산 무덤 평면도 및 출토 석인상

도 조각들이 수습되었는데, 이 수습된 조각들의 크기를 볼 때 서로 다른 것으로 확인되었다.

이 무덤 주변에 이 무덤보다 크지 않은 무덤 두 기가 있는데 세 무덤의 연관성도 향후 고려해야 할 문제이다.

이상으로 홍산 문화 무덤을 정리해보았다. 그 특징을 몇 가지로 정리해보면 다음과 같다. 첫째, 무덤 구역이 따로 설정되어 있다. 둘째, 돌을 사용한 무덤들이 많이 있는데, 이를 나누면 크게 민무덤, 돌덧널무덤, 돌칸무덤 세 종류로 구분하여 분석해 보았다. 이들 무덤들은 민무덤은 대부분 규모가 작고 매장 규칙이 없는데 소형 무덤들이 여기에 속한다. 돌덧널무덤은 돌을 쪼개어 덧널을 만든 무덤인데, 주로 중형 무덤들이 속하며 많지는 않지만 껴묻거리가 있다. 이 무덤들은 대부분 돌칸무덤과 관련 있는 무덤으로 보인다. 돌칸무덤은 별도로 무덤 구역을 만들고 그 중심에 판돌이나 다듬은 돌덩어리로 무덤방을 만든 형식이다. 이 무덤에는 껴묻거리가 많으며, 주로 대형 무덤들이 여기에 속한다.

이 문화 시기에 들어서는 석제무덤의 가장 큰 특징은 생전의 신분이 무덤으로 나타나는데 아주 다양한 형태로 나타나는 것을 볼 수 있다. 한 예로 호두구와 우하량 무덤들은 특수층의 무덤으로 보이는데, 이 중에서도 우하량 무덤 구역이 호두구 무덤 구역보다 규모가 훨씬 크다. 평민들의 무덤 구역은 따로 조성되었을 것으로 생각한다. 이러한 점들은 홍산 문화 사회에서 신분과 계급 차이가 엄연했고 신분 질서에 따라 무덤 구역이 차별적으로 설정되었음을 알려 준다. 지금까지 밝혀진 홍산 문화 무덤은 주로 신분이 높은 사람의 무덤으로 볼 수 있다. 이들 무덤은 한 지역에 집단을 이루어 특별 구역으로 조성되었다. 홍산 문화 시기는 신분이 높은 사람들의 무덤 집단들은 돌로 그들만의 영역을 설정하였다. 그 대표적인 것이 오한기 초모산 유적과 건평 우하량 유적이다. 이들 유적은 특별한 의미를 부여하는 것들이고 실제로는 일반적으로 작은 무덤들도 많이 있다. 그런데 이 시기의 무덤의 한 특징은 석제무덤에서 껴묻거리가 나온다는 것이다. 주지하다시피 홍산 문화 무덤의 껴묻거리는 옥기이다. 이 옥기들은 흥륭와 문화부터 이어져 내려오는데 이 시기에 이르러는 극성기를 이룬다. 무덤 자체의 공간, 대형 단지, 무덤에 껴묻힌 옥기들을 비교해 볼 때 홍산 문화 석제무덤은 그들만의 새로운 의미를 가지고 있다고 볼 수 있다.

3. 후기 신석기시대 -소하연 문화 시기-

소하연 문화는 1970년대 이름이 붙여진 이래로 연구자들이 많은 관심을 가진 것이 사실이다.[19] 그러나 이 문화에 대한 기본적인 특징을 쉽게 정의할 수가 없었고 어떤 경우는 홍산 문화와 유사한 면이 있어 홍산 문화의 연장선상으로 이해하는 학자도 있다. 그러나 최근 새롭게 발견된 유적, 유물들을 볼 때 홍산 문화와는 확연이 다른 기물들이 나타나고 있는 것들이 확인되었다. 그 대표적인 증거로는 무덤의 대부분이 토광묘이며, 주검을 묻는 방법에서 굽은장이 발달하였고, 껴묻거리는 질그릇 위주이며, 그 그릇들은 어떤 형식을 가지고 조합을 형성하여 매장하는 것이 특징이었다. 그리고 그릇들 가운데 다양한 형태의 추상적인 형태들이 만들어지고 있었다. 그러므로 이 문화는 홍산 문화와 연관성이 있는 다른 한 문화로 다루는 것이 타당하다고 생각한다.[20]

이런 특징을 고려하여 이 문화의 분포 지역을 확인해보면 동쪽으로는 대릉하를 건너 의무려산에 다다르고, 서쪽로는 내몽고 적봉시 일대로, 남쪽으로는 발해만에 다다르며, 북쪽으로는 서랍목륜하 유역에 이른다. 이것은 중심 분포 지역이고, 이 중심 분포 지역을 넘어서면서 약간의 소하연 문화 유물들이 확인되는 것을 볼 수 있다.[21] 현재까지 조사된 소하연 문화에서는 아직 석제무덤이 확인 되지는 않았다.[22] 다만 소하연 문화가 발견된 유적인 호로도시 유적에는 동굴

---

19) 李恭篤·高美璇, 「試論小河沿文化」, 『中國考古學會第2次年會論文集』, 文物出版社, 1980年.

20) 복기대, 2009, 「소하연문화에 관하여」, 『단군학연구』 21.

21) 간혹 이 범위 밖에서 홍산 문화의 주요소가 출토되는 것을 볼 수 있다. 이것은 홍산 문화의 분포지가 아니라 주변 지역이거나 또는 문화 교류상에서 나타나는 현상으로 봐야 할 것이다.

을 무덤으로 사용하였다.
그래서 이 동굴을 무덤으
로 봐야 할 것인지는 좀
더 연구를 해봐야 할 것
이다.(그림 15·16)

소하연 문화 시기에
석제무덤이 희소한 이유
가 무엇인가 하는 것이

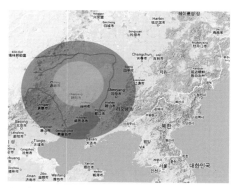

〈그림 15〉 소하연 문화 분포도

다. 소하연 문화 이전의
홍산 문화는 돌을 사용하
여 대형 담도 쌓고, 무덤
도 만들고, 심지어는 각
종 장식품도 만들었는데
갑자기 소하연 문화 시기
에 들어 그 흔적들이 사

〈그림 16〉 소하연 문화 유적지

라진 이유가 무엇일까? 아무리 주변 문화 충격이 크다 하더라도 당지
문화요소는 어느 정도 남아 있는 것이 순리인데도 불구하고 소하연
문화 시기는 아주 일부를 제외하고는 그런 현상이 남아 있지 않다.
이런 현상에 대하여 글쓴이는 기후변화로 홍산 문화가 쇠퇴하면서
서쪽에서 이동해온 사람들이 홍산 문화 지역에 거주하면서 기후에

22) 遼寧省文物考古硏究所 赤峰市博物館 編著, 『大南溝: 後紅山文化墓地發
掘報告』, 科學出版社, 1998年.

적응 못한 당지 사람들은 대부분 어딘가로 떠나거나 자연도태되고, 이 자리에 외부에서 온 사람들이 자리 잡기 시작한 것으로 보인다. 왜냐하면 홍산 문화의 서쪽에서 발전하였던 문화는 묘자구 문화인데 이들의 무덤을 만드는 양식이 소하연 문화 사람들의 무덤 만드는 양식과 매우 유사하다. 뿐만 아니라 체질인류학 측면에서 조사한 것 역시 홍산 문화 사람들과 다른 것을 볼 수 있었다. 그러므로 외부에서 들어온 사람들이 홍산 문화 지역의 문화주도권을 잡고 있었기에 해당 지역의 전통인 석제무덤을 만들었던 사람들의 영향이 축소되었던 것으로 보인다.

Ⅲ. 청동기시대 석제무덤

요서 지역에서 청동기물이 나타나기 시작하는 것은 홍산 문화 후기부터이다. 이 시기부터 크지는 않지만 작은 청동유물들이 나타나기 시작한다. 그러나 고고학계에서는 아직 이 시기를 청동기시대로 구분하지는 않는데, 그 이유는 첫째, 발견된 유물들이 적고, 둘째, 지금까지 발견된 온 유물들의 연관성을 볼 때 홍산 문화 전기, 중기, 후기 유물들의 연속성이 보이지 않기 때문에 어느 시기를 떼어내어 청동기시대 문화로 편입시키기 어렵다. 셋째, 소하연 문화 시기에서 아직 청동기들이 보이지 않는 다는 것이다.

그렇기 때문에 중국학계에서 요서 지역의 청동기시대는 하가점 하층 문화로 보는 것이 정설이다. 이를 바탕으로 청동기시대 돌을 사용한 무덤들을 정리해보고자 한다.

　요서 지역의 청동기시대는 전기와 중기 그리고 후기로 구분할 수 있다. 이 시기 구분은 전기는 작은 소품 계통의 청동기가, 중기는 칼 같은 공구를 만들 수 있는 수준, 그리고 후기는 청동거울 같은 각종 제기와 무기를 만들 수 있는 수준으로 구분할 수 있다. 이런 기준으로 구분할 때 전기와 중기 청동기시대로 분류할 수 있는 '하가점 하층 문화'와 '고태산 문화' 시기로 구분할 수 있겠다. 이 두 문화는 연대적인 차이는 약간 있지만 현재 행정구역으로 요서와 요동 지역에서 병행 발전하던 문화이다. 두 문화의 특징을 알아 분석해보면 다음과 같다.

1. 전기 청동기시대 문화 -하가점 하층 문화-

1) 개 요

　이 문화가 이 문화가 학계에 알려지기 시작한 것은 1930년대이다. 그러나 당시는 진(秦), 한(漢) 시기의 유적으로 생각하였고, 그 후 1960년 내몽고 적봉시 하가점 유적이 발견된 후부터 청동기시대 문화로 보게 된 것이다.(그림 17) 이 문화의 특징을 간단히 알아보면 다음과 같다.[23] 먼저 유적을 확인해 보면 다음과 같다.

---

23) 복기대, 2006, 「한국상고사와 동북아시아 청동기시대문화 -남만주지역을 중심으로-」, 『단군학보』 14, 단군학회.

집은 움집, 반움집, 지상
식으로 나누어 볼 수 있다.
지상식 가운데 어떤 집은 돌
로 담을 쌓았고, 실내를 전후
로 나누어 사용한 집도 있었
고, 또 어떤 집은 이중으로
담을 쌓아 견고하게 만든 것
도 있었다. 움집에는 벽감(壁
龕)을 둔 집도 있었다.

〈그림 17〉 하가점 유적 전경

무덤은 일반적으로 움무덤인데 움의 깊이가 깊은 편이다. 어떤 무
덤은 움을 파고 나무로 묘실을 만든 것도 있었다. 큰 무덤에는 무덤
안에 벽감을 만들어 벽감속에 껴묻거리를 묻었다. 또 어떤 무덤에는
무덤무지에 껴묻거리를 묻은 무덤도 있었다. 큰 무덤일수록 껴묻거
리가 화려했고 수량도 많았다.

이 문화에는 많은 성들이 확인되었는데 성을 쌓은 재료에 따라 토
성, 석성, 혼축성들로 구분되었다. 이들 성이 자리한 지역은 거의가
뒤에 산을 등지고 앞으로는 물을 바라보며 양옆으로는 외부에서 접
근하기 어려운 계곡이 흐르는 지역이었다. 큰 것은 약 5만 평 정도이
고 작은 것은 몇 천 평 정도의 것도 있다. 이 성들의 분포에 있어서
중요한 것은 큰 성을 주위로 작은 성이나 또는 성보다는 규모가 작지
만 집단적으로 거주했던 형태의 거주지들이 모여 있다는 것이다. 이
러한 현상은 이 문화를 연구하는데 매우 중요한 자료가 될 것으로 보
인다.

발견된 유물들은 질그릇, 청동기, 옥기, 돌연장, 점뼈 등이 있다.

질그릇은 세가랑이솥, 세발솥, 그리고 尊 등이 많이 발견되었다. 무덤에 껴묻거리로 묻힌 기물들 가운데 "채회도(彩繪陶)"가 많이 발견되었다. 이 그릇들의 특징은 이 문화와 다른 문화를 구별하는데 근거가 되는 동시에 고유한 특징을 반영하고 있다. 채회도의 무늬는 여러 가지가 골고루 나타나는데 특징적인 것은 기본 바탕이 기하무늬인 것들이 많았다는 점이다.

옥기도 많이 발견되었는데, 도끼, 고리, 새모양 등 여러 가지였다. 만든 특징은 대칭법을 사용하여 만든 것이 특징이다. 점을 치는 관습이 있었는데 주로 짐승의 어깨뼈를 사용하였고, 이것을 그을려 길흉을 판단하였다.

청동기는 많이 발견된 것은 아니지만 주로 작은 기물들이 발견되었고 한 예이지만 큰 꺽창이 발견되었는데 合範을 사용하여 만들었다.

이 문화 사람들에 관한 체질인류학적인 분석을 보면 주로 "고동북유형(古東北類型)"과 "고화북유형(古華北類型)"으로 나타났다. 이 두 종족 가운데 "고동북유형"이 더 많은 비율을 차지하는 것으로 밝혀졌다. 이는 매우 중요한 연구 결과로 앞으로 중국 동북지역사 연구에 시사하는 바가 크다고 할 수 있겠다.

2) 분포 범위

이 문화의 분포 범위는 내몽고 동남부 지역과 요녕성 서부 지역을 아우르는 매우 넓은 지역이다. 이 문화의 특징을 알아보면 다음과 같다. 유적은 집, 무덤, 성(城) 등이 조사되었다.[24] 이 문화의 요소가 분포한 지역은 동으로는 의무려산을 넘어 북진 지역까지 이르고, 서로

는 내몽고 적봉시 칠로도산, 남으로는 연산산맥, 북으로는 서랍목륜하 유역에 다다른다.(그림 18)

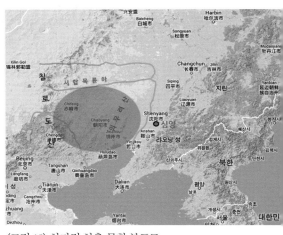

〈그림 18〉 하가점 하층 문화 분포도

3) 연대

이 문화 유적은 전체 요서 지역 고고학사에서 볼 때 많이 조사되었는데, 그런 관계로 많은 연대측정 자료들도 많이 확보되었다. 주로 방사성 탄소측정을 통하여 연대를 측정하였는데 이 자료들을 근거로 이 문화의 연대를 확인해보면 상한은 기원전 24세기경으로 추정되며 와해되는 시기는 기원전 15세기 전후한 시기이다.

4) 석제무덤

이 문화의 무덤들의 특징을 보면 다음과 같은 특징이 있다. 무덤은 대개가 거주지 부근의 한 곳에 모여 있다. 이미 발굴된 대전자나 범장자 무덤떼를 보면, 비록 밀집한 형태를 보이고 있지만 배열이 정연하고 서로 무덤끼리 중첩되는 현상은 없다. 또한 묘지 내에서도 약

---

24) 복기대, 2008, 「시론 주거유적으로 본 하가점하층문화의 사회성격」, 『선사와 고대』 29, 한국고대학회.

간의 공백지대를
경계로 하여 구역
을 나눈 현상을 볼
수 있는데, 이것으
로 보아 무덤을 세
심하게 안배하고
전문적으로 관리했

〈그림 19〉 대전자 유적 무덤떼 발굴 전경

음을 알 수 있다. 무덤은 일반적으로 움무덤인데 움의 깊이가 깊은
편이다.(그림 19)[25] 이 문화의 무덤들은 대부분 토광움무덤이었는데
아주 드물게 개별적으로는 목장구를 이용하였거나 석판으로 뚜껑을
덮은 형식과 테두리를 올려 쌓은 형식이 있다. 돌을 활용한 무덤들이
확인되었다.

이 돌을 활용한 무덤들이 확인된 것은 원래 정식적인 절차를 거쳐
무덤들은 발굴하는 과정에서는 제단으로 추정을 하였는데, 최근 도
굴꾼들이 도굴하는 과정에서 돌을 사용하여 무덤을 만든 것으로 확
인되었다. 이 무덤들은 다른 무덤들과는 달리 먼저 낮은 돌담을 쌓아
구역을 설정한 다음 그 안에 무덤들을 만든 것으로 보인다. 이 무덤
들은 표면상으로 볼 때 움무덤의 형태지만 움 안에 돌덩이를 활용하
여 무덤방을 꾸몄다. 그리고 지표면은 깨끗이 마름질하였고, 이 무덤
들 개개를 다시 집처럼 담으로 둘러쌓았다. 그리고 그 울타리 앞에

---

25) 이 정도 깊이는 주검이 들짐승으로부터 공격을 당하지 않을 수 있는 깊
이다.

〈그림 20〉 상기방영자 유적. 상기방영자 석성 유적 도면(좌상), 유적 전경(우상), 성벽(좌하), 유적 내 석제 무덤(우하)

방형으로 돌을 깔아 마당을 만들었는데 제단으로 추정된다. 이런 형태는 지금까지 적봉시 삼좌점 상기방영자 성터에서 확인되었는데(그림 20) 앞으로 더 많이 발견될 가능성이 높다.[26]

    이런 예를 본다면 하가점 하층 문화의 돌을 사용한 무덤은 다른

---

26) 글쓴이가 조사한 바에 의하면 많은 하가점 하층 문화 유적들 가운데 겉보기에는 상기방영자 같은 것들이 많은데 아마도 이런 특수한 형태의 무덤들일 가능성이 높다. 또한 하가점 하층 문화의 유적들이 분포한 곳곳 산마루에도 평평하게 만들고 퇴뫼형식으로 돌담을 두른 곳이 많은데 이런 곳들도 아마도 무덤들이 아닌가 추측해본다.

문화에서 보이는 돌을 활용한 무덤방과는 다른 형태의 무덤들이 존재하는 것을 볼 수 있다. 이러한 예는 이 문화를 연구하는데 매우 중요한 새로운 자료가 될 것이다. 아직 더 많은 근거와 연구가 진행되어야 하겠지만 상기방영자의 예를 볼 때 이 문화의 당시 사람들의 무덤들에 대한 인식은 여러 갈래로 추측해 볼 수 있다.

현재 중국 고고학계에서는 하가점 하층 문화 유적을 조사하는 과정에서 산봉우리 정상에 작은 마당을 만들고 그 주변을 퇴뫼 형식으로 돌을 쌓은 유적들을 많이 발견하였다. 이런 유적을 '석성'으로 구분하여 관리를 하는데, 현장 조사를 해보면 성으로 보기 어려운 규모들이 매우 많다. 그렇다면 이것을 성으로 봐야 할 것인지 아니면 다른 용도로 봐야 할 것인지 연구를 해봐야 하는 것이다. 글쓴이는 이들 유적들을 조사하는 과정에서 이들은 필시 상기방영자에서 확인된 형태의 무덤이었을 가능성이 높다고 보여진다. 앞으로 연구를 더 해봐야 하겠지만 이미 그런 예가 요녕성 금주시 의현 항양령 유적에서 발견되었다. 이 유적역시 일반적으로 하가점 하층 문화의 작은 성으로 분류되었는데, 발굴하는 과정에서 확인해본 결과 산마루에 무덤을 만들고 마당을 만들어 놓은 것으로 확인되었다.

2. 고태산 문화

1) 개요

고태산 문화는 요령성 심양시 신민현에 위치하고 있는데 1973년 高台山 지역의 무덤을 조사하는 과정에서 확인되었다.[27] 당시 이 무

〈그림 21〉 고태산 유적

덤을 발굴하는 과정에서 수습된 유물들은 삼족기에 몸통 양쪽에 귀가 달린 그릇, 그리고 호리병과 호리병형 단지를 비롯한 몇몇의 기물이었다. 이 기물들은 붉은 칠을 한 것이 많았다. 이런 기물들의 특징은 주변 지역인 遼西 및 瀋陽이동을 중심으로 한 遼東 지역과는 다른 기물이라는 것을 알게 되었다. 그러나 유적의 범위가 高台山 지역으로 한정되고, 여기서 출토된 유물 또한 단순하여 그 전체적인 성격을 파악하기는 쉽지 않았다. 이 기물들은 이 지역의 서쪽에서 위치한 하가점 하층 문화 유물들과 유사한 것으로 보아 청동기시대 유물이라는 것을 알게 되었다. 다만 하가점 하층 문화와는 다른 문화라는 것도 알게 되었다. 이런 특징을 근거로 '고태산 문화'라고 이름 지어지게 되었다.

2) 고태산 문화의 분포 범위

이 문화의 분포 범위를 볼 때 동쪽으로는 瀋陽市를 관통하는 渾河

---

27) 瀋陽市文物管理辨公室, 1982, 「瀋陽新民縣高台山遺址」, 『考古』 2기.

를 넘지 않고, 서쪽으로는 醫巫閭山을 넘지 않는다. 남쪽으로는 新民 高台山 지역에 한계를 두며, 북쪽으로는 下遼河 유역에 다다르는 것을 알 수 있다. 비록 이 문화가 하나의

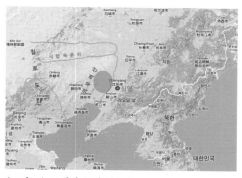

〈그림 22〉 고태산 문화 분포도

독립된 문화로 설정되었지만 관계되는 유적이 많이 발견되지 않아 분포 범위 역시 넓지 않음을 알 수 있다. 그렇지만 전체적인 문화 요소의 특징을 고려해볼 때, 하나의 독립된 문화로 상정하는데 큰 문제가 없다.[28](그림 22)

3) 연대

이 문화 유적은 많이 발견되지는 않았다. 문화권 자체에서 수습된 유물 연대측정 대상과 주변문화권에서 발견되는 유물들을 근거로 하여 상대적인 연대측정을 진행해야 한다. 이런 연대측정 방법으로 연대를 측정한 결과 고태산 문화의 연대는 다음과 같이 측정된다.

고태산 문화의 연대는 출토되는 기물의 주변유물과 상대 평가를 결과와 연대를 측정한 결과 상한선은 기원전 20세기 무렵이고 하한선은 기원전 15세기 무렵으로 추정된다.

---

28) 복기대, 2003, 「高台山文化에 대하여」, 『白山學報』 65, 백산학회.

4) 무덤

이 문화의 무덤은 기본적으로 움무덤이고, 민무덤이었다. 무덤의
평면은 긴네모꼴 무덤이 많이 보인다. 움무덤이 가장 많고, 다음으로
돌덧널무덤이 많았다. 일반적으로 장구나 이층대가 없는데, 나무널
무덤에 이층대가 있는 무덤은 아주 적었다. 주검을 묻는 방법은 모로
굽은 주검과 곧은 주검이 많이 보인다.

3. 위영자 문화

1) 개요

위영자 문화는 기원전 14세기경 급격한 기후변화로 하가점 하층
문화가 와해되면서 시작된 문화이다.[29] 이 문화의 특징은 전시대 문
화인 하가점 하층 문화와 비교할 때 유적 분포의 빈도와 문화 수준이
현격히 떨어진다. 유적의 분포도를 볼 때 매우 드문드문 발견되는 것
을 볼 수 있는데, 주로 대릉하와 소릉하를 중심으로 한 하천가에 주
로 분포하는 것을 볼 수 있다. 이런 현상들은 위영자 문화 시기 자연
환경이 매주 좋지 않았다는 것을 증명해주는 것으로 볼 수 있다. 유
물은 가장 보편적인 유물인 질그릇을 볼 때 그 소성온도가 매우 낮아
그릇의 형태가 제대로 잡히지 않을 뿐만 아니라, 경질그릇들을 만들

---

29) 복기대, 1998, 「위영자문화의 최근 성과와 해석」, 『선사와 고대』11, 한국
· 고대학회.

지 못하는 것을 볼 수 있다. 청동기의 경우 역시 자체적인 제작보다
는 외부에서 수입하여 쓰는 것을 볼 수 있는데 그 제작지는 주로 황
하 유역 것들이다. 이 문화의 특징 중 하나는 이 시기에 만주 지역 고
대문화에서 처음 수레가 등장한다는 것이다.

2) 분포 범위

　글쓴이는 앞에서 위
영자 문화는 하가점 하
층 문화가 와해되면서
시작된 문화라고 하였
다. 이 하가점 하층 문화
는 그 분포 범위는 내몽
고 적봉시와 요녕성 요
서 지역에 분포하는 매
우 넓은 지역에 분포한
다. 이 넓은 지역의 중간

〈그림 23〉 위영자 문화 분포도

지점에 남북으로 길게 뻗어 내려온 노노아호산이 있는데, 이 산을 중
심으로 동쪽은 구릉성 평원 지역으로 평균 해발 2,3백미터의 지역인
데, 이 지역에 위영자 문화가 분포한다. 현재 행정구역으로는 요녕성
조양시와 금주시, 호로도시 등이다.

　위영자 문화의 특징인 민무늬 질그릇이 분포하는 것을 근거로 문
화의 분포 지역을 설정하여 보면, 서쪽으로는 노노아호산 동록으로,
동쪽은 요녕성 의무려산까지 북으로는 서랍목륜하에 이르고, 남쪽으
로는 발해에 이르는 것을 볼 수 있다.(그림 23)

3) 연대

위영자 문화의 연대측정 자료는 아직 없다. 그러므로 기물을 통한 비교와 문화지층 간에 특징을 고려해서 연대를 측정하기 때문에 몇 몇 견해가 있다. 이들 견해 중 최근 새로 발견된 유적인 금주시 의현 향양령과 부신 평정산의 층위관계를 통한 상한 연대를 추정해보면 기원전 14세기 무렵이고, 하한연대는 조양시 객좌현 화상구 유적의 연대를 참고해보면 그 하한연대는 기원전 11세기경으로 볼 수 있다.

4) 무덤

위영자 문화는 대부분이 수혈목곽묘가 가장 많고 그 다음으로는 토광묘이다. 지금까지 연구된 것으로는 위영자 문화에서는 돌을 활용한 무덤들은 아직 발견되지 않았다. 그러므로 이 문화의 석제무덤 은 에 관한 연구는 진행하기 어렵다.

4. 하가점 상층 문화

1) 개요

하가점 상층 문화는 위영자 문화와 같이 기원전 14세기경 급격한 기후변화로 하가점 하층 문화가 와해되면서 시작된 문화이다.[30] 이

---

30) 복기대, 1999, 「하가점 상층문화에 관한 시론」, 『박물관기요』 14, 단국대학교 석주선기념박물관.

문화의 특징은 전시
대문화인 하가점 하
층 문화와 비교할 때
전체적인 문화수준이
현격히 떨어진다. 가
장 보편적인 유물은
질그릇을 볼 때 그 소

〈그림 24〉 적봉시 하가점 유적 전경

성온도가 매우 낮아 그릇의 형태도 반듯하게 잡히지 않았으며, 경질
그릇들을 만들지도 못하였다. 그러나 청동기는 자체적으로 만드는
것을 볼 수 있는데 매우 수준 높은 기물들을 만들어 사용하였다. 유
적의 분포도를 볼 때 매우 드문드문 발견되는 것을 볼 수 있는데, 주
로 영금하, 음하 일대를 중심으로 한 하천의 북쪽 산등성이에 주로
분포한다.(그림 24)

2) 분포 범위

하가점 상층 문화의 분포 지역은 노노아호산(努魯兒虎山) 산맥이
라는 자연적인 경계선에 의해 나눠져 있다. 이 노노아호산 산맥은 대
흥안령의 여맥으로 서남쪽으로 길게 내려 뻗은 산맥이다. 이 산맥은
행정구역 내몽고와 요녕성을 나누는 경계 역할도 하지만 문화적인
경계 역할을 하기도 한다. 이 산맥을 동서로 하여 동쪽은 릉하 문화
가 서쪽은 하가점 상층 문화 지역이다. 하가점 상층 문화 지역의 자
연 환경을 보면 다음과 같다. 이 문화의 분포 범위는 동으로는 노노
아호산을 경계로 하고, 서로는 칠로도산을 경계로 한다. 남으로는 하
북성의 연산 부근에 다다르고 북으로는 서랍목륜하 유역에 이른다.

이 지역은 평균 해발 500 미터 이상의 고원성(高原性) 평원지대이다. 이 고원 위에도 구릉성 산지들이 곳곳에 분포하고 있다.(그림 25)

따라서 이러한 자연 조건에서 고원성(高原性)을 띠고 있는 하가점 상층 문화인들은 목축

〈그림 25〉 하가점 상층 문화 분포 지도

(牧畜)을 위한 이동생활을 하였을 것으로 추정된다. 그리고 이 문화는 주거지(住居地)와 무덤 지역이 같이 붙어 있는 양상을 볼 수 있다.

3) 연대

하가점 상층 문화의 연구사를 돌아보면 이 문화연구는 많은 연구 결과들이 있다. 그러므로 연대추정을 위한 자료들은 많이 확보되었다. 주로 무덤에서 발견된 뼈를 시료로 하는 방사선 탄소측정 결과이다. 새로운 자료들이 발견될 때마다 연대가 흔들렸으나 최근 확보된 자료들을 근거로 연대를 확인해보면 상한 연대는 BC 14세기경이고, 하한연대는 BC 6세기경으로 추정된다.[31]

---

31) 복기대, 2004, 「하가점상층문화 릉하문화비교연구」, 『선사와 고대』 20, 한국고대학회.

4) 석제무덤

이 문화의 무덤들은 대부분 주거지와 가까운 곳에 분포하고 있고 기본적으로 움 무덤이다. 무덤들은 토광 민무덤, 나무를 사용한 무덤, 돌을 사용한 무덤 등 다양한 무

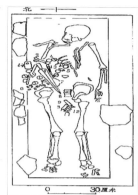

〈그림 26〉 하가점 상층 문화 돌덧널무덤

덤을 지었다. 이 중 석제무덤을 구분해보면 돌덧널, 돌널무덤이 많은데 대부분이 내몽고 적봉시 영성 지역에 많이 분포하고 있다.(그림 26) 그중 소흑석구의 경우 한 구역 전체가 모두 하가점 상층 문화 무덤 구역으로 확인되었는데, 당시에 무덤 단지가 조성된 것을 알 수 있다. 이 가운데 일부는 발굴이 진행되기도 했다.

이때 쓰인 돌들은 거의 대부분 자연 상태의 돌을 그냥 사용한 것이라는 점이다. 가공을 했더라도 완전한 형태 변화가 아니고 일부 가공한 것을 그대로 사용하고 있는데 돌로 묘실(墓室)을 만들 때도 주로 돌덩이를 그대로 사용하는 것을 볼 수 있다. 이는 아마도 돌을 다루는 기술 수준의 문제로 보인다.

이 시기의 석제무덤 특징 중에 하나가 부장품의 경우 청동검과 청동거울이 많이 출토된다는 것이다. 검은 공병식(銎柄式) 검이 주로 출토됐다. 날 부분은 비파형 비수식(匕首式)이나 직도검(直道劍)도 보인다. 순수한 비파형 동검은 일부에서 확인되고 있다.(그림 27) 검

집이 발견됐는데 단(單)집
과 쌍련(双連)집이 있다.
이런 특징은 이 문화 동쪽
에 분포한 릉하 문화에서
도 보이는 공통적인 현상
이며, 동시에 현재 요녕성
동쪽 지역에서도 보이는
현상들이기도 하다.[32] 이
에 대해서는 심도 있는 연
구가 필요하다. 이 가운데
다양한 검들이 이 석제무

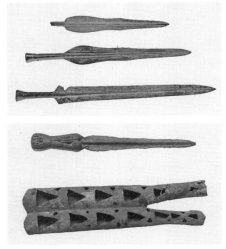

〈그림 27〉 하가점 상층 문화 청동검

덤들에서 확인되고 있는 것이다.

5. 릉하 문화

1) 개요

기원전 14세기 무렵 하가점 하층 문화가 와해되면서 이 지역에서
는 두 계통의 새로운 문화가 각자 서로 다른 지역에서 기원하여 발전
하게 됐다. 이 문화들은 다름 아닌 하가점 하층 문화의 '동구 유형' 지
역인 요녕성 서부 지역에 기원하여 발전한 "위영자 문화"와 '서구 유

---

32) 복기대, 2007, 「요서지역의 고대검에 관하여」, 『백산학보』, 백산학회.

형' 지역인 내몽고 동남부 지역에서 발전한 "하가점 상층 문화"이다. 이 두 문화 가운데 위영자 문화는 기원전 11세기 무렵에 와해되면서 새로운 문화가 형성 발전하는데, 이 문화를 "릉하 문화"라 처음 이름 지었다.[33] 릉하 문화의 특징은 기본적인 유적이나 유물의 특징은 위영자 문화와 비슷하다. 그러나 릉하 문화에 들어 와서는 삼족기가 거의 사라지고, 다리가 없는 항아리들과 부뚜막에 걸 수 있는 그릇들이 나타나기 시작한다. 청동기들도 비파형동검이 나타나기 시작하면서, 동시에 여러 꼭지 잔줄무늬 거울이 나타나기 시작한다. 그러므로 이런 기물의 특징으로 위영자 문화와 릉하 문화를 나눈다.

2) 분포 범위

릉하 문화의 분포 범위를 보면 동으로는 의무려산(醫巫閭山)에 다다르고, 서로는 노노아호산 산록에 다다른다. 남으로는 발해에 이르고, 북으로는 서요하(西遼河) 유역에 다다른다. 이 지역은 평균 해발 200미터 정도의 구릉성 평원 지역으로 주로 들판이 발달한 지역이다. 대표적인 물길은 릉원(凌源), 부신에서 기원하여 조양(朝陽)·금주(錦州) 일대를 통과하여 발해(渤海)로 빠지는 대릉하와 소릉하가 있다. 대부분의 유적들이 이 물길이 돌아나가는 구릉에 의지하여 분포하고 있다. 그러므로 유적의 분포 지역은 조양(朝陽), 릉원(凌源), 금주(錦州), 금서(錦西) 일대에 분포하고 있는 것을 볼 수 있다.

이 지역의 기후대는 해양성 기후와 대륙성 기후가 교차하고 있다.

---

33) 복기대, 2002, 『요서지역 청동기시대문화연구』, 백산자료원.

그러므로 하가점 상층 문화
지역보다는 훨씬 온화한 기
후대에 속한다. 나무는 교목
(喬木)류가 많이 자라는 것을
볼 수 있다.(그림 28)

<그림 28> 릉하 문화 분포지도

3) 연대

릉하 문화의 연대는 대부
분 절대연대측정보다는 상대
연대 측정을 주로 사용하고 있다. 그 상대연대 측정의 기준은 먼저
당지 문화의 선후관계와 황하 중류 유역의 유물들을 가장 큰 근거로
한다. 이런 연대 비교 측정이 과학적인 방면에서 볼 때는 문제가 없
지 않으나 이미 방사성 연대측정을 거친 결과들을 활용하기 때문에
그 신뢰성은 높다고 할 수 있다. 이런 근거로 볼 때 이 문화의 상한
연대는 B.C. 11세기로 보는 것이 타당하고, 그 하한연대는 B.C. 5세
기경으로 볼 수 있다.[34]

4) 무덤

릉하 문화의 무덤은 기본적으로 움 형태를 갖춘 무덤으로 그 기본
형태는 방형이다. 무덤의 장구는 나무와 돌을 이용한 것을 볼 수 있

---

34) 복기대, 2004, 「하가점상층문화 릉하문화비교연구」, 『선사와 고대』 20,
한국고대학회.

다. 이 가운데 돌을 사용한 무덤들을 분류해보면 다음과 같다. 이해의 편의상 다음과 같이 나눠 볼 수 있다.

돌덧널, 돌덧널무덤, 돌칸무덤 등으로 나눌 수 있다. 이런 구분은 돌칸의 크기에 따라 구별한다고 봐야 하는데 이 문화에서는 칸이 넓은 무덤들도 확인되고 있다.

이 문화의 돌무덤들의 대체적인 구조는 냇돌과 돌판(石板)을 많이 사용한 것을 볼 수 있다.[35] 냇돌은 벽을 쌓는데도 사용됐지만 바닥을 평평하게 하는데도 많이 사용됐다.

십이대영자 1호 무덤의 경우 돌 칸을 만들고 무덤 바닥에 냇돌을 깔아 평평하게 한 다음 나무판을 깔고 그 위에 갈대자리를 깔고 주검을 놓은 것을 볼 수 있다. 또 어떤 경우는 묘실바닥이 맨바닥인 것도 있었다. 무덤에 사용된 돌 판은 가공을 거친 것이 많이 있었는데, 뚜껑은 큰 돌 판을 덮는 형식인데, 큰 돌 판이 없을 경우는 작은 돌 판을 촘촘히 덮은 형태이다.

또한 무덤 구역에는 별도의 시설도 설치된 것들도 있는데 객좌현 남동구의 경우 무덤지역에 담을 두른 것이 확인됐다.

릉하 문화의 대표적인 유물은

〈그림 29〉 십이대영자 전경

---

35) 이렇게 냇돌을 많이 사용하는 것은 하천이 발달하여 그 부근에 무덤을 만들었기 때문으로 볼 수 있고, 이를 근거로 본다면 이 문화의 대부분 거주지도 하천가에 있었을 것으로 추정된다.

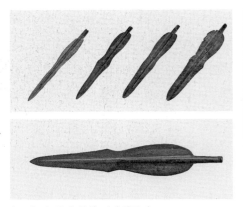

〈그림 31〉 릉하 문화 동경

〈그림 30〉 릉하 문화 비파형동검

비파형동검과 여러 꼭지 잔줄무늬 거울이다.[36](그림 30·31) 이 기물들이 주로 출토되는 곳이 바로 이 돌장구 무덤들이다. 이런 전통은 현재 요동 지역에서도 같은 현상이 발견된다. 즉 비파형동검이나 잔줄무늬 거울은 돌칸무덤에서 출토되고 있다는 것이다. 한반도나 일본 열도에서도 비슷한 상황이다.

IV. 맺음말

글쓴이는 위에서 요서 지역의 석제무덤들에 대한 기초적인 분석을 해보았다. 그 결과 몇 가지 특징을 알 수 있었다.

첫째, 요서 지역에서 석제무덤이 기원하기 시작한 것은 지금으로

---

36) 복기대, 2007, 「요서지역 고대검에 관하여」, 『백산학보』, 백산학회.

부터 8000년 전쯤으로 추정되는 흥륭와 문화 중기라는 것이다. 이때 무덤은 돌무지 형식이거나 돌널무덤이 기본인데 이때부터 무덤의 덮개는 판석을 사용하기 시작하였다. 이 시기의 무덤들 가운데는 원형의 테를 둘러 그 안에 무덤을 만들기도 하였다. 이것을 보면 이때부터 석제무덤은 특별한 대상으로 구분되기 시작한 것으로 볼 수 있다.

둘째, 홍산 문화 시기에 이르러서 전기, 중기까지는 흥륭와 문화 시기의 석제무덤들이 계속 이어지고 있는 것을 볼 수 있다. 그런데 후기에 들어서서 매우 다양하게 발전하고 있는데, 무덤들의 특수구역이 선정되고, 이 지역 안에 무덤들의 규모가 대형 집단화되는 특징을 보이고 있다.

무덤의 종류는 돌칸 형식의 무덤들이 나타나기 시작하는데, 벽은 돌 판을 쌓아 올리는 형식으로 쌓고, 곁 무덤도 만든다는 것이다.

이때부터 피라미드 형식의 대형 무덤들이 세워지기 시작하는 것이다. 이러한 무덤들의 특징이 홍산 문화의 표식들이 되고 있다는 것이다. 이 시기의 무덤에서는 껴묻거리는 모두가 옥기라는 것이다.

셋째, 청동기시대에는 석제 무덤들의 특징을 전기와 후기로 나눠볼 수 있다. 전기는 직접적으로 돌을 사용하여 대형 무덤을 만들지는 않았다. 그런데 무덤군을 성처럼 돌로 쌓아 보호하는 유적은 발견되었다. 이 성 안의 무덤들에서는 무덤방을 돌로 만든 것이 확인되었다. 이런 현상은 하가점 하층 문화에서 보이는 것들이다.

넷째, 후기 무덤들은 위영자 문화나 하가점 상층 문화, 그리고 릉하 문화 시기를 말하는 것으로 이 시기의 무덤들은 방의 형태를 이룬 것이 있었다. 이를 흔히 돌덧널무덤이라고 부르기도 하는데, 돌널 형태의 무덤도 있었다. 이들 무덤들의 크기는 크지는 않지만 치레거리들과 무기들, 그리고 각종 청동기들이 발견되고 있다는 것이다. 가장 눈에 띄는 것은 대부분의 무덤에서 비파형동검이 껴묻혀 있다는 것이다.

다섯째, 요서 지역의 후기 청동기시대 석제무덤의 특징은 요동 지역에서 거의 그대로 나타나고 있다는 것이다. 특히 요서 지역의 석제무덤과 요동 지역의 석제무덤은 약간의 형식은 다르지만 비파형동검은 모두 출토되고 있다는 것이다.

여섯째, 요서 지역은 화강암이 발달하지 않아 대형 돌무덤들이 세워지지 않았다는 것이다. 이런 자연현상은 요동 지역의 고인돌과 같은 형태의 무덤들이 만들어지지 않았다는 것이다.

전체적인 요서 지역의 석제무덤들의 변화 추이를 보면, 당지의 전통문화가 계승이 되는 시점에서는 석제무덤들이 유지 발전되는데, 외부 문화요소들이 대거 유입-사람들의 대거 이동-되는 경우는 석제무덤들이 현저하게 줄어드는 것을 볼 수 있었다. 예를 들면 소하연 문화 시기에 석제무덤들이 거의 발견되지 않는데 그 이유는 홍산 문화 후기에 토광묘를 주로 만들던 서쪽에서 발전하였던 묘자구 문화 사람들이 대거 밀려들면서 홍산 문화 전통이 현저히 줄어드는 것을 볼 수 있다. 즉 홍산 문화의 대형무덤들이 현저히 줄어드는 것이다. 이런 현상은 어느 정도 세월이 지나면서 다시 극복이 되는데, 극복되는 과정에서 여러 지역의 문화들이 복합되는 현상들이 보인다는 것이다. 이런 예는 하가점 하층 문화뿐만 아니라 고태산 문화에서 보이는데, 이 두 지역에서는 보이는 사람들의 형태에서도 두 계통이 보이는 것을 볼 수 있다.

요서 지역에서는 석제무덤들이 몇 천 년간 꾸준히 유지되어 오다, 기원전 4세기 전후에 토광묘를 중심으로 하는 황하 유역 세력인 연나라 사람들이 대거 유입되면서 릉하 무덤의 전통들이 서서히 자취를 감추기 시작하였다. 그러나 이 석제무덤을 만드는 전통은 요서와 이웃한 요동 지역에서 계속 유지되다가 요나라 시기에 일대 전환점을 이루게 된다.

위에서 정리해본 것과 같이 요서 지역의 석제무덤은 홍륭와 문화 이래로 이 지역의 전통적인 장례문화였다. 이 석제무덤들은 당지 기후가 변하면서 많은 변화를 갖게 되었는데, 주변 문화들이 대거 유입되면서 당지문화와 혼합되면서 새로운 문화를 창조해내곤 하였다. 이는 곧 북방민족의 전통문화가 되었고 오늘날 북방민족과 관련 있는 나라나 민족들의 역사가 되었던 것이다. 이런 석제무덤의 역사는 향후 민족사 또는 지역사 연구를 하는데 중요한 연구주제가 될 것이다. 또한 요동 지역의 석제무덤과 요서 지역의 석제무덤에 관한 것을 비교 분석해가며 연구를 해봐야 하는 것이다.[37] 그러면서 이 석제무덤들의 지역적인 계승성이 연구되어야 할 것으로 본다.

---

37) 복기대, 2006, 「한국상고사와 동북아시아 청동기시대문화 -남만주지역을 중심으로-」, 『단군학보』 14, 단군학회.

참고문헌

박진호, 2014, 「요서지역(遼西地域) 초기 신석기문화 연구 -소하서 (小河西)·흥륭와(興隆窪)문화를 중심으로-」, 인하대학교 석사학 위논문.

복기대, 1995, 「夏家店下層文化의 起源과 社會性格에 關한 試論」, 『韓 國上古史學報』 8월, 한국상고사학회.

林 澐, 1997, 「중국 동북지역과 북아시아 초원지대의 초기 문화교류 에 관한 시론」, 『博物館紀要』, 단국대학교 중앙박물관.

趙賓福 著·崔茂藏 譯, 1996, 『中國東北新石器文化』, 集文堂.

高美璇·李恭篤, 1981, 「夏家店下層文化分期探索」, 『遼寧省考古博物館 學會成立大會論文集』.

郭大順, 1989, 「遼西古文化的新認識」, 『慶祝蘇秉琦考古五十五年論文 集』, 文物出版社.

郭大順, 1986, 「豊下遺址分期的再認識」, 『文物與考古論文集』, 文物出 版社.

郭大順, 1989, 「大南溝的一種後紅山文化類型」, 『考古學文化論集2』, 文 物出版社.

郭大順·張克擧, 1984 『遼寧省喀左縣東山嘴紅山文化建築群址發掘簡 報」, 『文物』 11期.

靳楓毅, 1982, 「論中國東北地區含曲刃青銅短劍的文化遺存(上)」, 『考 古學報』 第4期.

靳楓毅, 1983, 「論中國東北地區含曲刃青銅短劍的文化遺存(下)」, 『考

古學報』第1期.

吉林大學考古學系 等, 1997,「遼寧錦西邰集屯古城址勘祭和試掘簡報」,
　　『考古學集刊』11집.

內蒙古文物考古研究所編(李逸友·魏堅主編), 1997,『內蒙古文物考古
　　文集1·2』, 中國大百科 出版社.

內蒙古文物工作隊, 1984,「敖漢旗范伎子古墓群發掘簡報」,『內蒙古文
　　物考古』第3期.

內蒙古自治區文物工作隊, 1965,「內蒙古寧城小榆樹林子遺址試掘簡
　　報」,『考古』第12期.

佟偉華, 1989,「皎東半島與遼東半島原始文化的交流」,『考古學文化論
　　輯2』, 蘇秉琦主編, 文物出版社.

佟柱臣, 1957,「赤峰八家石城址勘查記」,『考古通訊』第6期.

卜　工, 1989,「燕山地區夏商時期的陶鬲普係」,『北方文物』第2期.

北京大學考古系編, 1994,『考古學研究2』, 北京大學出版社.

北京市文物考古研究所, 1995,『琉璃河西周燕國墓地1973-1977年』, 文
　　物出版社.

北京市文物管理處, 1976,「北京地區的又一重要考古收穫」-昌平白浮
　　西周木郭墓的新啓示-,『考古』4期.

徐光冀, 1986,「赤峰英金河, 陰河流域的石城遺址」,『中國考古學研究』,
　　文物出版社.

蘇秉琦, 1986,「遼西古文化古城古國 -試論當前考古工作重点和大課
　　題」,『遼海文物學刊』.

蘇秉琦, 1986,「燕山南北·長城地帶考古公作的新進展 -1984年8月在
　　內蒙古西部地區原始文化座談會上的報告題講」,『內蒙古文物考古』

第4期.

孫國平, 1982,「朝陽勝利三角城子遺址群調査記」『遼寧文物』第3期.

孫守道, 1984,「三星他拉紅山文化玉龍考」『文物』6期.

孫守道·郭大順, 1984,「遼寧省喀左縣東山嘴紅山文化建築群址發掘簡報」『文物』11期.

孫守道·郭大順, 1986,「牛河梁紅山文化女神頭像的發現與研究」『文物』6期.

沈陽古宮博物館·沈陽市文物管理辦公室, 1975,「沈陽鄭家洼子的兩座靑銅時代墓葬」『考古學報』第1期.

瀋陽市文物管理辦公室, 1982,「瀋陽新民縣高台山遺址」『考古』2期.

瀋陽市文物管理辦公室, 1986,「新民東高台山第二次發掘」『遼海文物學刊』1期.

梁思永, 1990,「熱河查不干廟等處所採集之新石器時代石器與陶片」『梁思永考古文集』, 科學出版社.

楊　虎, 1985,「內蒙古敖漢旗興隆洼遺址發掘簡報」『考古』10期.

呂遵諤, 1958,「內蒙古赤峰紅山後考古調査報告」『考古學報』3期.

翁牛特旗文化館, 1984,「內蒙古翁牛特旗三星他拉村發現玉龍」『文物』6期.

王立新·齊曉光·夏保國, 1993,「夏家店下層文化淵源趨論」『北方文物』.

王立早, 1991,「西道村遺址發掘穫重大成果」『中國文物報』.

王　迅, 1994,『東夷文化與淮夷文化研究』, 北京大學出版社.

遼寧省文物考古研究所·本溪市博物館, 1994,『馬城子』, 文物出版社.

遼寧省文物考古研究所·赤峰市博物館, 1998,『大南溝-後紅山文化墓地發掘報告』, 科學出版社.

遼寧省文物考古研究所編, 1994, 『遼東半島石棚』, 遼寧科學技術出版社.

遼寧省文物考古研究所等, 1992, 「遼寧阜新平頂山石城址發掘簡報」, 『考古』第5期.

遼寧省文物普查訓練班, 1989, 「1979年朝陽地區文物普查發掘的主要收獲」, 『遼寧文物』1期.

遼寧省博物館文物工作隊·朝陽地區博物館文物組, 1983, 「遼寧建平縣喀喇沁河東遺址試掘簡報」, 『考古』第11期.

遼寧省博物館昭烏達盟文物工作站敖漢旗文化館, 1977, 「遼寧敖漢旗小河沿三種原始文化的發掘」, 『文物』第12期.

遼寧省博物館·本溪市博物館, 1994, 『馬城子』-太子河上游洞穴遺存-, 文物出版社.

遼寧省博物館·本溪縣博物館, 本溪縣文化館, 1985, 「遼寧本溪縣廟後山洞穴墓地發掘簡報」, 『考古』6.

遼寧省博物館等, 1986, 「建平水泉遺址發掘簡報」, 『遼海文物學刊』1986년 第2期.

遼寧省博物館等, 1977, 「遼寧省敖漢旗小河沿三種原始文化的發現」, 『文物』1977년 第12期.

遼寧省博物館文物工作隊等, 1983, 「遼寧建平喀喇沁河東遺址試掘簡報」, 『考古』1983년 第11期.

劉觀民, 徐光冀, 1980, 「遼河流域新石器時代的考古發見與認識」, 『中國考古學會 第1次年會 論文集』, 文物出版社.

劉 謙, 1986, 「錦州山河營子遺址發掘報告」, 『考古』第10期.

劉晉祥, 1986, 「大甸子墓地乙群陶器分析」, 『中國考古學研究』-夏鼐先生考古五十年紀念論文集-, 文物出版社.

尹 達, 1955,「關于赤峰紅山後的新石器時代遺跡」,『中國新石器時代』, 生活讀書新知 三聯西店.

李恭篤, 1986,「遼寧凌源縣三官甸子城子山遺址試掘報告」,『考古』6期.

李伯謙, 1998,『中國靑銅器文化結构體系研究』, 科學出版社.

張家口市文物事業管理所·宣化縣文化館, 1990,「河北宣化李大人庄遺址試掘報告」,『考古』第5期.

張星德, 1991,「紅山文化分期初探」,『考古』8期.

张忠培, 1990,『中國北方考古文集』, 文物出版社.

鄭紹宗, 1984,「中國北方靑銅短劍的分期及形制研究」,『文物』2期.

齊亞珍·劉素華, 1991,「錦西水手營子早期靑銅器時代墓葬及銅柄戈」, 『遼海文物學刊』第1期.

曹圭林·許志國, 1988,「遼寧法庫縣彎柳街遺址調査報告」,『北方文物』2.

趙濱福, 1991,「趙寶溝文化初論」,『中國考古學會第8次年會論集』, 文物出版社.

周昆叔主編, 1991,『環境考古研究 第1집』, 科學出版社.

朱鳳瀚, 1995,『古代中國靑銅器』, 南開大學出版社.

朱永剛, 1991,「論高台山文化及其與遼西靑銅文化的關系」,『中國考古學會 第八次年會論文集』, 文物出版社.

朱 泓, 1989,「夏家店下層文化居民的種族類型及相關問題」,『遼海文物學刊』1期.

中國科學院考古研究所內蒙古發掘隊, 1961,「內蒙古赤峰藥王廟, 夏家店遺址試掘簡報」,『考古』第2期.

中國科學院考古研究所內蒙古古工作隊, 1975,「寧城南山根遺址發掘報告」,『考古學報』第1期.

中國社會科學院考古研究所內蒙古考古工作隊, 1979, 「赤峰蜘蛛山遺址的發掘」, 『考古學報』 第2期.

中國社會科學院考古研究所內蒙古工作隊, 1979, 「赤峰蜘蛛山遺址的發掘」, 『考古學報』 第2期.

中國社會科學院考古研究所編著, 1983, 『中國考古學中碳十四年代數據集』, 文物出版社.

中國社會科學院考古研究所編, 1996, 『大甸子』-夏家店下層文化遺址與墓地發掘報告-, 科學出版社.

中國社會科學院考古研究所, 1997, 『敖漢趙寶溝』, 中國大百科全書出版社.

鐵嶺市博物館, 1990, 「法庫縣灣柳街遺址試掘報告」 『遼海文物學刊』 1.

鄒　衡, 1980, 『夏商周考古學論文集』, 文物出版社.

何玄武, 1990, 「試論遼西地區古代文化的發展」, 『中國考古學會6次年會論文集』, 文物出版社.

郝維彬, 1996, 「內蒙古庫倫南泡子崖夏家店下層文化遺址調查報告」, 『北方文物』 第3期.

韓嘉谷, 1991, 「花邊鬲尋踪」, 『內蒙古東北地區考古學文化研究文集』, 內蒙古文物研究所編.

韓嘉谷·紀烈敏, 1993, 「薊縣縣張家園遺址青銅文化遺存綜述」, 『考古』 第4期.

濱田耕作, 「貔子窩」, 1929, 『東方考古學叢刊』, 東亞考古學會, 甲種1冊.

濱田耕作·水野淸一, 1938, 「赤峰紅山後」, 『東方考古學叢刊』, 東亞考古學會, 6冊.

선양沈阳 동쪽 지역의 고인돌 고찰

•

우장문 / 복기대·전성영·염정하

대지중학교 / 인하대학교

I. 머리말

현재 중국의 영토에는 지린 성과 랴오닝 성 등을 중심으로 고인돌이 주로 분포하고 있지만 그 외에 저장 성과 산둥 반도에도 분포하고 있다. 한반도와 같이 많은 수의 고인돌과 다양한 모양을 하고 있지는 않지만 랴오닝 성에는 주로 대형의 고인돌이 분포하고, 지린 성에는 높은 지대에 분포하는 특징이 보인다.

이 글에서 선양 동쪽 지역이라고 하는 것은 랴오닝 성의 선양 시에서 동으로는 바이산 시(白山市), 북으로는 매이허코 시(梅河口市)로 한정한 것이다. 선양을 중심으로 동쪽의 고인돌만을 살펴보는 이유는 선양을 기준으로 그 동쪽과 서쪽에 분포하는 고인돌이 많은 차이를 보이기 때문이다. 선양 동쪽은 랴오둥 반도(遼東半島)에 분포한 고인돌과 같이 규모가 크지는 않으나 주로 능선을 중심으로 높은 지대에 분포하고, 매이허코 지엔수이 촌 고인돌(梅河口 城水村石棚), 류허 타이핑꼬우 고인돌(柳河 太平沟石棚)의 예와 같이 능선을 따라

<그림 1> 조사한 고인돌의 위치(Google 지도 활용)

1.관먼 2.산롱 3.시엔런당
4.랑토우꼬우 5.왕칭먼
6.지안툰 7.타이핑꼬우 8.따사탄
9.지엔수이촌 10.리민툰

서 열을 지어 길게 분포하는 특징이 있다. 그리고 이 지역은 한반도와 만주 지역을 통틀어서 가장 높은 지대에 고인돌이 위치한다는 점에서 매우 흥미로운 곳이기도 하다.(그림 1)

조사한 고인돌 중 현재의 행정구역으로 보면 랴오닝 성(辽宁省) 지역의 고인돌은 푸순 산롱 고인돌(撫順 山龙), 푸쑨 꽌먼 고인돌(撫順 关门), 신빈 시엔런탕 고인돌(新賓 仙人堂), 신빈 왕칭먼 고인돌(新賓 旺淸门石棚), 칭위엔 랑토우꼬우 고인돌(淸原 榔头沟石棚)이 있다.

지린 성(吉林省) 지역의 고인돌 유적은 매이허코 지엔수이촌 고인돌(梅河口 城水村石棚), 류허 타이핑꼬우 고인돌(柳河 太平沟石棚), 류허 따사탄 고인돌(柳河 大沙滩石棚), 류허 지안툰 고인돌(柳河 集安屯石棚), 훈장 리민툰 고인돌(渾江 利民屯石棚)이다.

위 지역의 고인돌 중 撫順 山龙石棚과 新賓 仙人堂石棚을 제외한 대부분은 마을 근처의 산을 중심으로 비교적 높은 능선에 위치하고 있다는 공통점이 있다. 특히 梅河口 城水村石棚, 柳河 太平沟石棚은 지린 성의 고인돌이 높은 지대에 위치하면서도 많은 고인돌이 떼를 지어 분포한다는 특징을 보여주는 대표적인 유적이다.

吉林省 지역의 고인돌은 辽宁省 지역보다는 다소 늦은 시기의 유물이 출토되고 있어 비교적 늦은 시기에 만들어졌던 것으로 알려져

있다.[1]

답사한 지역의 마을 주민들은 고인돌을 고려(고구려) 무덤이라고 부르고 있다는 점과 城水村의 일부 고인돌이 고구려 무덤에서 볼 수 있는 널길(혼길)과 비슷한 용도의 구조물이 찾아진다는 점에서 매우 고무적이라고 할 수 있다.

II. 선양(沈阳) 동쪽의 주요 고인돌

선양 시 동쪽에는 탁자식(卓子式) 고인돌이 44곳에 약 104기 이상, 위체형(围砌型) 고인돌[2]이 3곳에 6기 이상이 분포하며, 개석식(蓋石式) 고인돌도 68곳에 160기 이상이 분포하는 등 총 270기 이상의 고인돌이 분포한다.[3] 따라서 훼손되어 없어진 것까지 감안한다면 이 지역에는 300기 이상의 고인돌이 충분히 분포했었을 것으로 추정 가능하다.

이 글에서는 2015년 4월에 답사했던[4] 선양 동쪽에 분포하는 고인

---

1) 하문식, 1999, 『古朝鮮 地域의 고인돌 研究』, 白山資料院, pp.266~268.

2) 북한에서 형식 분류하는 묵방형에 해당하는 것으로 무덤방 주변에 돌을 쌓은 형태이다.

3) 华玉氷, 2011, 『中国东北地区石柵研究』, 科学出版社의 내용을 정리하였음.

4) 답사에는 2015년 4월 18일~24일까지 복기대, 우장문, 전성영, 염정하가 참여했다.

돌 유적 10곳의 43기를 중심으로 그 분포 현황과 위치, 이 지역의 고인돌과 랴오둥 반도와의 차이점, 그리고 이 지역 고인돌만의 특징 등을 중심으로 살펴보고자 한다.(표 1)

〈표 1〉 주요 고인돌 현황

	주소	덮개돌 (cm)	굄돌(cm)	무덤방(cm)	방향	해발 고도 (m)	널길 (cm)
1	抚顺 尖门村		동70×140×30cm 서76×150×30~46cm 남172×160×20~40cm 북170×190×30~80cm	170×96×140cm	129°ESE	185m	
2	抚顺 山龙峪村	170~230×18×40cm (일부)	동84×60×?cm 서120×110×12cm 남190×110?×32cm 북210×130?×30cm	1 5 0 × 8 5 ? × 130?cm	100°ESE	297m	
	抚顺 山龙峪村	350×170×?cm	동95×52×18cm 서85×130×25cm 남180×85×15cm 북175×95×25cm	163×85×130?cm	100°ESE	297m	
3	抚顺 胜利村	350×190×20~100cm	동80×30×20cm 서85?×80×15cm 남225×80×10~50cm 북230×60×25cm		116°ESE	129m	
4	抚顺 榔头沟村		동320×190×25~50cm 서310×(110~150)×45cm 북160×180×20cm	290×150cm	158°SSE	226m	
5	抚顺 龙头山 1	190(길이)×17(두께) cm				460m	
	抚顺 龙头山 3	168(길이)×20(두께) cm				463m	
6	通化 集安屯	305×285×25~35cm	동300×60×36cm 서340×115×25cm 북140×110×30cm	240×90×120cm	192°SSW	623m	
7	通化 太平沟村 1	소실	동180×30×7cm 서220×37×14cm	?×72×?cm	228°WSE	415m	
	通化 太平沟村 2	380cm×?×?cm	서250×40×?cm		186°SSW°	415m	

	주소	덮개돌 (cm)	굄돌(cm)	무덤방(cm)	방향	해발 고도 (m)	널길 (cm)
	通化 太平沟村 3	소실	동280×95×20~60cm		200°SSW	416m	
	通化 太平沟村 4	240×175×20~25cm	동200×75×25cm				
	通化 太平沟村 5	320×?×30cm					
	通化 太平沟村 6	237×115?×20cm	서220×70×20cm		201°SSW	416m	
	通化 太平沟村 7	240×150?×25cm					
	通化 太平沟村 8	240×190×45cm	개석식?		191°SSW	424m	
	通化 太平沟村 9	380×380×190cm	서220×140cm 북115×90×20cm		217°SSW	426m	
	通化 太平沟村 11	300×160×30cm	개석식?		186°SSW	431m	
7	通化 太平沟村 12	240×200×46cm	동280×00×25cm 서290×100×17cm 북85×70cm	185×85×90cm	183°SSW°	434m	
	通化 太平沟村 13	파괴	서170×70×10cm		208°SSW	431m	
	通化 太平沟村 15	190×130×20cm	개석식?		174°SSE°	436m	
	通化 太平沟村 16	145×145×45cm	190×80×20cm		198°SSW°	442m	
	通化 太平沟村 북산1	240×210×40cm	개석식?		199°SSW	435m	
	通化 太平沟村 북산2	250×200×25cm	개석식?		172°SSW	434m	
	通化 太平沟村 북산3	250×95×?cm	개석식?		145°SSE	445m	
8	柳河縣 大沙滩村 1	330×264×40cm	동290×152×15cm 서285×152×20cm 남120×80×18cm 북154×76×21cm	220×154×150cm	190°SSW	490m	

	주소	덮개돌 (cm)	굄돌(cm)	무덤방(cm)	방향	해발 고도 (m)	널길 (cm)
8	柳河縣 大沙灘村 2	377×265×44cm	동265×152×15cm 서264×154×15~18cm 북154×152×21cm 남문돌152×76×18cm	192×154×152cm	166°SSE	493m	
9	通化 碱水村 王家屯 1	160×110×15cm	개석식?		120°ESE	454m	
	通化 碱水村 王家屯 2	소실	북70×30×10cm		117°ESE	502m	
	通化 碱水村 王家屯 3	소실	남80×?×?cm 서막음30×?×?cm	70×30cm	120°ESE	514m	
	通化 碱水村 王家屯 4	120×95×10cm	55×27×5cm		300°WNW	508m	
	通 碱水村 王家屯 5	소실	동260×44×15cm 서230×70×35cm 북막음130×50×6cm	200×150×45cm	141°SSE	507m	110~ 120cm
	通化 碱水村 王家屯 6	170×85×20cm(일부)	동150×65×7cm 서175×50×13cm 북막음65×30×50cm	170×70×50cm	265°WSW	511m	120~ 140cm
	通化 碱水村 王家屯 7	150×120cm					
	通化 碱水村 王家屯 9	205×140×44cm	330×25×7cm	270×150×25cm	128°ESE	520m	있음
	通化 碱水村 王家屯 11	230×160×40cm	북240×60×25cm 남220×70×30cm 서막음100×51×11cm	175×90×83cm	108°ESE	526m	40cm 정도
	通化 碱水村 王家屯 12	180×130×35cm	동155×40×10cm 서200×70×12cm	120×80×55cm	149°SSE	555m	100~ 120cm
	通化 碱水村 王家屯 13	훼손	개석식?		151°SSE	509m	
	通化 碱水村 王家屯 14	훼손	탁자식		173°SSE	490m	
	通化 碱水村 王家屯 15	155?×180×20cm	서210×80×10cm 동230×80×20cm 북쪽막음90×70×10cm	160×80×70cm	147°SSE	486m	
	通化 碱水村 王家屯 西山1	280×210×30cm	탁자식, 변형됨	240×100cm	180°S	584m	130cm

	주소	덮개돌 (cm)	굄돌(cm)	무덤방(cm)	방향	해발 고도 (m)	널길 (cm)
9	通化 碱水村 王家屯 西山2	230×176×16cm	개석식?		180°S	585m	
10	白山 利民屯	210×130×40cm	180×100×24cm		253°WSW	537m	

1. 푸쑨 꽌먼 고인돌(抚顺 关门石棚)[5]

▶ 주소: 辽宁省 抚顺 救兵乡 关门村 赵家坟山

抚顺 救兵乡의 王木에서 우회전하여 关山이라고 새겨진 바위로 된 기념물을 보면서 오른쪽의 작은 길을 따라가다 보면 关山湖水库가 나온다. 이 저수지를 배로 가로질러 가면 그 맞은편의 赵家坟山 능선 위에 고인돌이 있다.(그림 2·3)

현재 고인돌의 위치는 저수지에서 조금만 올라가면 볼 수 있지만 저수지가 만들어지기 전에는 꽤 높은 곳의 능선에 해당하였을 것이다. 덮개돌은 이미 파괴되어 보이지 않고, 고인돌이 위치했던 곳은

---

5) 하문식, 1999, 『古朝鮮 地域의 고인돌 研究』, 白山資料院; 국립나주문화재 연구소, 2011, 『중국 지석묘』; 辽宁省文物考古研究所編, 1994, 『辽东半岛 石棚』, 辽宁科学技术出版社; 华玉冰, 2011, 『中国东北地区石棚研究』, 科 学出版社; 辽宁省文物考古研究所·抚顺市博物館, 2007, 「赵家坟石棚发掘 简报」, 『北方文物』, 2007年 2期.

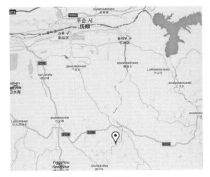

<그림 2> 꽌먼 고인돌 위치
(Google 지도 활용)

<그림 3> 꽌먼 고인돌 세부 위치
(Google 지도 활용)

<그림 4> 꽌먼 고인돌 전경

<그림 5> 꽌먼 고인돌 무덤방

주변보다 조금 높은 것으로 보아 고인돌을 만들기 전에 인위적으로 단을 쌓아 돋보이게 하기 위해 만든 것으로 보인다.(그림 4·5) 고인돌의 10m 정도 아래에도 파괴된 유적의 흔적이 있다.

2. 푸쑨 산롱 고인돌(撫順 山龙石棚)[6]

▶ 주소: 辽宁省 抚顺 救兵乡 山龙峪村北

고인돌은 虎台 저수지로 물이 흘러드는 마지막 단계에 있는 작은 하천의 밭둑에 위치하는데, 山龙村으로 향하는 길목에 해당한다. 고인돌 옆에는 큰 철탑이 위치하는데 이 철탑을 기준으로 가까운 곳부터 1호, 2호 순서로 나란히 분포하고 있다.(그림 6·7)

7기의 고인돌이 발굴되었다는 기록이 있으나 두 기(1호, 2호)는 그

〈그림 6〉 산롱 고인돌 위치
(Google 지도 활용)

〈그림 7〉 산롱 고인돌의 세부 위치
(Google 지도 활용)

---

6) 하문식, 1999,『古朝鮮 地域의 고인돌 研究』, 白山資料院; 국립나주문화재연구소, 2011,『중국 지석묘』; 辽宁省文物考古研究所編, 1994,『辽东半岛石柵』, 辽宁科学技术出版社; 华玉冰, 2011,『中国东北地区石柵研究』, 科学出版社; 武家昌, 1997,「撫順山龙石棚与积石墓」,『辽海文物學刊』, 1997年 1期.

<그림 8> 산룡 1호 고인돌

위치와 형태가 조금 남아 있으나 나머지는 확인조차 불가능하다. 7기의 고인돌 중 1호, 2호, 4호, 5호가 탁자식으로 보고되고 있다. 1호 고인돌은 현재 많이 훼손된 상태인데, 무덤방 앞에는 작은 방형의 단이 있어 제단이었을 가능성이 있다.(그림 8)

2호는 1호 바로 옆에 위치하는데 덮개돌이 옆으로 옮겨진 상태여서 무덤방이 노출되어 있다. 바닥에는 여러 장의 판석을 깔았으며, 그 위에서 불에 탄 사람 머리뼈가 발견되었고, 바닥, 굄돌, 막음돌 등에 불에 탄 흔적이 있어 화장법을 사용한 무덤으로 추정된다.(그림 9)

<그림 9> 산룡 2호 고인돌

3. 신빈 시엔런탕 고인돌(新宾 仙人堂石棚)[7]

▶ 주소: 辽宁省 抚顺 新宾满族自治县 上夾河镇 胜利村

고인돌은 上夾河镇에서 大伙房水库로 향하는 길을 따라 가다가 오른쪽에 있는 胜利村의 마을 가운데에 위치하고, 마을 앞으로는 大伙房水库로 들어가는 苏子河가 흐르고 있다. 고인돌 바로 옆에는 마을에서 만든 신당이 있고, 오래된 큰 나무가 있어서 쉽게 찾을 수 있다.(그림 10·11·12)

고인돌 옆에는 개석식 고인돌로 보이는 것도 있으나 제사를 지낼

〈그림 10〉 시엔런탕 고인돌 위치
(Google 지도 활용)

〈그림 11〉 시엔런탕 고인돌 상세 위치
(Google 지도 활용)

---

7) 하문식, 1999, 『古朝鮮 地域의 고인돌 硏究』, 白山資料院; 국립나주문화재연구소, 2011, 『중국 지석묘』; 辽宁省文物考古研究所編, 1994, 『辽东半岛石棚』, 辽宁科学技术出版社; 华玉冰, 2011, 『中国东北地区石棚研究』, 科学出版社.

〈그림 12〉 고인돌 옆의 신당　　　　〈그림 13〉 시엔런탕 고인돌

때 짐승을 도살하는 받침돌로 사용하는 것이라고 한다.

　고인돌은 '仙人堂' 혹은 '飞來石' 등으로 불리며 화강암이다. 덮개돌은 지붕모습을 하고 있는데 중간이 두텁고 양 끝이 얇다. 무덤방의 구조는 정교하지 못하며, 남쪽 굄돌은 곧게 서 있고 북쪽 굄돌은 밖으로 약 20° 기울었으며, 동쪽 굄돌은 낮다.(그림 13)

4. 칭위엔 랑토우꼬우 고인돌(清原 榔头沟石棚)[8]

▶ 주소: 辽宁省 抚顺 清原县 苍石乡 榔头沟村

고인돌은 榔头沟村의 北山에 위치한다.(그림 14·15)

---

8) 하문식, 1999, 『古朝鮮 地域의 고인돌 硏究』, 白山資料院; 국립나주문화재
　연구소, 2011, 『중국 지석묘』; 辽宁省文物考古研究所編, 1994, 『辽东半岛
　石柵』, 辽宁科学技术出版社; 华玉氷, 2011, 『中国东北地区石柵研究』, 科
　学出版社.

고인돌은 산꼭대기에 위치해서 뒤쪽을 제외한 모든 주변이 잘 내려다 보인다. 고인돌은 매우 웅장해 보이지만 덮개돌은 모두 파괴되어 흩어져 있고, 양쪽 굄돌만 온전하게 남아 있다. 북쪽의 막음돌도 거의 파괴되어 무덤방 안쪽으로 넘어져 있다.

동쪽 굄돌의 앞면에는 인공적으로 갈아서 판 구멍이 있어 그 용도가 궁금하다.(그림 16·17·18)

이렇게 큰 고인돌이 경사가 심하면서 높은 위치에 축조되었다는

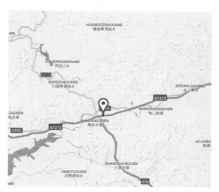

〈그림 14〉 랑토우꼬우 고인돌 위치
(Google 지도 활용)

〈그림 15〉 랑토우꼬우 고인돌 세부 위치
(Google 지도 활용)

〈그림 16〉 랑토우꼬우 고인돌 전경

〈그림 17〉 랑토우꼬우 고인돌 앞

것 자체가 매우 경이롭
고, 덮개돌이 남아있었
다면 매우 웅장하고 돋
보였을 것이다. 고인돌
에서 마을로 내려오는
길목에는(500m의 거리)
더 큰 고인돌이 있었다
고 하나 고속도로를 만
들면서 파괴되었다고 한다.

〈그림 18〉 랑토우꼬우 고인돌 앞의 홈

5. 신빈 왕청먼촌 롱토우 돌무덤(新宾 旺清门村 龙头山石墓)[9]

▶ 주소: 辽宁省 抚顺 新宾 满族自治县 旺清门镇 旺清门村 龙头山

랴오닝 성과 지린 성의 접경부에 위치한 旺清门镇 旺清门村에서

---

9) 하문식, 1999, 『古朝鮮 地域의 고인돌 硏究』, 白山資料院; 국립나주문화재
연구소, 2011, 『중국 지석묘』; 辽宁省文物考古硏究所編, 1994, 『辽东半岛
石柵』, 辽宁科学技术出版社; 华玉氷, 2011, 『中国东北地区石柵硏究』, 科
学出版社; 王洪峰, 1993, 「吉林南部石棚及相關問題」, 『遼海文物學刊』 2;
国家文物局主編, 1993, 『中国文物地图集·吉林分册』, 中国地图出版社; 肖
景全, 李榮文, 2005, 『新賓旺淸門鎭龍頭山大石蓋墓』, 遼寧省第五屆考古學
會論文.

남쪽에 있는 富尔江 건너편에 있는 龙头山의 끝단 중턱에 위치하고 있다. 龙头山은 旺清门村에서 다리를 건너면서 양쪽으로 산줄기가 보이는데 오른쪽은 용의 머리에 해당하고, 고인돌이 위치한 왼쪽의 산줄기는 용의 꼬리에 해당한다고 한다.(그림 19·20)

아래로부터 촘촘하게 1·2·3호 이외에 발굴한 흔적이 있는 구덩이 2곳 더 있어 5기의 무덤이 있었던 것으로 보인다.

이곳 고인돌의 특징은 모두 북쪽으로 흐르는 富尔江을 바라다 볼 수 있는 위치에 있다는 점이다.

1호 덮개돌은 구덩이 속으로 넘어져 있는 상태로 방치되어 있었다.(그림 21)

2호로 추정되는 곳에는 구덩이만 있을 뿐 덮개돌(원래 발굴 당시의 도면에도 없었음)은 보이지 않고 주변에 작은 돌들만 흩어져 있다. 이곳에서는 7개체 분량의 사람 뼈가 발견되어 주목받고 있다. (그림 22)

3호 고인돌은 1호와 마찬가지로 둥근 덮개돌이 구덩이 안으로 넘어진 채 남아 있었고 덮개돌을 매우 둥글게 다듬었다. 이곳에서도 불에 탄 사람의 머리뼈가 발견되었다.(그림 23·24)

3호에서 산 위로 조금 더 올라가면 발굴한 흔적이 있는 구덩이 두 곳이 있다. 4호로 지명한 이곳은 2호와 상태가 비슷하고, 마지막의 5호는 구덩이 안쪽에 석관으로 보이는 것이 남아 있어서 주목된다. 무덤방의 방향이 마을과 강 쪽을 향하고 있다는 점이 특이하다.

3호까지의 무덤 발굴 결과 108점의 토기가 발견되었는데 완전한 토기가 91점에 달한다. 이외에 동기는 11점, 철기 3점, 석기 3점 등이 출토되었다.

〈그림 19〉 왕청면 롱토우산 고인돌 위치
(Google 지도 활용)

〈그림 20〉 왕청면 롱토우산 무덤 세부 위치
(Google 지도 활용)

〈그림 21〉 롱토우산 1호 무덤

〈그림 22〉 롱토우산 2호 무덤

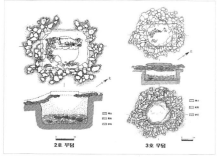

〈그림 23〉 롱토우산 3호 무덤

〈그림 24〉 롱토우산 고인돌 2호, 3호 발굴 도면

특이한 점은 村老에 의하면 고인돌을 발굴하던 사람들이 고구려 사람들의 무덤이라고 불렀다는 것이다.

6. 류허 지안툰 고인돌(柳河 集安屯石棚)[10]

▶ 주소: 吉林省 通化 柳河县 太平川乡 集安屯

고인돌은 太平川乡의 太平川村에서 남쪽으로 작은 길을 따라 중간 중간에 위치한 康石, 窩集沟村을 지나 세 번째에 해당하는 集安屯의 마을 끝에서 서쪽에 위치한 높은 산의 능선 위에 있다. 이 고인돌은 랴오닝 성과 지린 성의 고인돌 중 가장 높은 해발 623m에 위치하고 있다. 고인돌이 위치한 부분은 최정상에서 조금 내려온 부분의 비교적 평평한 지역이다. 이렇게 높은 위치에 고인돌이 만들어질 수 있었던 것은 커다란 바위가 가까운 곳에 위치했기에 가능했다.(그림 25·26)

무덤방 안쪽의 북쪽 막음돌에는 붉은 색으로 줄을 맞춰서 글씨를 써놓은 것이 희미하게 남아 있다.(그림 27·28·29·30)

---

10) 하문식, 1999, 『古朝鮮 地域의 고인돌 研究』, 白山資料院; 국립나주문화재연구소, 2011, 『중국 지석묘』; 辽宁省文物考古研究所編, 1994, 『辽东半岛石栅』, 辽宁科学技术出版社; 华玉氷, 2011, 『中国东北地区石栅研究』, 科学出版社; 王洪峰, 1993, 「吉林南部石棚及相關問題」, 『遼海文物學刊』 2; 国家文物局主編, 1993, 『中国文物地图集·吉林分册』, 中国地图出版社.

〈그림 25〉 지안툰 고인돌 위치
(Google 지도 활용)

〈그림 26〉 지안툰 고인돌 세부 위치
(Google 지도 활용)

〈그림 27〉 지안툰 고인돌 전경

〈그림 28〉 지안툰 고인돌 앞

〈그림 29〉 지안툰 고인돌 옆

〈그림 30〉 지안툰 고인돌 뒤

7. 류허 타이핑꼬우 고인돌(柳河 太平沟石棚)

▶ 주소: 吉林省 通化 柳河县 太平沟村

柳河县에서 303번 도로로 通化 방향 1km 정도의 거리에 있는 修正集团柳河制药의 좌우에 있는 남산과 북산이 위치한다.(그림 31·32)

남쪽에 분포한 고인돌을 남산 고인돌이라고 하는데 현재 확인할 수 있는 것은 15~17기이고(기존의 기록에는 총 24기의 고인돌 중 탁자식 16기, 개석식 8기로 되어 있음), 북쪽에서는 3기가 확인된다.

이곳을 포함한 柳河 지역 고인돌 유적은 떼를 지어 능선 위에 분포하는 특징이 있다.

1호는 탁자식이며 능선의 서쪽 끝 맨 아래에 위치한다.(그림 33)

2호는 탁자식이며 무너진 상태이다. 1호 동쪽으로 7~8m 정도의 거리이고, 서쪽 굄돌과 막음돌이 덮개돌 아래에 놓여 있다.(그림 34)

3호는 유적임을 알리는 표지석 옆에 위치하는데 굄돌과 막음돌만 남아있다.(그림 35)

4호는 3호의 남동쪽 3m 지점에 위치하는 비교적 큰 고인돌이 파

---

11) 하문식, 1999, 『古朝鮮 地域의 고인돌 硏究』, 白山資料院; 국립나주문화재연구소, 2011, 『중국 지석묘』; 辽宁省文物考古研究所編, 1994, 『辽东半岛石棚』, 辽宁科学技术出版社; 华玉冰, 2011, 『中国东北地区石棚研究』, 科学出版社; 王洪峰, 1993, 「吉林南部石棚及相關問題」, 『遼海文物學刊』 2; 国家文物局主編, 1993, 『中国文物地图集·吉林分册』, 中国地图出版社.

괴된 상태로 남아있다.(그림 36)

5호는 4호 동쪽 3m 거리에 있고, 덮개돌은 보이지 않고 덮개돌과 막음돌의 윤곽만 보인다.(그림 37)

6호는 5호 동쪽 3m 거리에 있다.(그림 38)

7호는 6호 동쪽 1m에 있고, 개석식 고인돌로 추정된다.(그림 39)

8호는 7호 동쪽 8m에 위치한다. 굄돌은 아주 낮아서 흙이 쌓이지 않았다면 개석식 고인돌로 보아도 무방할 것이다.(그림 40) 8호 서쪽에는 작은 고인돌로 보이는 돌감이 남아 있다.

9호는 비교적 잘 남아있는 탁자식 고인돌이다. 위치는 8호 동쪽 2m 정도이다.(그림 41)

10호는 9호에서 동쪽 1m의 거리에 해당한다. 방향은 같으며 굄돌만 남아있다.(그림 42)

11호는 10호 동쪽 5m 거리에 해당하는데 무너져 있어서 형식 구분이 어렵다.(그림 43)

12호는 11호의 동쪽 3m 거리에 있다.(그림 44)

13호는 12호의 앞 서남쪽 5m에 있다.(그림 45)

14호는 13호의 남쪽에 훼손된 채 남아 있는데 탁자식으로 추정된다.(그림 46)

15호는 개석식이다.(그림 47)

채석장으로 보이는 곳은 15호에서 동쪽으로 10m 정도에 위치한다. 이 채석장 바로 위에도 파괴된 고인돌로 보이는 석재들이 있다.(그림 48)

16호는 채석장 위 7m 정도이고, 타이핑꼬우 고인돌의 남산에서 가장 위쪽에 해당한다.(그림 49)

〈그림 33〉 타이핑꼬우 1호 고인돌

〈그림 34〉 타이핑꼬우 2호 고인돌

〈그림 35〉 타이핑꼬우 3호 고인돌

〈그림 36〉 타이핑꼬우 4호 고인돌

〈그림 37〉 타이핑꼬우 5호 고인돌

〈그림 38〉 타이핑꼬우 6호 고인돌

〈그림 39〉 타이핑꼬우 7호 고인돌

〈그림 40〉 타이핑꼬우 8호 고인돌

〈그림 41〉 타이핑꼬우 9호 고인돌

〈그림 42〉 타이핑꼬우 10호 고인돌

〈그림 43〉 타이핑꼬우 11호 고인돌

〈그림 44〉 타이핑꼬우 12호 고인돌

〈그림 45〉 타이핑꼬우 13호 고인돌

〈그림 46〉 타이핑꼬우 14호 고인돌

〈그림 47〉 타이핑꼬우 15호 고인돌

〈그림 48〉 타이핑꼬우 채석장

〈그림 49〉 타이핑꼬우 16호 고인돌

〈그림 50〉 타이핑꼬우 북산1호 고인돌

〈그림 51〉 타이핑꼬우 북산2호 고인돌

〈그림 52〉 타이핑꼬우 북산3호 고인돌

8. 류허 따사탄 고인돌(柳河 大沙灘石棚)[12]

▶ 주소: 吉林省 柳河县 安口鎭 大沙滩村

大沙滩村은 柳河县에 위치한 安口鎭을 지나서 다시 서쪽으로 新生屯을 지나면 나온다. 고인돌은 마을의 서쪽에 있는 작은 야산의 능선에 두 기가 나란히 위치하고 있고 이곳에서 조금 내려온 끝단에는 파괴된 것으로 보이는 고인돌도 보인다. 남아 있는 두 기는 보존 상태가 매우 양호하며 마을 사람들은 고구려의 무덤이라고 말한다.(그

---

12) 하문식, 1999, 『古朝鮮 地域의 고인돌 研究』, 白山資料院; 국립나주문화재연구소, 2011, 『중국 지석묘』; 辽宁省文物考古研究所編, 1994, 『辽东半岛石柵』, 辽宁科学技术出版社; 华玉氷, 2011, 『中国东北地区石柵研究』, 科学出版社; 王洪峰, 1993, 「吉林南部石柵及相關問題」, 『遼海文物學刊』 2; 国家文物局主編, 1993, 『中国文物地图集·吉林分册』, 中国地图出版社.

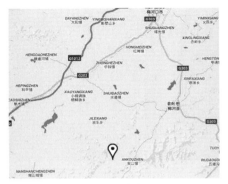

〈그림 53〉 따사탄 고인돌 위치
(Google 지도 활용)

〈그림 54〉 따사탄 고인돌 세부 위치
(Google 지도 활용)

〈그림 55〉 따사탄 고인돌 유적 원경

〈그림 56〉 따사탄 1호 고인돌(뒤에 2호)

〈그림 57〉 따사탄 2호 고인돌

〈그림 58〉 따사탄 2호 고인돌 옆모습

1호 고인돌은 마을을 내려다보면서 능선과 나란하게 만들어져 있다. 양쪽 굄돌의 위쪽 끝 부분은 안쪽으로 모두 기울었는데 이것은 당시의 발달된 건축 기술 수준을 보여준다.(그림 56)

2호는 1호에서 조금 더 올라간 곳에 위치하는데 두 개로 되어 있던 것으로 보이는 막음돌에는 혼구멍이 만들어져 있다. 2호도 무덤 방향이 능선의 방향과 일치한다. 굄돌과 막음돌은 모두 편마암이며 여러 개를 잇대어 만든 것이 특징이다.(그림 57·58)

9. 매이허코 지엔수이 촌 고인돌(梅河口 礆水村石棚)[13]

▶ 주소: 吉林省 通化 梅河口市 礆水村 王家屯

고인돌은 梅河口市 礆水村의 王家屯의 산 능선을 중심으로 분포한다.(그림 59·60)

험수 고인돌은 총 20기를 확인하였다. 이곳 고인돌은 능선을 따라서 분포하고 있는데 규모가 큰 고인돌은 대개 단을 쌓아서 더 돋보이게 축조한 특징이 있다. 그리고 이곳 고인돌에서만 볼 수 있는 특징은 비교적 큰 고인돌의 문돌 앞으로 얇은 돌판을 이용하여 널길(혼길?)을 만든 것이다. 이런 고인돌 형태는 고구려의 굴식돌방무덤의 원조가 아닐까 하는 생각이 들었다. 물론 시체를 넣기 위한 용도는 아니지만 무덤방 주인공의 혼이 드나들 수 있는 출입문을 상징적으로 만든 것으로 추정된다. 이는 대사탄의 2호 고인돌에 있는 혼구멍도 같은 맥락에서 이해할 수 있을 것이다.

탁자식이 주를 이루며 능선을 따라서 축조되었고, 무덤방은 능선과 나란하게 만든 것이 대부분이다.

고인돌은 군집별로 1군과 2군으로 나눌 수 있는데, 王家屯의 뒷산에 있는 1군에서는 16기 정도가 확인되었고, 마을에서 1km 정도를 더 들어간 높은 산 위에도 4기(2기 확인, 미확인 2기)가 분포하는데 이를 2군으로 하였다.

1군은 고인돌의 분포를 알려주는 全國重點文物保護單位 표석의 뒤쪽 계곡을 중심으로 좌우 능선에 분포하고 있다. 이곳의 고인돌 중 규모가 큰 고인돌 주변은 자갈돌 등으로 단을 쌓아서 주변보다 조금 높았고, 큰 고인돌 사이는 작은 고인돌이 분포하는데 작은 고인돌은 큰 고인돌과 밀접한 관련이 있을 것으로 추정된다.

2군의 서산 1호와 서산 2호는 앞뒤가 탁 트인 산의 정상부 좁은 곳에 만들어진 것이 특징이다.

1군의 1호 고인돌은 개석식으로 마을에서 가장 가까운 능선 끝에 위치한다.(그림 61)

2호는 탁자식으로 작은 굄돌만 남아 있는데 무덤방은 능선 방향이다.(그림 62)

---

13) 하문식, 1999, 『古朝鮮 地域의 고인돌 研究』, 白山資料院; 국립나주문화재연구소, 2011, 『중국 지석묘』; 辽宁省文物考古研究所編, 1994, 『辽东半岛石柵』, 辽宁科学技术出版社; 华玉氷, 2011, 『中国东北地区石柵研究』, 科学出版社, 王洪峰, 1993, 「吉林南部石棚及相關問題」, 『遼海文物學刊』 2; 国家文物局主編, 1993, 『中国文物地图集·吉林分册』, 中国地图出版社.

남산에 분포한 고인돌은 모두 남향이고 무덤방이 산등성과는 대각선 방향으로 만들어진 특징이 있다.

제약회사를 중심으로 북쪽에는 북산이 위치하는데, 이곳에서도 3기의 개석식 고인돌이 확인되었다.

북산 1호는 개석식으로 산길을 만드느라 한쪽으로 치워진 상태였다.(그림 50)

북산 2호는 개석식으로 1호의 아래쪽으로 남서 5m에 위치한다.(그림 51)

북산 3호는 현재 정상부에 있으나 산이 훼손되는 상태에 있어서 언제 없어질지 모른다.(그림 52)

더 높은 지역에도 고인돌이 있었는지는 돌을 캐느라 산을 통째로 파내고 있어서 알 수가 없다.

이 유적의 고인돌은 산 능선을 중심으로 1~8m의 거리를 두고 촘촘히 분포하는 특징과 무덤방의 방향이 산 능선과 직각 방향으로 만들었다는 특징이 있다.

〈그림 31〉 타이핑꼬우 고인돌 위치
(Google 지도 활용)

〈그림 32〉 타이핑꼬우 고인돌 세부 위치
(Google 지도 활용)

3호는 탁자식이나 굄돌 길이가 1m도 되지 않는 것으로 보아 2차장을 했을 것으로 보인다.(그림 63)

4호는 3호에서 조금 더 능선을 따라 올라간 자리에 위치하는데 굄돌과 덮개돌의 일부만 남아 있다.(그림 64)

5호는 덮개돌은 없어지고 굄돌만 남아 있는데 무덤방이 큰 편이다. 특이한 것은 무덤방에 덧대어 널길을 만든 점이다.(그림 65·66)

6호도 덮개돌은 없어지고 굄돌만 남아 있는데 무덤방이 5호와 마주보고 있다. 이 고인돌도 5호와 마찬가지로 무덤방 앞에 납작한 돌로 널길을 만든 것이 특징이다.(그림 67·68)

7호는 6호 남쪽 30m 아래에 있는 데 덮개돌 일부가 흙에 묻혀 두께를 알 수 없으며, 6호와 마주보고 있다.(그림 69)

8호는 7호에서 8m 정도 남쪽에 있는데 굄돌 1개만 남아 있으며 9호의 아래쪽에 위치한다.(그림 70)

9호는 5호나 6호와 마찬가지로 널길이 있으며, 8호에서 남쪽 20m 지점에 위치한다.(그림 71·72)

10호는 9호에서 10m 정도 위쪽에 위치하는데 훼손된 채 덮개돌로 추정되는 것만 남아 있다.

11호는 10호에서 약 20m의 남쪽에 위치한다. 완전한 모양의 탁자식 고인돌이고 덮개돌의 균형을 맞추기 위하여 굄돌과 덮개돌 사이에 작은 돌을 괴기도 하였다. 단을 쌓았으며 막음돌도 아주 낮게 남아 있는데 그 앞으로 널길도 만들어져 있다.(그림 73·74)

12호는 1호에서 11호까지 분포한 능선 왼쪽편의 능선에 위치하고 있다.(그림 75)

13호는 훼손되었는데 개석식 고인돌로 보인다. 12호에서 서쪽의 작은 능선쪽으로 내려오는 곳에 위치한다.

14호는 덮개돌과 굄돌 일부만 남아 있다.(그림 76)

15호는 14호의 아래쪽에 위치하는데 능선의 끝단에 해당한다.(그림 77)

2군 고인돌은 王家屯에서 1km 정도 더 들어간 산꼭대기에 위치한다. 이곳에서는 4기가 있으나 확인한 것은 2기 뿐으로 2기를 서산 1호, 서산 2호로 칭하였다.

서산 1호는 높은 능선의 좁은 위치에 만들어져 있다. 지금은 개석식으로 보이지만 원래는 굄돌이 무너져 높이가 많이 낮아졌다는 것이 주민의 이야기이다. 예전에는 허리를 숙이고 들어가서 다닐 수 있을 정도로 높았다는 것이다. 이 고인돌 앞쪽에도 널길이 만들어져 있다.(그림 78·79)

서산 2호는 1호와 30m 정도의 거리에 있는데 낮은 구릉의 맞은편에 위치한 능선이다. 개석식으로 추정된다.(그림 80)

이상 지엔수이 고인돌에서 찾을 수 있는 특징은 능선을 따라 10~20m 간격으로 고인돌이 떼를 지어 만들었으며, 규모가 비교적 큰 고인돌은 단을 쌓고, 무덤방 입구쪽으로 혼의 이동을 위한 널길을 만든 것이 특징이다. 그리고 무덤방은 대체로 능선의 방향과 일치하는 남향을 하고 있다.

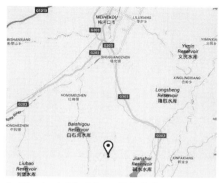

〈그림 59〉 지엔수이촌 고인돌 위치
(Google 지도 활용)

〈그림 60〉 지엔수이촌 고인돌 세부 위치
(Google 지도 활용)

〈그림 55〉 따사탄 고인돌 유적 원경

〈그림 56〉 따사탄 1호 고인돌(뒤에 2호)

〈그림 61〉 지엔수이촌 1호 고인돌

〈그림 62〉 지엔수이촌 2호 고인돌

〈그림 63〉 지엔수이촌 3호 고인돌　〈그림 64〉 지엔수이촌 4호 고인돌

〈그림 65〉 지엔수이촌 5호 고인돌　〈그림 66〉 지엔수이촌 5호 고인돌 널길

〈그림 67〉 지엔수이촌 6호 고인돌　〈그림 68〉 지엔수이촌 6호 고인돌 널길

〈그림 69〉 지엔수이촌 7호 고인돌

〈그림 70〉 지엔수이촌 8호 고인돌

〈그림 71〉 지엔수이촌 9호 고인돌

〈그림 72〉 지엔수이촌 9호 고인돌 뒷모습

〈그림 73〉 지엔수이촌 11호 고인돌

〈그림 74〉 지엔수이촌 11호 고인돌 널길 옆모습

〈그림 75〉 지엔수이촌 12호 고인돌 널길

〈그림 76〉 지엔수이촌 14호 고인돌

〈그림 77〉 지엔수이촌 15호 고인돌

〈그림 78〉 지엔수이촌 서산1호 고인돌

〈그림 79〉 지엔수이촌 서산1호 고인돌 널길

〈그림 80〉 지엔수이촌 서산2호 고인돌

10. 장위엔구 리민툰 고인돌(江源区 利民屯石棚)[14]

▶ 주소: 吉林省 白山市 江源区 孙家堡子镇 利民屯

　고인돌은 孙家堡子镇을 가로지르는 철길을 따라 渾江쪽으로 걷다 보면 철길의 오른편에 위치하고 있다.(그림 81·82·83)
　탁자식 고인돌은 무덤방의 방향이 渾江과 나란하다. 예전에는 이곳에서 강과 가까운 거리였으나 지금은 건물 때문에 강이 보이지도 않는다. 탁자식 고인돌은 암질이 붉은색 계통으로 만들어져 있다. 현

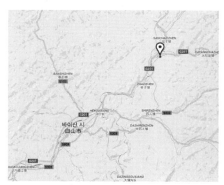

〈그림 81〉 리민툰 고인돌 위치
(Google 지도 활용)

〈그림 82〉 리민툰 고인돌 세부 위치
(Google 지도 활용)

---

14) 하문식, 1999, 『古朝鮮 地域의 고인돌 硏究』, 白山資料院; 국립나주문화재연구소, 2011, 『중국 지석묘』; 辽宁省文物考古研究所编, 1994, 『辽东半岛石棚』, 辽宁科学技术出版社; 华玉冰, 2011, 『中国东北地区石棚研究』, 科学出版社, 王洪峰, 1993, 「吉林南部石棚及相關問題」, 『遼海文物學刊』2.

| 〈그림 83〉 리민툰 고인돌 원경 | 〈그림 84〉 리민툰 1호 고인돌 |

재는 무덤방과 그 주변에는 잡석과 각종 쓰레기들이 쌓여 있다.(그림 84)

보고서에는 탁자식 고인돌 1기만 알려져 있으나 그 바로 옆에 개석식 고인돌 1기가 놓여 있다.

Ⅲ. 선양 동쪽 지역 고인돌의 특징

1. 위치 및 방향

고인돌은 일반적으로 강가의 평지나 산에서 내려오는 산록 완사면에 위치하는 것이 일반적이다. 그러나 이 지역의 대다수 고인돌은 높은 능선 위에 위치하는 특징을 가지고 있다. 그리고 랴오닝 성에서 지린 성 방향으로 올라가면서 갑자기 해발 400~500m의 능선에 만들어지는 특징도 보인다.

10곳의 고인돌 중에서 7곳의 고인돌이 능선 위에 위치한다. 능선에 위치하는 고인돌은 푸쑨 꽌먼춘 고인돌, 칭위엔 랑토우꼬우 고인돌, 왕칭먼 롱토우 무덤, 류허 지안툰 고인돌, 류허 타이핑꼬우 고인돌, 류허 따사탄 고인돌, 매이허코 지엔수이촌 고인돌 등이다.

꽌먼춘 고인돌은 해발 185m로 주변이 잘 보이는 능선 위에 단을 쌓고 고인돌을 만든 특징이 있다.

랑토우꼬우 고인돌도 해발 226m로 주변을 굽어볼 수 있는 산의 거의 정상부에 위치하고 있다.

롱토우 무덤은 460m 정도의 능선 정상부에 위치하는데 평지에서 그리 높은 위치는 아니지만 앞, 뒤, 옆이 트여 있어 주변을 조망하기 좋은 위치이다.

지안툰 고인돌은 이 일대의 고인돌 중 가장 높은 623m에 위치한다. 이곳은 마을에서 실제로 고인돌이 있는 곳까지 올라가기 위해서는 많은 시간이 걸릴 정도로 높은 산의 거의 정상부에 해당한다.

타이핑꼬우 고인돌은 410~430m 정도의 능선을 따라서 20여 기가 분포하고 있다. 무덤방의 방향은 능선과 대각을 이루도록 만들었는데 이는 능선의 방향보다는 남향을 염두하고 만들었기 때문일 것으로 보인다.

따사탄 고인돌 2기도 490m 정도의 마을을 내려다보기 좋은 능선 위에 위치하고 있다. 무덤방이 능선과 나란하지만 그 자체가 남향이어서 방향을 더 중시한 것으로 보인다.

지엔수이촌 고인돌은 454~585m의 능선에 10~20m 간격으로 줄지어 만들었다. 특히 1군의 고인돌은 산에서 내려오는 두 능선을 따라 둥글게 배치되어 있다.

이곳 고인돌 중 10곳 중 7곳이 능선 위에 위치한다는 것은 세력권

의 영역을 표시한 것으로 생각된다. 또 고인돌의 무덤방 방향을 능선
과 나란하게 만들거나 능선과 대각으로 만드는 경우 모두 능선의 줄
기 방향보다는 남향을 염두하고 고인돌을 축조한 것으로 나타난다.

2. 널길(혼길)을 가진 특이 고인돌

영혼의 이동을 위한 널길을 가진 특이한 고인돌은 통화 매허구시
지엔수이촌에 있는 20여 기의 고인돌 중 6기에서 보인다.

널길을 가진 고인돌은 마을에서 가까운 능선에 분포하는 15기 중
5기와 서쪽의 2기 중 1기에서 확인되어 총 6기이다. 이들 고인돌은 무
덤방 앞으로 얇은 판돌을 덧대어 짧게는 40cm에서 길게는 130cm까
지의 널길을 만든 특이한 모습을 한 고인돌로 지엔수이촌 고인돌에
서 유일하게 볼 수 있다.

널길은 무덤방의 길이보다 짧고 얇은 돌을 사용하였으며, 너비는
무덤방의 너비와 같다. 굄돌과 같은 암질을 사용한 경우가 대부분이
고 널길을 만들었던 판돌도 땅에 묻혀 있어서 고인돌 축조 당시에 만
든 것으로 보인다.

5호 고인돌은(그림 66) 굄돌의 길이가 230~260cm인데, 널길은
110~120cm이고, 6호는(그림 68) 150~175cm인데 널길의 길이는
120~140cm이다. 11호는(그림 74) 굄돌의 길이에 비하여 널길이 짧은
편인데 굄돌은 220~240cm이고 널길은 40cm이다. 12호는(그림 75)
굄돌이 155~200cm이고 널길은 100~120cm이다. 한편, 서산 1호 고
인돌의(그림 79) 경우 굄돌은 측정이 불가능하여 무덤방을 기준으로
보면 무덤방 길이는 240cm이고 널길은 130cm이다.

널길의 길이가 가장 긴 것이 140cm 정도이고, 높이도 굄돌에 비하여 낮은 것으로 보아 유럽과 같이 무덤을 이어서 만들려는 용도는 아닌 것이다. 덮개돌을 올려놓을 만한 두께도 아니기에 의도적으로 무덤방에 잇대어 이런 시설을 만들었다는 것은 무덤에 묻힌 망자와 관련 있는 것으로밖에 생각할 수 없을 것이다.

따라서 고인돌의 무덤방 앞에 긴 널길을 만든 것은 망자의 혼과 관련된 것으로 생각된다. 이것은 지엔수이촌에서 40km 정도의 거리에 있는 따아사탄 2호 고인돌의 막음돌을 통해서도 추정 가능하다. 따이사탄 2호 고인돌의 막음돌(문돌)에는 의도적으로 구멍을 둥글게 뚫었는데 이는 영혼이 자유로이 밖으로 나올 수 있도록 한 것으로 보인다. 두 지역의 고인돌은 모두 능선에 만들었다는 공통점도 있다. 그런 측면에서 본다면 널길도 영혼이 드나들 수 있는 용도로 만들었을 가능성이 크다. 특히 널길을 만든 고인돌은 주변의 고인돌에 비하여 규모도 크고, 능선 중에도 조금 높은 부분에 만들었으며, 잘 보이게 하려고 의도적으로 단을 쌓은 흔적도 있어서 특별히 정성을 기울인 것을 알 수 있다.

널길을 가진 지엔수이촌 고인돌은 차후에 고구려의 무덤과 연결하여 연구할 가치가 충분히 있고, 매이허코시 주변에 산재하는 고려촌과의 관련도 고려해볼 사항이다.

널길이나 혼구멍이 있는 고인돌은 우리나라와 멀리 떨어진 인도나 유럽에서도 볼 수 있어 당시에 비슷한 생각을 했거나 문화적 교류가 있었기에 동·서양에 걸쳐 위치하는 것으로 추정할 수 있다.

혼구멍은 인도, 코카서스 지역, 지중해 유역, 독일의 고인돌에서 그 예를 볼 수 있고, 널길은 이탈리아 치앙카 고인돌과 포르투갈의

〈그림 85〉 치앙카 고인돌(이탈리아)　　　〈그림 86〉 코카서스 샤피트 고인돌

바로카 고인돌 등에서 볼 수 있다.[15] (그림 85·86)

3. 덮개돌의 크기와 해발고도

흔히 고인돌의 덮개돌 크기를 기준으로 큰 고인돌은 세력을 가진 지배자의 무덤이라고 알려져 왔다. 수십 톤에서 수백 톤에 이르는 고인돌을 만드는 데에는 수많은 사람들을 동원했을 것이고, 그러기에 그럴 능력을 가진 사람이 나타났기에 거대한 무덤을 남길 수 있었던 것이다. 그러나 단순히 그 크기만으로 고인돌이 지배자의 무덤이라는 논리는 잘못된 것이다.

이번에 조사한 고인돌 중 가장 큰 타이핑꼬우 2호 고인돌로 덮개돌의 길이가 380cm이고, 조사한 고인돌의 평균 크기는 224cm이다. 이런 규모를 가지고 지배자의 무덤이었을 것이라는 논리는 맞지 않는 것 같다. 그렇지만 그 규모를 바탕으로 주변에 얼마나 많은 사람

---

15) 변광현, 2000, 『고인돌과 거석 문화 −세계−』, 미리내.

이 살았는지는 가늠할 수 있기 때문에 고인돌의 크기는 당시의 사회를 이해하게 하는데 크게 도움을 주는 것은 사실이다.

북한, 랴오닝 성, 지린 성에 분포하는 고인돌의 덮개돌 크기는 〈표 2〉와 같다.[16]

선양을 중심으로 서쪽과 동쪽에 분포하는 고인돌은 그 크기가 극명하게 대비된다. 선양 서쪽의 랴오둥 반도과 그 인근에 분포하는 고인돌은 덮개돌 크기가 4m 이상 되는 것이 절반이나 되지만 선양 동쪽의 푸순이나 지린 성에 분포하는 고인돌은 2.5m 이하가 60% 이고

〈표 2〉 고조선 지역 고인돌 덮개돌의 크기에 따른 빈도

구 분 덮개돌 길이(cm)	개체 수(기)	상대 빈도(%)
100 미만	0	0
101 ~ 150	5	2.8
151 ~ 200	29	16.3
201 ~ 250	45	25.3
251 ~ 300	39	21.9
301 ~ 350	18	10.1
351 ~ 400	12	6.8
401 ~ 450	7	3.9
451 ~ 500	7	3.9
500 이상	16	9.0
계	178	100.0

---

16) 하문식, 1999, 『古朝鮮 地域의 고인돌 硏究』, 白山資料院, pp.181~182.

〈표 3〉 선양 서쪽과 동쪽 고인돌의 덮개돌 크기

구분 길이(cm)	선양 서쪽(랴오닝 성)		선양 동쪽(지린 성+랴오닝 성)	
	개체 수(기)	상대빈도(%)	개체 수(기)	상대빈도(%)
100 미만				
101 ~ 150			3	9.4
151 ~ 200	3	18.8	7	21.9
201 ~ 250	1	6.2	12	37.5
251 ~ 300	2	12.5	2	6.3
301 ~ 350	1	6.2	5	15.5
351 ~ 400			3	9.4
401 ~ 450	3	18.8		
451 ~ 500	1	6.2		
500 이상	5	31.3		
계	16	100	32	100

〈표 4〉 고인돌이 분포한 지역의 해발고도

구분 덮개돌 길이(cm)	선양 서쪽(랴오닝 성)		선양 동쪽(지린 성+랴오닝 성)	
	개체 수(기)	상대빈도(%)	개체 수(기)	상대빈도(%)
100 이하	7	47		
100 ~ 200	7	47	2	5.1
201 ~ 300	1	6.0	3	7.7
301 ~ 400				
401 ~ 500			21	53.8
501 ~ 600			12	30.8
601 이상			1	2.6
계	15	100	39	100

4m 이상의 고인돌은 전혀 없다. 이렇게 덮개돌이 작은 것은 해발고도와 관계가 깊다. 대규모의 고인돌이 많이 분포하는 랴오둥 반도에는 해발 300m 이상의 지역에 고인돌을 만든 것이 없다. 가장 높은 곳에 만든 것이 소둔 고인돌로 257m이다. 그러나 선양 동쪽은 87%의 고인돌이 해발 400m 이상의 지역에 분포하고 있다. 즉 조사한 39기 중 해발 400m 이상에 분포하는 고인돌이 34기(87%)에 이른다. (표 4)

고인돌을 만들기 위해서는 돌감을 주변에서 구해야 한다. 그런데 선양 동쪽의 고인돌은 주로 높은 산의 능선에 위치하기 때문에 대규모의 고인돌을 만드는 것은 불가능하다. 특히 랴오둥 반도를 중심으로 한 대규모의 고인돌이나 북한에 분포하는 커다란 고인돌은 대부분 화강암으로 만들어졌다는 공통점이 있다. 그런데 선양 동쪽으로는 질 좋은 화강암이 많지 않은 것으로 보아 규모가 작을 수밖에 없는 것이다.

Ⅳ. 맺음말

선양 동쪽의 고인돌에서는 다음과 같은 특징을 찾을 수 있다.

1) 고인돌의 무덤 방향은 능선이나 물의 흐름보다는 남향이라는 방향 자체를 중시하였다. 무덤방의 방향은 산록완사면의 경우 주로 아래 방향으로 되어 있는데 대다수가 남향이며, 고인돌이 능선을 따라서 여러 기가 분포하고 있는 지엔수이촌와 타이핑꼬우 고인돌도 모두 남향을 하고 있다. 지엔수이촌의 고인돌은 능선 방향으로 만들

었고, 타이핑꼬우 고인돌은 능선과 대각선으로 있지만 모두 남향을 하고 있다. 그 외 지역의 고인돌도 대다수가 남향을 하고 있다.

2) 지엔수이촌의 고인돌은 능선을 따라서 능선 방향으로 모두 만들어져 있는데, 이 중 5호, 6호, 9호, 11호, 12호와 이곳에서 1km의 거리의 능선에 있는 서산 1호 고인돌에도 영혼이 드나들 수 있는 널길이 만들어졌다는 특징이 있다. 널길이 만들어진 고인돌은 단을 쌓아서 구릉에서도 돋보이게 하였으며, 그 크기도 다른 고인돌에 비하여 크게 만들었다. 널길을 무덤 입구에 덧대어 만든 것은 굴식돌방무덤을 하고 있는 고구려의 무덤 양식과 상통하는 것으로 고인돌이 굴식돌방무덤으로 발전한 근거가 될 수 있다고 본다. 이것은 고조선이 고구려로 발전한 근거로도 볼 수 있을 것이다.

3) 랴오닝 성의 고인돌이 높은 지대에 분포하고 있음은 익히 알려진 사실이다. 해발고도를 중심으로 조사를 해본 결과 조사한 39기 중에서 해발 100~200m에는 2기, 200~300m에는 3기, 400~500m에는 21기, 500~600m에는 12기, 600m 이상에도 1기가 위치하고 있다. 가장 높은 곳의 고인돌은 지안툰 고인돌로 해발 623m이다. 높은 지대에 분포하는 것은 단순히 전체적인 해발고도가 높아서 나타나는 것이 아니라 능선에 주로 만들었기 때문이다. 이 일대의 분포에서 살필 수 있는 가장 큰 특징은 비교적 높은 산의 능선을 따라 고인돌을 만들었다는 점이다. 이는 능선의 끝단이나 구릉에 주로 만든 선양 남쪽 지역의 고인돌과 비교되는 점이다.

4) 능선을 따라서 1~8m 간격으로 고인돌을 만든 대표적인 유적인 타이핑꼬우와 10~30m 거리를 두고 만든 지엔수이촌의 고인돌은 같은 집단의 무덤이거나 세력의 영역을 표시하는 지역에 축조한 것

으로 생각된다.

5) 이 지역의 고인돌은 높은 능선에 만들었기 때문에 자연히 규모가 작을 수밖에 없다. 덮개돌이 남아 있는 33기 중 3m 이상이 9기에 불과하다는 사실로도 알 수 있다. 이는 선양 이남 지역의 고인돌 16기 중 9기의 덮개돌 크기가 4m 이상이라는 점에서도 비교 된다. 선양 동쪽의 고인돌 중 가장 큰 것이 380cm이고, 평균 크기가 244cm이지만, 선양 이남의 고인돌은 가장 큰 고인돌이 860cm, 평균 크기가 424cm인 점을 본다면 차이가 확연하다.

참고문헌

국립나주문화재연구소, 2011, 『중국 지석묘』.

변광현, 2000, 『고인돌과 거석 문화 –세계–』, 미리내.

하문식, 1999, 『古朝鮮 地域의 고인돌 硏究』, 白山資料院.

国家文物局主編, 1993, 『中国文物地图集·吉林分册』, 中国地图出版社.

武家昌, 1997, 「撫順山龙石棚与积石墓」, 『辽海文物學刊』, 1997年 1期.

王洪峰, 1993, 「吉林南部石棚及相關問題」, 『遼海文物學刊』 2.

辽宁省文物考古研究所編, 1994, 『辽东半岛石棚』, 辽宁科学技术出版社.

辽宁省文物考古研究所·抚顺市博物館, 2007, 「赵家坟石棚发掘简报」,
　『北方文物』 2007年 2期.

肖景全, 李榮文, 2005, 『新賓旺淸門鎭龍頭山大石蓋墓』, 遼寧省第五屆
　考古學會論文.

华玉氷, 2011, 『中国东北地区石栅研究』, 科学出版社.

청동기시대
서북한 지역의
지석묘와 석관묘

·

송호정
한국교원대학교 역사교육과

I. 머리말

우리나라 청동기시대 무덤으로는 지석묘, 석관묘, 석곽묘, 토광묘, 돌각담무덤, 적석총 등이다. 이 가운데 돌로 조성한 무덤은 지석묘와 석관묘가 대표적이다.

한반도 서북 지역, 특히 대동강 유역은 땅이 기름지고 기후가 따뜻해서 일찍부터 문화가 발전된 곳이었다. 이 지역에는 평양시 남강 유역의 금탄리 및 입석리를 비롯하여 서성 구역, 삼석 구역 남경, 황해북도 봉산읍, 황주군 침촌리, 송림시 석탄리 등에서 주거유적이 발견되었다. 이들 지역에서는 같은 시기에 많은 지석묘와 석관묘가 조영되고 있다.

일찍이 대동강 유역에서는 고조선 전기의 대표 유물인 비파형 동검과 비파형투겁창, 팽이형 토기, 묵방리형 토기, 청동활촉 등이 지석묘와 석관묘, 그리고 집자리 등에서 자주 나온다. 그리고 가장 이른 형식의 무덤뿐 아니라 시대적 변천 과정을 보여주는 각이한 유형,

다양한 형식의 무덤들이 이 지역에 집중적으로 분포되어 있다.

이를 통해 청동기시대에 대동강 유역을 중심으로 한 서북한 지역에는 지석묘와 팽이형 토기를 사용하는 주민집단이 거주하면서 독자적인 문화권을 이루고 있었음을 알 수 있다. 이를 두고 일찍이 각형 토기 문화(角形土器文化) 또는 팽이형 토기 문화[1]라 불러왔다.

대동강 유역의 고대문화에 대해 전통적으로는 고조선의 중심 문화로 이해하였다. 전통시대 이래 고조선의 중심지가 평양이었다는 주장이 있어 왔다.[2] 북한에서는 90년대 초 단군릉을 개건하고 '대동강 문화'[3]라는 새로운 문명관을 제시하면서 대동강 유역과 평양을 중심으로 고조선이 만주에 걸친 광대한 영토국가를 형성하였다고 주장하고 있다.[4]

본고는 단군릉 개건 이후 북한 학계에서 고조선과 관련하여 많은 조사가 이루어진 대동강 유역의 청동기문화를 중심으로 살펴보고자

1) 황기덕, 1984, 『조선의 청동기시대』, 사회과학출판사; 韓永熙, 1985, 「角形土器考」, 『韓國考古學報』 14·15합집; 송호정, 2003, 『한국 고대사 속의 고조선사』, 푸른역사, pp.196~208.

2) 韓百謙, 『東國地理志』 前漢書朝鮮傳; 丁若鏞, 『我邦疆域考』 卷1, 朝鮮考; 今西龍, 1929, 「洌水考」, 『朝鮮古史の研究』; 李丙燾, 1933, 「浿水考」, 『靑丘學叢』 13, 1933.

3) 허종호, 1999, 「조선의 대동강문화는 세계 5대 문명의 하나」, 『력사과학』 1, pp.61~65; 리순진, 장우진, 서국태, 석광준, 2001, 『大同江文化』, 외국문출판사(대동강문화 책은 영어, 일어, 중국어판의 세 언어로 출간되었다).

4) 장우진, 2000, 『조선 민족의 발상지 평양』, 사회과학출판사; 허종호 외, 2001, 『고조선 력사 개관』, 사회과학출판사.

한다. 특히 청동기시대 평양 대동강 유역의 지배자 무덤이라 할 수 있는 돌무덤, 즉 지석묘와 석관묘에 대해 정리해 보고 그것을 조영한 주민집단에 대해서도 고찰해 보고자 한다.

II. 서북한 지역의 지석묘

1. 서북한 지역의 지석묘 연구 현황

지금까지 북한 지역에서 조사된 지석묘는 황주군과 연탄군 일부를 포괄하는 황주천 유역 지석묘만 해도 1,100여 기에 이른다. 용강군 석천산 주변 일대를 비롯하여 태성호에 침수된 지석묘까지 합하면 250여 기에 이른다고 한다. 그리고 황주천 유역의 침촌리 및 사리원시 황석리 일대와 정방산 차일봉 일대의 지석묘군은 350여 기에 달한다.[5]

이외에 황해북도 연탄군 두무리에 150여 기가 군집하고 있으며, 연탄군 오덕리에도 이른바 북방식 지석묘가 230여 기 집중하고 있다. 전체적으로 북한 지역에만 1만4천 기가 존재하고 있다고 한다.

2000년 이전 북한 학계는 힘을 기울여 지석묘의 분포·발굴조사를 시도하여, 평양시를 중심으로 한 지역에 다수의 지석묘가 존재하는

---

5) 석광준, 1979, 「우리나라 서북지방 지석묘에 관한 연구」, 『고고민속론문집』 7집; 석광준, 1994, 「평양은 고대문화의 중심지」, 『조선고고연구』 94-1, pp.17~20.

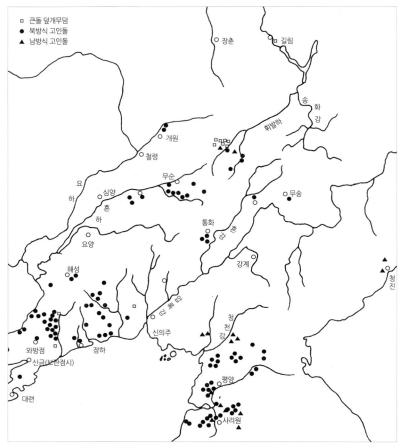

<그림 1> 요동－서북한 지석묘 분포도

것을 밝혀내었다.[6]

보통 지석묘는 요동 지역처럼 5~6기 또는 10여 기를 단위로 한 고장에 수십 기가 연이어 있으며, 전체적으로는 수백 기를 헤아린다. 특히 평양을 중심으로 그 북쪽의 평원군, 숙천군, 순천시 일대, 평양 서쪽의 온천군 일대, 평양 남쪽의 황주군·연탄군을 포함해 은천군,

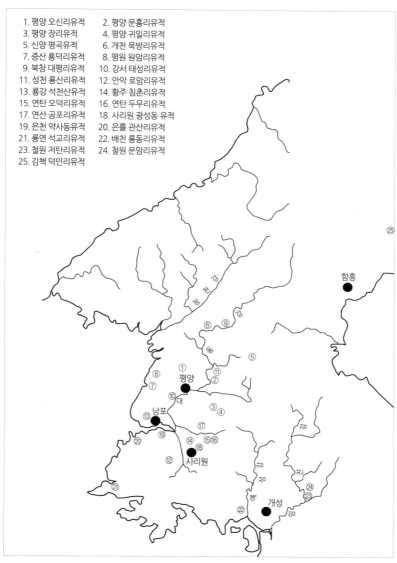

1. 평양 오신리유적   2. 평양 문흥리유적
3. 평양 장리유적   4. 평양 귀일리유적
5. 신양 평곡유적   6. 개천 묵방리유적
7. 증산 룡덕리유적   8. 평원 원암리유적
9. 북창 대평리유적   10. 강서 태성리유적
11. 성천 룡산리유적 12. 안악 로암리유적
13. 룡강 석천산유적 14. 황주 침촌리유적
15. 연탄 오덕리유적 16. 연탄 두무리유적
17. 연산 공포리유적 18. 사리원 광성동 유적
19. 은천 약사동유적 20. 은률 관산리유적
21. 룡연 석교리유적 22. 배천 룡동리유적
23. 철원 저탄리유적 24. 철원 문암리유적
25. 김책 덕인리유적

〈그림 2〉 북한의 주요 지석묘 분포도

안악군, 은율군 일대, 평양 동쪽의 강동군·성천군 일대에는 수천 개의 지석묘가 분포하고 있다고 한다.[7] 최근까지 서북한 지역 지석묘 조사 결과 판명된 사항은 〈표 1〉과 같다.[8]

〈표 1〉

	구 분	내 용
가	분포와 수	평양시 중심 지역에 10,000여 기(그 가운데 500여 기 발굴조사), 함경남도 1,000여 기, 양강도 20여 기 등. 총 1만4천 기
나	군으로 구성	100~300여 기
다	형식과 크기	탁자 모양. 편평한 반석 모양. 특히 후자에 특대형이라 할 수 있는 거대한 것이 많음.
라	매장 형태	유해(遺骸) 직장(直葬). 두 구역으로 구별하여 남녀 합장한 것도 있음.
마	출토품	토기(팽이형 토기), 석기(마제석촉·석검·별도끼·달도끼), 청동기(비파형 동과·세형 동검·합구(合口)·포탄형청동품), 철기(鐵刀), 장신구(금제이식)
바	기타	개석에 별자리모양을 새긴 것이 100여 기 확인. 순장무덤 확인.

---

6) 石光濬, 1995, 「平壤一帶において新しく發掘された支石墓と石棺墓」, 『朝鮮民族と國家の源流』, 雄山閣, pp.89~99.

7) 석광준, 1979, 「우리나라 서북지방 지석묘에 관한 연구」, 『고고민속론문집』 7집; 1994, 「평양은 고대문화의 중심지」, 『조선고고연구』 94-1, pp.17~20.

8) 齊藤忠, 1996, 「古代朝鮮半島の文化と日本」, 『北朝鮮 考古學の新發見』, 雄山閣, pp.188~189.

대개 우리나라 지석묘 및 석관묘에 대한 연구는 1960년대에 들어와 지석묘 발굴조사가 많아지고 그 성과를 바탕으로 새로운 분류 기준이 나오게 되면서 관심을 갖게 되었다. 특히 석광준의 연구가 나오면서 집중적으로 주목받게 되었다. 즉 지석묘의 묘역 시설 유무에 따라 묘역 시설이 있는 것과 없는 것으로 크게 나누고 그 안에서 다시 세분하는 방법이 나타나게 되었다. 묘역시설이 있는 것 가운데 돌무지로 된 큰 묘역 시설이 있는 것을 제1유형, 묘역의 잔재만 남은 것을 제2유형으로 하고, 묘역 시설이 없는 것은 무덤 칸의 크기와 형식에 따라 제3유형과 제4유형으로 가르는 것이다.[9]

석광준의 지석묘 분류 기준은 지석묘가 지상 무덤이라는 데서 출발하고 있으며, 지석묘 축조 기술의 발전 과정에 따라 제1유형으로부터 제4유형으로 발전해 간 것으로 보고 있다. 이는 북한 학계의 지석묘 연구에서 중요한 전환의 계기가 되었다.

대개 이전의 북한 학자들은 지석묘를 전형적인 탁자식 지석묘로부터 시작해 변형지석묘로 발전한 것으로 보았는데, 석광준은 거꾸로 변형지석묘(제1·2유형)이 처음 나타났고, 그로부터 전형의 탁자식(제3·4유형)으로 발전해 간 것으로 본 것이다.

석광준은 그의 논리를 발전시켜 우리나라 서북 지방 지석묘를 전체적으로 종합 분석하면서 침촌형 지석묘와 오덕형 지석묘로 크게 나누고 침촌형을 다시 다섯 가지 작은 유형으로, 오덕형은 세 가지 유형으로 세분하였다.[10]

---

9) 석광준, 1974, 「오덕리발굴보고」, 『자료집』 4.

북한 학계에서는 한동안 석광준의 분류체계에 따라 지석묘 연구가 진행되었는데 최근에 이르러 또 다른 분류 기준이 제시되고 있다.

최근 북한 학계에는 평양 지역을 중심으로 한 대동강 유역에 대한 고고학 발굴과 고대문화 연구에 총력을 기울이고 있다. 대동강 유역의 고대문화를 단군조선과 연결시켜 보고자 하는 것인데,[11] 이는 고조선으로부터 우리나라 역사가 시작되고 이로부터 고구려를 거쳐 평양 중심 정통사관을 세우려는 의도로 풀이된다.

이 과정에서 평양 지역 일대의 지석묘 연구를 통해 지석묘 분류 기준을 새로이 세우고 있다. 지석묘의 형식에 대해서도 기존의 오덕형 지석묘와 침촌형 지석묘에 더하여 묵방형 지석묘를 또 다른 형식으로 인정하고 있다. 묵방형은 개천 묵방리 유적에서 처음 확인된 후 서북한 여러 지역에서 나타나고 있는데, 침촌형 제4유형으로 보았던 것을 이제 새로운 형식으로 구분하고 있다.[12]

지금까지 북한 학계에서 제시되었던 지석묘 분류 방법을 정리해 보면 〈표 2〉와 같다.

---

10) 석광준, 1979, 「우리나라 서북지방 지석묘에 관한 연구」, 『고고민속론문집』 7.

11) 장우진, 2000, 『조선 민족의 발상지 평양』, 사회과학출판사; 하문식, 2005, 「대동강문화론에서 본 북한 학계의 연구 경향」, 『단군학연구』 제14호.

12) 석광준, 1996, 「평양 일대 고인돌 무덤의 변천에 대하여」, 『고고연구』 96-3.

〈표 2〉북한 학계의 지석묘 및 무덤 분류 방법 변화 과정

도유호(1959)	황기덕(1965)	석광준(1974)	석광준(1979)	석광준(1996)
지석묘(탁자식)	제1유형	4유형	오덕형 3유형 오덕형 2유형	오덕형 3형식 오덕형 2형식
		3유형	오덕형 1유형	오덕형 1형식
				묵방형 2형식
변형 지석묘	제2유형	2유형	침촌형 5유형	묵방형 1형식
			침촌형 4유형	침촌형 4형식
	제3유형	1유형	침촌형 3유형	침촌형 3형식
			침촌형 2유형	침촌형 2형식
			침촌형 1유형	침촌형 1형식

2. 지석묘의 유형 구분[13]

지석묘는 논자에 따라 여러 유형으로 분류된다. 우리 학계의 연구 성과를 따른다면 요동~한반도에 존재하는 것들은 일반적으로 북방식(탁자식)·남방식(바둑판식)·개석식의 세 유형으로 분류할 수 있다.

그러나 이러한 형식 분류가 얼마나 사실성을 갖고 있느냐의 문제와 별개로 그 분류 및 발전 단계상 북한 학계 석광준의 견해[14]가 가장

---

13) 북한의 지석묘에 대해서는 기본적으로 다음 두 논문을 중점적으로 검토하였다(석광준, 2002, 『조선의 고인돌무덤 연구』, 중심; 장호수, 1999, 「한국의 지석묘 −북한 지역」,『한국 지석묘(고인돌)유적 종합조사·연구 (Ⅱ)』, 문화재청).

14) 석광준, 1979, 「우리나라 서북지방 지석묘에 관한 연구」, 『고고민속론문

합리적이다. 즉 돌무지로 묘역을 만든 침촌리형(남방식) 지석묘는 구조상 집체무덤구역 단계의 것으로 이 단계에서 개별무덤구역 단계로 변해갔고, 그 과정에서 오덕리형(북방식) 지석묘가 조영되어 침촌리형과 공존하게 되었다는 것이다.

이러한 해석을 받아들여 타무라(田村晃一)는 "요동 반도의 지석묘는 기원전 2000년기 말 소형의 군집 (형식) 지석묘로 조영되었지만 점차 한편에서는 기원전 천년기 전반에 주체부를 지하에 만드는 대석개묘로 변하고 다른 한편에서는 족장묘로서 거대화하고 집단의 숭배를 받는 대지석묘로 변화하였다"고 보았다.[15]

일찍부터 한반도 서북 지방 및 요동 반도 지역은 주민과 문화 면에서 유사성이 있었는데, 청동기문화가 발전하면서 대체로 요동 지역 문화가 요동 반도 및 한반도 서북 지방으로 흘러 들어오는 상황이었다. 그 과정에서 요동 와방점시(신금현) 일대에서 일차적으로 지석

〈그림 3〉 석광준의 분류에 따른 지석묘의 변천 과정

집』7집; 金元龍, 1976, 『韓國考古學槪說』, pp.92~96.

15) 田村晃一은 石棺形(변형지석묘)을 1류로, 卓子形을 2류로, 碁盤形을 3류로 분류하여 남한학계의 견해와 유사하다(田村晃一, 1996, 「遼東石棚考」, 『東北アジアの考古學』第二, 東北亞細亞考古學研究會 編, p.117).

묘와 석관묘가 병존하게 되었고, 두 무덤이 병존하는 "쌍방유형"을 낳고 다시 서북한 지역에 영향을 미쳤을 것으로 생각한다.[16]

반대로 서북한 지역의 지석묘 전통 또한 압록강 건너 단동지구 동산두 유적까지 영향을 미치고 있었다. 이것은 이 지역에 서북한 지역의 팽이형 토기와 압록강 일대의 공귀리형 토기와 유사한 문화유형으로 알 수 있다. 즉 아가리를 이중으로 겹싸 넘긴 옹(甕)이 호(壺)와 세트로 나오며, 목 부분이 가늘어지고 동체부 또한 약간 긴 특징이 보이는 점에서 그러하다. 이러한 과정에서 지석묘는 혼하 상류의 다소 떨어진 지역에까지 분포하게 된다.[17]

종합해 보면 요동 지역에서는 청동기문화 초기 단계에 지석묘가 조영되었으며, 자연 촌락이 위치하기 좋은 곳에 대개 다른 무덤과 혼용되고 있거나 몇 기씩 군집하여 있다. 그러나 그 군집 상태도 서북한 지방과 달리 수십 기씩 집합군을 이루고 있는 것이 아니라, 많아야 10여 기 정도가 집합되어 있다. 유형도 대개 남방식(침촌리형) 지

---

16) 郭大順, 1995, 「遼東地區靑銅器文化新認識」, 『東北アジア考古學硏究』, 日中共同硏究報告.

17) 각각의 지역에 여러 유형의 지석묘가 있어 그 발전과정이 고려되지만 渾河地域은 支石의 두 長邊을 두터운 塊狀石으로 만든 것(甲元眞之가 말하는 침촌리 D단계)만이 출토되고 있다. 또 지석묘가 대개 산간고지에 만들어지고 있고 요동 반도 지역과 혼하 상류 사이에 지석묘 분포의 공백이 있는 점을 고려하면 혼하 유역의 지석묘는 요동 반도·서북한 지역의 것이 전파된 것으로 봄이 타당할 것이다(甲元眞之, 1982, 「中國東北地方の支石墓」, 『森貞次郎博士古稀記念古文化論集』上卷, pp. 204~238).

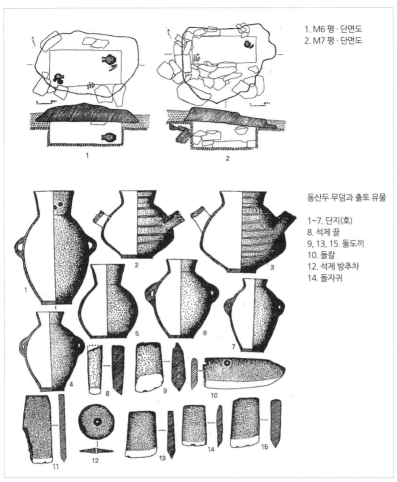

1. M6 평 · 단면도
2. M7 평 · 단면도

동산두 무덤과 출토 유물

1~7. 단지(호)
8. 석제 끌
9, 13, 15. 돌도끼
10. 돌칼
12. 석제 방추차
14. 돌자귀

〈그림 4〉 동산두 유적 출토 토기

석묘로, 이것이 발전하여 여러 지역으로 분화되어 조영된 것으로 보인다.

한편 요동에서 출토되는 중·소형 지석묘는 비교적 간단·조잡하나 대형 지석묘는 정교하게 손질되어 있고 규모도 매우 크다. 한반도 서북 지방의 것도 남방식 침촌리형 지석묘와 대형 지석묘가 공존하고 있는데, 이러한 특징은 시기의 차이를 반영하는 것이라 볼 수도 있고, 지석묘 피매장자의 신분차를 반영하는 것으로도 볼 수 있을 것이다.

3. 대형 북방식 지석묘가 조성된 요동 및 서북한 지역

북한과 유사한 구조를 보이는 요동 지역 지석묘를 조사해 보면, 여러 유형의 지석묘가 동시기에 병행하고 구조적으로 지역공동체 내에서 계층(신분) 간 차이, 지역공동체 간에 격차가 나타나고 있는 것으로 보인다. 왜냐하면 동일 지역 내에서 동일 시기의 유물이 출토되는 지석묘들이 그 규모나 가공 정도에서 차이를 보이기 때문이다.[18]

예를 들어 요동 반도의 보란점시 쌍방 지역에 있는 지석묘 6기 중에서 3기의 석개 석관묘가 대석개묘이다. 대석개묘들이 일반 지석묘와 혼재하여 하나의 묘군을 이루고 있는데 이 가운데 6호 지석묘에서 조형(祖型)의 요령식 동검과 활석제 청동부(靑銅斧) 거푸집 각 1점과 토기 등이 나와 다른 묘제와 차이가 있었다. 이는 지석묘의 같은 묘역 내에서 더 큰 세력을 가진 자가 출현하고 있었음을 보여주는 것이다.

이러한 상황은 요동 전 지역의 지석묘 유적에서도 동일하게 적용된다. 그러나 아직은 대석개묘라 해도 일반 지석묘와 묘역을 함께 하는 경우가 많고, 부장품에서도 강력한 지배자가 출현했다는 것을 증

---

18) 東潮·田中俊明, 1995, 『高句麗の歷史と遺蹟』, 中央公論社, p.65.

〈그림 5〉 성신촌 출토 미송리형 토기

〈그림 6〉 성신촌 대석개묘

명해줄 만한, 가령 청동기라든가 하는 유물들이 매우 적게 출토되고 있다. 이 점을 미루어 볼 때 지배자 세력이 일정 자연촌락을 범위로 하는 지역공동체 단위를 뛰어넘는 단계까지는 도달하지 못했던 것으로 보인다. 한 가지 예로 봉성현 동산두 대석개묘의 경우를 보면, 구릉지역과 평지로 구분되어 묘역이 조성되고는 있지만, 일개 지역공동체의 무덤군으로 보인다. 이는 대석개묘가 묘군 사이에 있고 부장품이 나오기는 하지만 다른 일반 지석묘와 크게 차이가 나지 않는다는 점에서 그러하다.[19]

요동 반도 쌍방 지역의 고분군 역시 위와 같은 지석묘가 요령식 동검이 나온 석관묘와 같은 지역에 섞여 있고 방향도 같은 동서 방향으로 놓여 있다. 무덤 축조에 쓰인 돌도 다 화강암이다.[20] 이것은 석관묘와 지석묘가 같은 시기에 만들어졌다는 것을 보여주는 것이다.

---

19) 許玉林, 崔玉寬, 1990, 「鳳城東山大石蓋墓發掘簡報」, 『遼海文物學刊』 90-2, pp.1~8.

20) 靳楓毅, 1982·1983, 「論於中國東北地區含曲刃靑銅短劍的文化遺存」 (上)·(下), 『考古學報』 1982-4, 1983-1, p.404.

한편 은현 허가
둔, 개주 석붕산,
해성 석붕욕 등 일
부 지역에서는 지
석묘가 무리를 이
루지 않고 대형 지
석묘가 하나씩 존
재한다. 이것은 그

〈그림 7〉 개주시 석붕산 지석묘

일대를 관장하던 지배자의 무덤으로 조영된 것으로 생각된다.

이처럼 요동 지역 및 서북한 지역에서는 지배자집단이 일찍부터
분화되었고, 그 일정 지역의 대표자무덤으로 대형 북방식(오덕리형)
지석묘가 조영되었다고 볼 수 있다. 석광준은 묘역을 설정하고 적석
을 한 무덤을 침촌리 1·2·3유형으로 분류[21]했는데, 이 단계의 지석
묘에서는 같은 무덤구역 안에서 지석묘 간에 차이가 그리 뚜렷하지
않았다. 또 이 유형은 황주군 침촌리 긴동 지석묘군과 천진동·극성
동·석교리 등 몇 개 지역에 국한되고 있다. 이는 당시에 지석묘를 쓴
주민들 사이에 빈부 차이가 크지 않았음을 반영하는 것이다.

그런데 생산력의 발달 및 인구 증가와 함께 지석묘의 숫자가 늘어
나고 그것의 분포 범위 또한 요동 및 한반도 전역으로 확대된다. 이
과정에서 나타난 가장 큰 변화는 남방식(침촌리형) 지석묘가 개별 무

---

21) 석광준, 1979, 「우리나라 서북지방 지석묘에 관한 연구」, 『고고민속론문
    집』 7집; 1994, 「평양은 고대문화의 중심지」, 『조선고고연구』 94-1, pp.
    114~124.

덤구역화하고, 같은 시기의 한 지석묘군 가운데 유달리 큰 지석묘가 등장하는 점이다. 이른바 북방식 대지석묘의 출현은 이러한 사정을 말해준다.

그러나 연탄군 두무리의 도동 10호, 금교동 5호, 사리원시 광석리 4호 지석묘들은 그 구조로 보아 이웃 지석묘와 본질적인 차이는 없지만 개석의 크기 및 매장부의 크기가 크고 정교하게 손질되어 있다.[22] 이 중에는 덮개돌이 8미터 넘을 정도로 커다란 것들도 존재하는데 이것은 이는 지석묘 조영자 가운데 매우 강한 세력을 보유한 자가 등장하였음을 증명하는 것이다.

이들 지석묘의 구체적인 조영 연대는 단군릉을 개건하면서 측정

〈표 3〉 대형 지석묘 일람표

지역	유적	크기
요동 반도	은현 허가둔 지석묘	8.42×5.65m, 두께 0.50m
	해성사 석목성 1·2호묘	6.00×5.10m
	개주시 석붕산 1호묘	8.48×5.45m, 두께 0.50m
	영구시 석북욕 지석묘	8.00×6.00m
	장하시 대황지 지석묘	7.5~8.1×5.00m
서북한	황해남도 은율군 관산리 1호	8.75×4.50m, 두께 0.31m
	황해남도 안악군 로암리 1호	7.90×6.00m, 두께 0.64m
	황해북도 연탄군 오덕리 1호	8.30×6.30m, 두께 0.50m
	평안남도 숙천군 평산리	6.00×3.15m, 두께 0.40m

---

22) 석광준, 1979, 「우리나라 서북지방 지석묘에 관한 연구」, 『고고민속론문집』 7집; 1994, 「평양은 고대문화의 중심지」, 『조선고고연구』 94-1, p.181

한 절대 연대 결과
를 보면 매우 올라
감을 알 수 있다.

⟨그림 8⟩ 황해도 관산리 1호 지석묘

최근 북한 학계
에서 조사한 오덕
형 지석묘 가운데
이른 형식에 해당
되는 평양시 강동
군 구빈리와 상원군 용곡리 4호 지석묘는 거기에서 나온 유물이 기원
전 29~26세기 초로 측정되었다고 한다. 그러면 가장 이른 침촌형 지
석묘는 기원전 3,000년 기 초 이전으로 소급할 수 있다. 특히 상원군
용곡리에서는 17기가 조사되었는데, 4호 무덤에서 포탄 모양의 동제
품, 5호 묘에서 비파형 동모(銅鉾)도 발견되었다고 한다.

⟨표 4⟩ 절대연대측정 결과(1993년 측정)

유적명	소재지	출토품	측정방법	연대
용곡리 4호	평양시 상원군 용곡리	포탄형 동제품	전자상자성공명법	4539±167
용산리 순장묘	평안남도 성천군 용산리	인골	전자상자성공명법	5069±426
백원리 9호	평안남도 성천군 백원리	팽이형 토기	thermoluminescene	3324±405
백원리 9호	평안남도 성천군 백원리	세형 동검	전자상자성공명법	3368±522
백원리 9호	평안남도 성천군 백원리	세형 동검	fission·track법	3402±553
향목리 1호	평안남도 강동군 향목리	鐵刀	전자상자성공명법	2604±113
오봉리	평안남도 오봉리	인골, 토기	전자상자성공명법	5187±210
구빈리	평안남도 강동군 구빈리	인골	전자상자성공명법	4990±444
곡정리	황해남도 용연군 곡정리	인골	전자상자성공명법	4310±435

청동기시대 서북한 지역의 지석묘와 석관묘　173

또 평안남도 덕천시 남양 유적 16호 팽이그릇집자리에서는 비파형 동모, 장리에 있는 특대형 지석묘에서는 교예를 형상한 청동장식품과 청동방울, 청동끌, 평성시 경신리 석관묘의 청동띠고리 등이 출토되었다. 이밖에 세형 청동 단검도 나왔다.[23] 이 가운데 4호 묘에서 발견된 인골은 전자상자성공명법에 의한 연대 측정 결과 4539±167년(1993년 측정)이 나왔다.[24] 이 연대를 근거로 북한 학계에서는 용곡리 무덤을 비롯한 지석묘는 바로 단군조선 지배자의 무덤이라고 주장하고 있다.

지석묘를 단군조선과 관련시켜 보는 주장은 기본적으로 지석묘 출토 유물의 연대측정에 근거한 것이다. 따라서 유물에 대한 절대연대 측정 결과에 대한 신뢰성 여부가 단군조선 논의의 진실성을 확보해 줄 수 있을 것이다.

북한 학계의 연대관을 그대로 믿을 수는 없지만 대체로 기원전 1천년기 이전부터 지석묘가 조영되었음을 알 수 있다. 그리고 오랜 시간 동안 지석묘가 일정 지역에 밀집하여 분포하는 것은 기본적으로 상당히 장기에 걸친 지석묘사회의 존재를 보여줌과 동시에 유력한 우두머리 또는 족장들의 소재지였음을 추정할 수 있다.[25]

---

23) 朴晋煜, 1996, 「古朝鮮の琵琶形銅劍文化の再檢討」, 『朝鮮民族と國家の源流』, 雄山閣, pp.100~106.

24) 張宇鎭, 1996, 「平壤一帶の古朝鮮遺跡から發掘された人骨」, 『朝鮮民族と國家の源流』, 雄山閣, pp.55~61.

25) 三上次男, 1966, 「西北朝鮮の支石墓」, 『古代東北アジア史研究』, 吉川弘文館, pp.14~15.

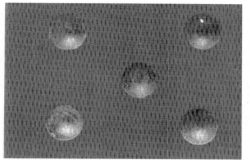

〈그림 9〉 남양 유적 주거지 출토 창끝(좌) 및 銅泡(중), 표대 출토 창끝(우)

  겨우 정치적 사회의 성립을 보인 지석묘 조영 시대에 한 지점에 수십, 백여 기 이상의 지석묘가 존재한다고 한다면, 이것은 수백 년에 걸쳐 조성된 것이라고 볼 수 있을 것이다. 그렇다면 수백 기의 군을 이룬 석천산 및 정방산 일대의 지석묘군을 비롯하여 개천군 묵방리, 연탄군 오덕리, 용연군 석교리, 판교군 자하리 등의 지석묘는 그 밀집도로 보아 한 지역집단의 공동묘지로 생각할 수 있다.

  청동기시대 지역집단들은 공동묘지를 쓰는 것이 일반적인 풍습이었다고 한다.[26] 이러한 특징은 적석을 한 무덤구역 안에 여러 개의 지석묘를 쓴 예에서 잘 드러난다. 그리고 이 지석묘에 묻힌 사람들은 동일 시기에 대동강 유역과 황주천 유역 일대에 분포하는 팽이형 토기 주거지에 살았던 사람일 것이다.

  그런데 큰 무덤군은 자세히 보면 흔히 몇 기 또는 10여 기를 단위

---

26) 황기덕, 1965, 「무덤을 통하여 본 우리나라 청동기시대 사회관계」, 『고고민속』 65-4.

로 하는 작은 군들로 구성되어 있다. 예를 들어 황주군 침촌리의 신대동, 극성동, 천진동, 긴동에서는 3~4기 내지 10여 기로 구성된 작은 지석묘군을 이루고 있는데, 이것은 모두 정방산 서록 일대 지석묘군의 일부를 이루고 있다(그림 11 참조).[27]

천진동 지석묘군은 약 30m 사이에 'ㄱ'자형으로 줄지은 6기의 개석식 지석묘가 있다. 북쪽의 1·2·3호 무덤과 남쪽의 4·5·6호 무덤이 8~9m 사이를 두고 서로 떨어져 있으나, 주변 돌무지는 서로 연결되어 일종의 묘역을 연상시킨다. 이 묘역 같은 시설 안에서 석관 6기가 드러난 것이다. 평면적으로 보면 5호 지석묘를 중심으로 동쪽에 5개, 북쪽에 1기가 놓여 있는 모습이다. 반면 천진동 서쪽에 있는 긴동 지석묘군 또한 8기의 지석묘가 남북으로 일직선상에 줄지어 배치되어 있고, 특히 2·3·4·5·6호 지석묘는 석관 주변의 돌무지가 서로 연결되어 있어 일종의 묘역 시설(제3유형)을 하고 있다.

무덤군을 일정한 지역집단과 관련지어 볼 경우 이처럼 하나의 묘역시설 안에 줄지어 있는 작은 무덤군은 그곳

〈그림 10〉 평양 만경대 1호 지석묘
(가장 이른 시기 지석묘 유적)

---

27) 석광준, 1979,「우리나라 서북지방 지석묘에 관한 연구」,『고고민속론문집』 7집; 1994,「평양은 고대문화의 중심지」,『조선고고연구』 94-1, pp.119~122.

에 속한 가족 단위
의 무덤군으로 볼
수 있을 것이다.[28]

석천산의 경우는
120여 기의 지석묘
군이 3개의 그룹으
로 나누어져 분포한
다. 만일 이 세 그룹

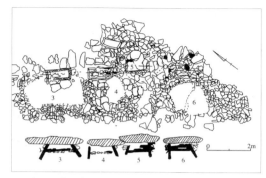

〈그림 11〉 침촌리 긴동 지석묘군

의 축조연대가 병행하고 있다면 석천산에도 3개의 유력한 지배적 가
계(家系)가 존재하였다고 상정할 수 있다.[29] 특히 황주 천진동·긴동
지석묘군의 묘역시설, 즉 하나의 묘역 내에 줄지어 있는 작은 무덤군
은 가족을 단위로 하는 더 작은 무덤군으로 보아도 좋을 것이다.

4. 북한 학계 주장의 노예 순장 지석묘

북한 학계에서는 단군조선 당시의 주된 묘제를 지석묘로 보고 있
다. 따라서 단군조선과 관련하여 지석묘를 연구하는 과정에서 지석
묘 사회가 어떤 성격을 띠고 있는가에 대해 고민을 확장하였다. 바로

28) 황기덕, 1965, 「무덤을 통하여 본 우리나라 청동기시대 사회관계」, 『고고
민속』65-4, pp.11~13; 황기덕, 1987, 「우리나라 청동기시대의 사회관계
에 대하여(1)」, 『조선고고연구』87-2, p.3.
29) 황기덕, 1965, 「무덤을 통하여 본 우리나라 청동기시대 사회관계」, 『고고
민속』65-4, pp.10~13.

이 문제에 해답을 준 것이 성천군 용산리 지석묘이다.[30]

순장을 시사하는 용산리 지석묘는 평양시에서 북동쪽으로 약 40km 정도 떨어진 대지상에 1기가 독립하여 존재한다. 한 변이 3.35m이고 다른 변은 2.4m인 개석이 있고, 묘실은 지하에 설치되어 있다.[31] 중앙에 커다란 묘실이 구획되어 있는데, 2개체 분의 인골이 합장되어 있고, 주위의 소구획은 11구획으로 나뉘어져 있다.

그 각각에는 3~4개체 분의 남녀 인골이 있었다고 하는데, 전부 38 개체 분이라고 한다. 중앙 묘실에서는 청동기편이 발견되고, 작은 묘실에서는 석부 등이 발견되어 중앙의 주인과 순장자의 사용 도구에 차이가 있었다는 증거로 해석한다.[32]

용산리 지석묘는 집합식 지석묘로서 침촌형 지석묘와 같은 형식의 것이며, 청동편, 토기편 등 평양 일대의 청동기시대 유적에서 흔히 볼 수 있는 유물들이 나왔으므로 청동기시대의 유적으로 보인다. 이 무덤의 인골은 전자상자성공명법(E.S.R.)으로 연대를 측정하였는데 모두 기원전 31세기 중엽이라는 측정치를 얻었다고 한다.[33] 따라

30) 金鍾赫, 1995, 「新しく發掘された龍山里殉葬墓」, 『朝鮮民族と國家の源流』, 雄山閣, pp.81~89.
31) 金鍾赫, 1995, 앞의 논문, pp.88~89.
32) 유병흥, 1994, 「단군 및 고조선시기의 유적·유물 발굴성과」, 『북한의「단군 및 고조선」논문자료』, 북한문제조사연구소.
33) 전영수·최성룡, 1995, 「평양 일대에서 새로 발굴된 유적유물들의 년대학적 고찰」; 리이철·정강철, 1995, 「핵분렬흔적법에 의한 고대유물의 년대측정에 대하여」(이형구, 2000, 『단군과 고조선』, 살림터, pp.563~572에 수록).

서 이 무덤이 만들어진 시기는 청동기시대, 즉 원시사회가 해체되고 계급사회가 발생하던 시기였다고 본다.

북한 학계의 주장처럼 기원전 30세기경에 순장이 실시되었다면 당시 지배권력이 상당한 힘을 지니고 있었을 것이라는 추측이 가능하다. 이를 증명하기 위해서는 일차적으로 용산리 무덤을 집합식 지석묘로 볼 수 있는지가 해명되어야 하며, 가장 중요한 것은 역시 모두 동일한 연대가 나왔다는 인골의 절대연대에 대한 신뢰성을 높이는 일일 것이다. 그러나 전자상자성공명법에 의한 연대측정법이 가지는 부정확성의 문제점과 실험방법이 너무 간략하여 그 신뢰성을 판단할 수 없음은 이미 여러 남한 학자들의 논문을 통해 지적되어 왔다.[34]

5. 비파형 동검 문화와 지석묘 문화

중국 동북 지역의 지석묘사회를 분포 정형으로 판단하면 그 사회에는 상당히 장기간에 걸쳐서 거대한 지석묘를 구축하는 것이 가능한 대수장 혹은 족장이 단속적(斷續的)으로 존재했던 것으로 이해할 수 있다.[35] 이것을 인정한다면 지석묘가 분포하는 지점에는 토착 정

---

34) 최몽룡, 1997, 「북한의 단군릉 발굴과 문제점(1,2)」, 『도시·문명·국가 — 고고학에의 접근』, 서울대출판부, pp.103~116; 노태돈, 2000, 『단군과 고조선사』, 사계절, p.261 주 29번 참조.

35) 三上次男, 1966, 「西北朝鮮の支石墓」, 『古代東北アジア史研究』, 吉川弘文館, p.17.

치세력이 상당히 장기에 걸쳐 지속되었던 것을 알 수 있다.

지금까지의 조사결과에 의하면 중국 동북 지역의 지석묘는 특정 지역에 집중적으로 분포하고 있다. 요령 지역은 요하 동부 전역과 요동 반도를 중심으로 한 요남 지구의 대련·영구에 집중되어 있다. 또 길림 지방은 합달령 남부와 백두산지의 동쪽에서 대부분 조사되었으며, 특히 분수령 부근의 휘발하 유역에 밀집 분포하고 있다.[36] 그런데 요령 지역 지석묘 분포에서 주목되는 것은 비파형 동검 분포권과 비슷하다는 점이다. 더구나 요동 반도의 보란점시 쌍방, 한반도의 대전 비례동과 신대동, 여천 적량동 지석묘에서는 비파형 동검도 출토되어 매우 주목되는 곳이다. 이는 비파형 동검 문화가 지석묘와 매우 밀접한 관계에 있음을 보여주는 것이다.[37]

요동~서북한 지역의 청동기문화를 분석하면서 주목되는 또 하나의 현상은 요동 반도의 지석묘는 전형적인 북방식 지석묘가 주류를 이루고 있고, 이것이 한반도의 북방식 지석묘와 상통한다는 점이다. 이는 곧 요동 반도와 한반도의 주민집단이 동일한 문화단계에서 생활하였음을 나타내준다. 따라서 지석묘는 요동 지역과 한반도에 걸쳐 살았던 같은 계통의 주민집단이 남긴 유물로서 하나의 문화권을 설정케 하는 고고학 자료라고 볼 수 있다.[38]

---

36) 遼寧省文物考古硏究所, 1993, 『遼東半島石棚』, 遼寧科學技術出版社; 하문식, 1998, 「중국 동북지역 고인돌문화 연구」, 『한국상고사학회 학술발표회 제19회 발표문』, pp.68~84.

37) 李榮文, 1998, 「韓國 琵琶形銅劍 文化에 대한 考察」, 『韓國考古學報』 38, pp.80~82.

요동 반도 일대의 지석묘에서 확실한 유물이 보이는 것은 복현 화동광, 신금현 쌍방, 화가와보 1호 지석묘, 봉성현 동산두 지석묘 등 몇몇 예에 지나지 않는다. 이들 지석묘에서는 대개 적갈색의 마연 호형 토기와 옹형 토기 등이 석부 등 석기와 함께 출토되었다.[39] 따라서 이것만으로는 시기를 결정하기 어렵다. 다만 그 토기들이 아가리를 이중으로 겹싸 넘기고 거기에 "///" 문양을 넣는 등 청동기시대 서북한 지방의 팽이형 토기 주거지 출토 유물과 유사하고, 소형 지석묘의 경우 군집하는 경우가 많고 대석개묘와 함께 공존하는 것이 있는 점 등에서 쌍타자3기 또는 상마석상층기에 해당한다고 할 수 있다.[40] 대형 지석묘의 경우 유물이 거의 없기 때문에 그 연대를 더욱 알 수 없지만, 그 구조형식상 소형 지석묘보다 발달된 형식이라는 점이 인정되기 때문에 소형 지석묘보다 더 늦은 시기로 비정할 수 있다.[41]

---

38) 金貞培, 1997, 「고조선의 국가형성」, 『한국사4 -초기국가-』, 국사편찬위원회, pp.60~62.

39) 田村晃一, 1996, 「遼東石棚考」, 『東北アジアの考古學』 第二, 東北亞細亞考古學研究會 編, pp.114~116.

40) (甲元眞之)는 요동반도 지석묘가 한반도의 지석묘와 형태·구조적으로 유사하다고 보면서, 대석개묘가 오래되고 거기에서 대형지석묘로 발전했다고 본다. 따라서 대석개묘와 공존하는 소형 지석묘는 청동기시대 초기인 쌍타자3기나 상마석상층기(上馬石上層期)에 해당한다고 본다(甲元眞之, 1982, 「中國東北地方の支石墓」, 『森貞次郎博士古稀記念古文化論集』 上卷, pp.237~238).

41) 대석개묘는 묵방리형 지석묘와 같이 墓壙을 일정하게 기단을 쌓은 후에 만드는 등 지석묘사회 후기 단계에 출현한 것으로 보는 것이 합리적이다.

전체적으로 요동 반도 지석묘에서 반출된 유물들은 석부·홍도편·석촉·방륜 등인데,[42] 이것들은 모두 청동기시대의 유물이며 한반도의 지석묘에서 출토되는 유물들과 유사하다. 그러므로 한반도와 요동 반도의 전형적인 지석묘의 경우, 반출되는 유물이나 구조형식으로 보아 거의 동일 시기, 동일 계통의 유적임을 알 수 있다. 그리고 한반도의 지석묘가 묵방리형 지석묘라는 변형지석묘로 변해간 것처럼, 요동 반도 지역의 지석묘는 대석개묘 등으로 변해갔는데, 이것 역시 같은 문화권 내에서의 변화를 보여주는 것이다. 그리고 서북한 지역과 요동 반도 지역의 지석묘만이 커다랗고 정연하며 입구가 분명하고 동시에 세 면을 막음하는 방식으로 조영되었다. 이처럼 구조상 서로 밀접한 관계를 가지고 있는 것은 양 지역의 대지석묘가 같은 계통의 것이라고 볼 수 있는 근거를 시사한다.[43]

요동 반도 및 한반도의 거대 지석묘는 대부분 평지보다 20~30m

---

42) 宋延英, 1987, 「遼東半島的石棚文化−析木城石棚−」, 『社會科學輯刊』5, pp.72~73; 遼寧省文物考古研究所, 1993, 『遼東半島石棚』, 遼寧科學技術出版社.

43) 田村晃一의 조사에 의하면 서북한 지역의 대석개묘와 요동 지역의 대석개묘는 크게 세 가지 면에서 공통점을 가지고 있다고 한다. 첫째는 支石의 3면을 연결하고 나머지 한쪽에 入口를 만들었다는 점이고, 둘째로는 壁石과 上石이 밀착된 예가 많으며 직선으로 곧게 서 있는 등 구조가 대단히 정연하다는 점이다. 끝으로 지석묘 조영시 基壇 구축의 전통을 보여주는 것이 요동 반도의 小官屯, 石棚峪, 서북한의 황해북도 冠山里1호, 文興里支石墓 등에 보인다는 점이다(田村晃一, 1996, 「遼東石棚考」, 『東北アジアの考古學』第二, 東北亞細亞考古學研究會 編, p.110).

높은 산등성이에 독립적으로 존재하고 있다. 실제 요동~서북한 지역의 지석묘는 크게 요동 반도, 혼하, 서북한 지역을 중심으로 분포되어 있다. 그중 서북한 지역과 요동 반도는 형식과 분포상의 유사함으로 인해 거의 동일 시기에 존재한 묘제라고 생각된다. 반면 혼하 지역은 분포가 조밀하지 못하고 대석개묘가 많이 분포하는 등의 존재 형식을 보면 요동 반도~서북한 지역의 지석묘보다 나중에 형성되었음을 알 수 있다.

Ⅲ. 서북한 지역의 석관묘

1. 서북한 지역의 석관묘 유적 개관

서북한 지역에서는 지석묘 조영시기와 비슷한 시기에 석관묘가 조영된다. 석관묘 역시 지석묘처럼 대체로 무리를 지어 나타나지만 지금까지 발견된 것이 그리 많지 않으며, 한 군 안에 10기 이상 발견된 예가 드물다.[44] 대표적으로 평안남도 북창군 대평리, 황해북도 사리원시 상매리(마제석촉, 동촉, 바다조개 껍질 출토), 서흥군 천곡리(마제석촉, 세형 동검), 은파군 은파읍, 연산군 공포리, 자강도 시중군 풍룡리(동범, 파수부광구호, 백옥제 관옥, 마뇌제 소옥, 마제석촉,

---

44) 북한 지역 석관묘 유적의 경우 다음 보고서를 주로 참조하였다(사회과학원 고고학연구소 편, 2009, 『북부 조선지역의 고대무덤』, 진인진).

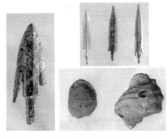
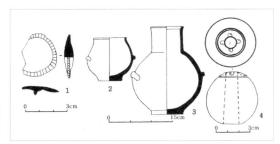

〈그림 12〉 상매리 석관묘 출토 유물　　〈그림 13〉 시중군 풍룡리 석관묘 출토 유물

구슬형유공석기 등 출토) 등지에 존재한다. 최근 평양 주변에서 150
여 기가 확인되었다고 한다.

　석관묘에는 토기·동검 외에 금동이식·반지 등 장신구가 출토하
고 합장(合葬)에 의한 것도 많다는 것이 알려졌다. 판돌이나 막돌을
상자처럼 두는 이들 석관묘의 구조는 요동 지역과 유사하다.[45] 이것
은 서북한 지방에서 지석묘와 함께 성행한 팽이형 토기 문화의 기본
유형과 일치한다. 따라서 그 사회단계 또한 지석묘 단계와 같다고 볼
수 있다.

　조금 후대의 것으로 보이는 황해북도 신평군 선암리,[46] 황해북도
배천군 대아리[47]의 경우 단독으로 조영되었고, 구조형식상 청동기시

---

45) 宋鎬晸, 1999, 『古朝鮮 國家形成 過程 硏究』, 서울대학교 박사학위논문,
　　pp.112~115.
46) 정용길, 1979, 「신평군 선암리 돌상자무덤」, 『고고학자료집』 제6집, pp.
　　170~172.
47) 리규태, 1979, 「배천군 대아리 돌상자무덤」, 『고고학자료집』 제6집,
　　pp.175~177.

대의 것과 똑같은 석관묘에서는 전성기 비파형 동검 문화에 특징적인 청동제 비파형 동검이 나왔다.[48] 이는 석관묘의 후기양식으로 당시 대동강 일대의 고조선과 관련된 지배자들의 무덤으로 볼 수 있다. 문제는 최근 북한 학자들이 그 시기를 상당히 올려 본다는 데 있다.

강동군 순창리(順昌里)에는 석관묘가 두 군으로 나뉘어져 19기가 존재하는데, 그 가운데 16기가 단관(單棺)이고, 다른 것은 쌍관, 즉 합장관이라고 한다. 단관은 길이 2m, 폭 1m, 깊이 80cm가 많고 개석으로는 1매 외에 2매 내지 3매를 사용한 것도 있었다. 바닥에는 전면에 1매의 돌로 되어있는 것도 있다. 석관 가운데, 2호·4호·5호·6호묘 등에서는 인골이 발견되었고, 모두 16개체 분이 발견되었다. 2호·5호묘에서는 인골과 함께 금동제 이식이 발견되었다고 한다. 그런데 인골을 전자상자성공명법으로 측정한 결과 다음과 같은 성과를 얻었다.[49]

'2호-4376±239; 4호-4203±537; 5호-4425±258; 6호-4203±537; 7호-4478±490'

석관의 합장 형태는 특히 중요한 문제를 제공한다. 거의 방형에 가까운 커다란 묘실 천정에 1매의 판석을 세워서 구획을 나누고 있다. 개석도 각각 나뉘어져 있다. 3호의 합장묘에는 분명히 2개체 분

---

48) 박진욱, 1988, 앞 책, pp.41~42.
49) 전영수·최성룡, 1995, 「평양 일대에서 새로 발굴된 유적유물들의 년대학적 고찰」, pp.564~566.

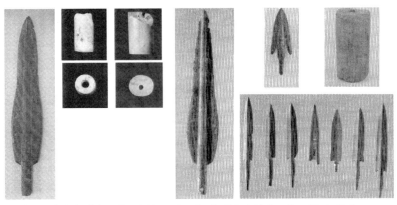

〈그림 14〉 선암리 석관묘 출토유물   〈그림 15〉 대아리 석관묘 출토 동검, 동촉

의 인골이 남아 있었다고 한다. 특히 2호·5호 합장묘에서는 금동제 이식(耳飾)이 출토하였다고 한다. 금제 이식은 이밖에 평양시 강동군과 평안남도 평성시, 성천군의 9개의 석관묘에서 금 귀걸이 3점, 금가락지 2점, 금동귀걸이 7점, 금동가락지 1점 등 모두 13점이 나왔다고 한다.[50] 이 가운데 5기의 연대를 측정하였더니 그 가운데 4,000년 전에

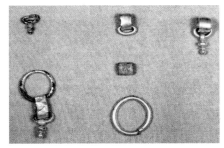

〈그림 16〉 태잠리, 송석리, 용산리 석관묘 출토 금제품

---

50) 韓仁浩, 1996, 「古朝鮮初期の金製品」, 『朝鮮民族と國家の源流』, 雄山閣, pp. 107~115.

해당하는 것이 3기, 3,000년 전과 2,500년 전의 것이 각각 1기씩이라고 한다.

석관묘에서는 토기들도 나왔다. 강동군에 있는 10개의 석관묘에서 단지, 합, 접시 등 12점의 회색토기가 나왔다. 이 무덤들은 기원전 25~24세기에 축조되었다고 한다.[51] 여기서 나온 토기들은 대부분 연질이지만 형태와 바탕흙, 경도 등에서 매우 발전된 양상을 잘 보여준다.

그런데 이들 석관묘에서 출토된 금제 이식과 토기는 그 형태가 고구려 금제이식 및 토기와 매우 유사하다. 예를 들어 북한에서 석관묘에서 나왔다는 금제이식(그림 16 참조)은 만달면 7호분 출토의 고구려 이식과 거의 동일하다.[52] 토기 또한 고구려 토기이다.[53] 이러한 사실은 금제 장신구나 토기가 나온 석관무덤이 고구려 시기에 조영된 것일 가능성이 높다.

2. 공동체적 잔재를 보여주는 석관묘 문화

요동과 서북한 지역에는 이전 토착사회의 문화로서 지석묘와 함께 혼하 유역과 제2송화강을 중심으로 석관묘가 조영되고, 그것이 점

---

51) 金榮搢, 1996, 「發掘された古朝鮮初期の陶器」, 『朝鮮民族と國家の源流』, 雄山閣, pp.116~126.

52) 東潮, 1997, 『高句麗考古學硏究』, 吉川弘文館, pp.402~406, 도면 65참조.

53) 李殿福 著·西川宏 譯, 1991, 『高句麗·渤海の考古と歷史』, 學生社, pp.44~46.

차 요동 전역과 한반도 등으로 확산되는 과정에서 지석묘와 석관묘가 혼재하는 모습을 보인다. 특히 요동 반도 지역에서는 초기 단계의 돌무지무덤[적석묘]들이 석관묘와 결합된 형태의 지석묘들이 많이 조영되었다.

요동 지역에 분포하는 석관묘의 구조는 두께 5cm 정도의 얇은 판돌을 장방형의 상자처럼 묻고 그 위에 역시 두께 5cm 정도의 판돌을 덮은 형식이다. 윤가촌 남하 지역의 당시 공동묘지로 추측되는 유적이나 여대시 여순구구 곽가둔, 요양 접관청·양갑산 이도하자를 비롯하여, 무순·청원·개원 등 혼하 유역을 중심으로 그 이동 지역인 길림 서단산 문화 지역과 쌍방 등 요동 반도 일대의 여러 곳에서 청동단검 한 자루와 약간의 부장품을 묻은 성인남자의 석관묘가 나타나고 있다.[54] 이 가운데 가장 집중하는 곳은 혼하 유역으로, 묘후산 문화가 발전했던 곳이다.

석관묘는 지석묘와 군집하는 경우가 많다. 그러나 석관묘는 지석묘에 비해 적게 분포하고 내부에 석검이나 석촉을 부장한 경우가 많다. 또한 일부 석관묘는 비파형 동검 등 청동기를 부장하면서 군집묘로부터 떨어져 단독으로 조영되어 있는데, 이는 이 지역에 정치적 지배자가 새롭게 등장하기 시작했다는 사실을 암시하는 것이다. 이 지역에 정치적 지배자가 등장할 수 있었던 이유는 혼하 유역이 일찍부터 요동 지역에서 들어온 선진 청동기문화가 일차적으로 정리되어

---

54) 宋鎬晸, 1991,「遼東地域 靑銅器文化와 美松里型土器에 관한 고찰」,『韓國史論』24, 서울대 국사학과, pp.32~43.

새로운 요동 청동기문화로 발전하는 중심 지역이었기 때문이다. 따라서 총체적으로 보아 석관묘에는 지석묘 피장자보다 사회적 지위가 높은 자를 매장한 것으로 판단된다.[55] 그러나 그 시기가 지석묘사회 단계와 뚜렷이 구분될 거라고 이해하기는 곤란하다.

발굴 조사된 석관묘들을 살펴보자. 요양시의 북쪽에 있는 접관청 유적에서는 길이 300m, 너비 30m의 범위 안에서 불규칙한 판석 또는 강돌을 섞어 네 벽을 쌓고 개석을 얹은 상자형 돌널 26기가 발견되었다.[56] 요양 이도하자에서도 동서 약 20m 남북 약 100m의 묘지 내에서 20여 기의 석관묘가 출토되었다.[57] 이들 석관묘에서는 비파형 동검이나 미송리형 토기, 청동장식품 등이 출토되고 있어 지석묘 단계보다 진전된 일정한 지배력을 가진 존재를 생각해 볼 수 있다. 하지만 아직 그 지역의 다른 피장자들과 묘역을 같이 쓰고 있고, 청동기를 부장한 석관묘라 할지라도 나머지 무덤과 구조양식상에서 별반 차별성을 보이지 않아 지배자가 지역공동체에 많은 제약을 받던 상태임을 알 수 있다.

이상의 내용들을 종합해보면, 지석묘와 석관묘가 조영되던 청동기시대의 요동 지역 사회는 아직 집단 간에 뚜렷한 우열이나 강력한 지배자가 존재하는 대신에 오히려 공동체적인 관계가 매우 강했다고 생각된다. 주민집단과 관련시켜 해석하면, 이것은 청동기시대 중

---

55) 後藤直, 1984, 「韓半島の靑銅器副葬墓－銅劍とその社會」, 『尹武炳博士回甲紀念論叢』.

56) 遼陽市文物管理所, 1983, 「遼陽市接官廳石棺墓群」, 『考古』83-1, p.72.

57) 遼陽市文物管理所, 1977, 「遼陽二道河子石棺墓」, 『考古』77-5.

기까지는 요동 지역에 산재하던 '예맥' 계통의 집단들이 강력하고 단일한 정치집단을 형성하지 못하고, 각 지역집단별로 독자적 발전을 지속해 나갔음을 말해 준다.

3. 청동기시대 지석묘와 석관묘 문화의 소멸

기원전 5~4세기 단계에 이르면 북쪽으로부터 밀려 내려오는 비파형 동검 문화·미송리형 토기 문화의 영향으로 서북한 지역 지석묘와 석관묘 사회는 새로운 청동기문화 단계에 들어가는 것으로 보인다. 이러한 문화적 변화 과정에서 새롭게 성장한 집단과 지배세력들은 바로 후기 고조선 사회의 중심세력으로 활동하였을 것이다.

세형 동검 문화가 형성되기 전 한반도 서북 지방에는 비파형 동검과 관계된 유적과 함께 지석묘, 석관묘를 비롯하여 팽이형 토기와 관계된 유적이 널리 보급되어 있었다. 반면 요동 지역에는 비파형 동검 관계 유적이 지배적인 자리를 차지하고 있었다.

지석묘와 석관묘를 비롯한 팽이형 토기 관계 유적·유물은 기원전 2천년 기 이래로 세형 동검 문화가 형성되기 전까지 오랜 시기에 걸쳐 내려오는 한반도 서북 지방 고유의 청동기문화이다. 지석묘나 석관묘를 중심으로 한 팽이형 토기 문화는 그 이후 세형 동검 문화에 그대로 계승되었다. 그에 대한 예는 주검 곽을 강돌로 두 번 돌려 올려쌓고 그 위에 큰 판돌을 몇 개 맞물려 뚜껑을 덮은 북창군 대평리 3호 지석묘[58]와 신계군 정봉리 무덤[59]의 주검곽 시설이 공통되고, 북창 대평리 4호 석관묘의 구조가 서흥군 천곡리 무덤[60]의 주검 곽과 공통되는 것에서 볼 수 있다.

이른 시기 서북한 지방의 세형 동검 관계 무덤과 지석묘나 석관묘의 공통성은 부장품의 내용에서도 찾을 수 있다. 지석묘나 석관묘에서 드러난 부장품은 석검을 비롯한 무기류들인데, 이른 시기

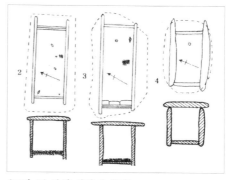

〈그림 17〉 북창 대평리 석관묘

세형 동검 관계 무덤의 부장품도 역시 무기류를 기본으로 하고 있다. 부장품 가운데 토기가 없는 점도 공통된다. 또한 이른 시기 세형 동검 관계 무덤에서는 세형 동검이 예외 없이 드러나는 것처럼 지석묘나 석관묘에서는 석검이 거의 모든 무덤에서 나온다. 이러한 사실들이 지석묘나 석관묘와 이른 시기 세형 동검 관계 무덤 부장품의 주요한 공통점이라 할 것이다.

부장품의 종류와 형태, 그리고 무덤 구조에서 이른 시기 세형 동

---

58) 정찬영, 1974, 「북창군 대평리유적 발굴보고」, 『고고학자료집』 제4집, pp.135~139.

59) 안병찬, 1983, 「우리나라 서북지방의 이른 시기 좁은놋단검 관계 유적유물에 관한 연구」, 『고고민속론문집』8.

60) 北昌 大坪里4호 석관묘는 큰 판돌로 장방형의 주검 곽을 마련하고 그 안에 주검과 부장품을 넣은 석관묘이다. 이 무덤이 瑞興 泉谷里무덤과 공통되는 점은 두 무덤의 주검곽이 다 같이 판돌로 되어 있고 바닥시설이 같다는 것이다(안병찬, 1983, 「우리나라 서북지방의 이른 시기 좁은놋단검 관계 유적유물에 관한 연구」, 『고고민속론문집』8, pp.71~75).

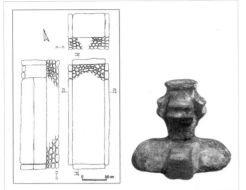 

검 관계 무덤과 지석
묘 및 석관묘 사이에
깃들어 있는 이러한
몇 가지 공통성은 팽
이형 토기 문화를 남
긴 주민들의 매장풍
습이 이른 시기 세형
동검 문화를 보급한
주민들에게 계승되

〈그림 18〉 서흥 천곡리 위석묘 및 청동유물

었다는 것을 말해 준다.[61] 이와 같이 세형 동검 관계 유적·유물에는
서북 지방에서 널리 존재하던 문화적 잔재가 깃들게 됨으로써 일정
한 독자성을 가지게 되었다.

또 이것은 후에 형성되는 서북한 지방과 요동 지방을 아우르는 고
대 정치집단과 그 구성상의 특징과 연관되어 있다. 크게 보면 양 지
역은 모두 중국 전국시대 초기 철기문화의 영향을 받아 새로운 문화
단계로 나아가지만, 각 지역의 문화는 그곳에서 성장한 토착 청동기
문화를 그대로 계승하고 있다. 이것은 다른 두 주민집단이 토착문화
를 계승하면서 전체적으로 선진문화의 영향 속에서 문화적 동질성을
갖게 되는 모습이다. 이것은 요동 지역의 지역집단과 서북한 지역 예
맥(濊貊) 계통 고조선(古朝鮮) 주민집단의 성장 과정을 반영하는 것

---

61) 안병찬, 1983, 「우리나라 서북지방의 이른 시기 좁은놋단검 관계 유적유
물에 관한 연구」, 『고고민속론문집』 8, pp.91~98.

이라고 이해할 수 있다.

지석묘가 자체적으로 계승·발전되어 초기 세형 동검 문화의 토대를 이룬 서북한 지역의 경우는 고조선(古朝鮮)의 영역으로 볼 수 있다. 요동 지역의 경우도 탁자식 지석묘와 미송리형 토기, 팽이형 토기가 서북한 지역 청동기문화와 동질성이 강한 것으로 보아 한반도 서북 지역과 동질의 주민집단과 정치체가 남긴 문화로 볼 수 있다. 그 이북의 요중(遼中) 지방(심양, 요양 일대)도 토착문화의 계승관계로 보아 고조선을 형성한 예맥족(濊貊族) 계통 주민집단들이 성장하고 있었을 것이다.

기원전 5~4세기 단계에 이르러 초기 세형 동검 문화가 발전했던 요중(遼中) 지역의 심양 정가와자나 요양 이도하자 무덤의 주인공은 요동 일대를 배경으로 상당한 세력을 지녔던 예맥 계통 정치집단의 지배자였을 것으로 보아도 좋을 것이다.[62]

기원전 5~4세기 단계의 토광묘(土壙墓)들이 이전부터 존재한 돌무덤의 문화적 전통을 충분히 계승하고 있기 때문이다. 그리고 이러한 선진 문화요소와 주민집단은 서북한 지역에 계속 영향을 미쳐 이곳에서도 새로운 지배세력이 형성되기에 이르렀다.

---

62) 오강원, 2006, 『비파형 동검 문화와 요령지역의 청동기문화』, 청계; 이청규, 2008, 「중국 동북지역과 한반도 청동기문화 연구의 성과」, 『중국 동북지역 고고학 연구현황과 문제점』, 동북아역사재단.

Ⅳ. 맺음말

현재까지의 고고 자료 조사 결과, 지석묘 단계 요동 지역 청동기 문화의 중심은 혼하~압록강 일대의 석관묘·미송리 유형 문화권과 서북한 지역의 지석묘·팽이형 토기 문화권, 그리고 요동 반도 지역이고, 이들 세 문화권은 독자적인 문화권을 이루고 있었던 것으로 보인다. 다만 요동 지역 전체는 지석묘와 석관묘라는 동일 계열의 묘제를 사용하는 것으로 보아 같은 계통의 주민집단이 살고 있었고, 다만 지리적인 차이로 인해 문화유형의 차이가 있게 된 것이라고 생각한다.

묘제로서 지석묘와 석관묘가 일정 지역에 집중 분포하는 것은 그 일대에 하나의 유사한 계통의 종족과 주민집단이 있었음을 말해준다. 선진문헌(≪관자≫, ≪산해경≫, ≪전국책≫ 등)에는 늦어도 기원전 4세기 중반 이전에 발해 연안지대에 존재한 종족으로 산융(山戎)을 중심으로 한 여러 융적(戎賊)들과 그 동쪽에 '조선(朝鮮)'이 존재했다고 나온다. 이들 중 산융을 비롯한 영지·고죽·도하 등 융적들은 앞 장에서 살펴보았듯이 기원전 8~7세기경 장성·열하 일대에서 난하·요서 일대에 걸쳐 위치하고 있었음이 문헌과 고고학 자료로서 입증되었다.

최근 몇몇 논자들은 요동 반도 지역의 지석묘가 한반도 서북 지방의 지석묘와 유사한 점에 주목하여 두 지역이 동일한 문화권을 이루었을 뿐만 아니라 단일한 정치체에 속해 있었다는 주장을 제기하였다.[63] 즉 전형적인 북방식 지석묘를 조영하던 예맥 계통의 주민집단이 황해 이북 연안 지역을 끼고 분포하고 있는데, 이것이 일정한 국가나 정치집단을 이루고 있었다는 것이다. 황해 이북 연안 지역은 중국인의 시각에서 볼 때 동이족(東夷族)이 살고 있었던 것으로 인식된 곳으로 일찍이 "오랑캐와 예족의 고향(夷穢之鄕)"[64]으로 표기되었다. 그곳은 정치집단으로 말하면 '조선(朝鮮)'으로 표현되는 세력의 거주 지역이라고 볼 수 있다. 그러나 요동 반도 지역과 서북한 지역 사이에는 문화적 공백이 있어 뚜렷한 입장을 제시하기는 어렵다. 우선, 압록강 유역에서 청천강에 이르는 지역에서 아직까지 지석묘 유적이 거의 확인되지 않았다는 점, 또한 압록강 일대 단동 지구에는 이른바 공귀리형 토기를 사용하는 집단이 존재하고 있었다는 점을 짚고 넘어가야 한다. 따라서 이들 세력집단을 포함하여 과연 요동 반도에서 서북한에 이르는 지역이 단일한 정치체에 속해 있었는지는 더 고찰해야 될 문제라고 하겠다.

---

63) 鄭漢德, 1990, 앞 논문, pp.131~132; 東潮, 1997, 『高句麗考古學研究』, 吉川弘文館, pp.28~34.

64) ≪呂氏春秋≫ 卷20 恃君覽 第8 "非濱之東[朝鮮樂浪之縣 箕子所封 濱於東海也] 夷穢之鄕 大解陵魚"

참고문헌

≪呂氏春秋≫

丁若鏞,『我邦疆域考』卷1, 朝鮮考.

韓百謙,『東國地理志』前漢書朝鮮傳.

金美京, 2006,「遼東地域 美松里型土器 硏究」, 충남대 석사학위논문.

金元龍, 1976,『韓國考古學槪說』, 一志社.

金貞培, 1997,「고조선의 국가형성」,『한국사4 −초기국가−』, 국사편
    찬위원회.

노태돈, 2000,『단군과 고조선사』, 사계절.

리규태, 1979,「배천군 대아리 돌상자무덤」,『고고학자료집』제6집.

리순진, 장우진, 서국태, 석광준, 2001,『大同江文化』, 외국문출판사.

사회과학원 고고학연구소 편, 2009,『북부 조선지역의 고대무덤』, 진
    인진.

석광준, 1974,「오덕리발굴보고」,『자료집』4.

석광준, 1979,「우리나라 서북지방 지석묘에 관한 연구」,『고고민속론
    문집』7집.

석광준, 1994,「평양은 고대문화의 중심지」,『조선고고연구』94−1.

석광준, 1996,「평양 일대 고인돌 무덤의 변천에 대하여」,『고고연구』
    96−3.

석광준, 2002,『조선의 고인돌무덤 연구』, 중심.

안병찬, 1983,「우리나라 서북지방의 이른 시기 좁은놋단검 관계 유적
    유물에 관한 연구」,『고고민속론문집』8.

오강원, 2006,『비파형 동검 문화와 요령지역의 청동기문화』, 청계.

유병홍, 1994, 「단군 및 고조선시기의 유적·유물 발굴성과」, 『북한의 「단군 및 고조선」논문자료』, 북한문제조사연구소.

李丙燾, 1933, 「浿水考」, 『靑丘學叢』 13.

李榮文, 1998, 「韓國 琵琶形銅劍 文化에 대한 考察」, 『韓國考古學報』 38.

이청규, 2008, 「중국 동북지역과 한반도 청동기문화 연구의 성과」, 『중국 동북지역 고고학 연구현황과 문제점』, 동북아역사재단.

이형구, 2000, 『단군과 고조선』, 살림터.

宋鎬晸, 1991, 「遼東地域 靑銅器文化와 美松里型土器에 관한 고찰」, 『韓國史論』 24, 서울대 국사학과.

宋鎬晸, 1999, 『古朝鮮 國家形成 過程 硏究』, 서울대학교 박사학위논문.

송호정, 2003, 『한국 고대사 속의 고조선사』, 푸른역사.

송호정, 2007, 「미송리형 토기 문화에 대한 재고찰」, 『한국고대사연구』 47.

장우진, 2000, 『조선 민족의 발상지 평양』, 사회과학출판사.

장호수, 1999, 「한국의 지석묘 -북한 지역」, 『한국 지석묘(고인돌)유적 종합조사·연구(Ⅱ)』, 문화재청.

전영수·최성룡, 1995, 「평양 일대에서 새로 발굴된 유적유물들의 년대학적 고찰」.

정용길, 1979, 「신평군 선암리 돌상자무덤」, 『고고학자료집』 제6집.

정찬영, 1974, 「북창군 대평리유적 발굴보고」, 『고고학자료집』 제4집.

최몽룡, 1997, 「북한의 단군릉 발굴과 문제점(1,2)」, 『도시·문명·국가 -고고학에의 접근』, 서울대출판부.

하문식, 1998, 「중국 동북지역 고인돌문화 연구」, 한국상고사학회 학술발표회 제19회 발표문.

韓永熙, 1985, 「角形土器考」, 『韓國考古學報』 14 · 15합집.

허종호, 1999, 「조선의 대동강문화는 세계 5대 문명의 하나」, 『력사과학』 1.

허종호 외, 2001, 『고조선 력사 개관』, 사회과학출판사.

황기덕, 1965, 「무덤을 통하여 본 우리나라 청동기시대 사회관계」, 『고고민속』 65-4.

황기덕, 1984, 『조선의 청동기시대』, 사회과학출판사.

황기덕, 1989, 「비파형단검문화의 미송리유형」, 『력사과학』 89-3.

甲元眞之, 1982, 「中國東北地方の支石墓」, 『森貞次郎博士古稀記念古文化論集』上卷.

郭大順, 1995, 「遼東地區靑銅器文化新認識」, 『東北アジア考古學研究』, 日中共同研究報告.

今西龍, 1929, 「洌水考」, 『朝鮮古史の研究』.

李丙燾, 1933, 「浿水考」, 『靑丘學叢』 13.

金榮摺, 1996, 「發掘された古朝鮮初期の陶器」, 『朝鮮民族と國家の源流』, 雄山閣.

金鍾赫, 1995, 「新しく發掘された龍山里殉葬墓」, 『朝鮮民族と國家の源流』, 雄山閣.

東潮, 1997, 『高句麗考古學研究』, 吉川弘文館.

東潮 · 田中俊明, 1995, 『高句麗の歷史と遺蹟』, 中央公論社.

朴晋煜, 1996, 「古朝鮮の琵琶形銅劍文化の再檢討」, 『朝鮮民族と國家の源流』, 雄山閣.

三上次男, 1966, 「西北朝鮮の支石墓」, 『古代東北アジア史研究』, 吉川弘文館.

石光濬, 1995, 「平壤一帶において新しく發掘された支石墓と石棺墓」,

『朝鮮民族と國家の源流』, 雄山閣.

宋延英, 1987, 「遼東半島的石棚文化 −析木城石棚−」, 『社會科學輯刊』5.

烏恩岳斯圖, 2007, 「十二台營子文化」, 『北方草原』考古學文化研究, 科學出判社.

李殿福 著·西川宏 譯, 1991, 『高句麗·渤海の考古と歷史』, 學生社.

張宇鎭, 1996, 「平壤一帶の古朝鮮遺跡から發掘された人骨」, 『朝鮮民族と國家の源流』, 雄山閣.

田村晃一, 1996, 「遼東石棚考」, 『東北アジアの考古學』第二, 東北亞細亞考古學研究會 編.

鄭漢德, 1989, 「美松里型土器の生成」, 『東北アジアの考古學』, 天池.

鄭漢德, 1996, 「美松里型土器形成期に於ける若干の問題」, 『東北アジアの考古學』第二.

齊藤忠, 1996, 「古代朝鮮半島の文化と日本」, 『北朝鮮 考古學の新發見』, 雄山閣.

韓仁浩, 1996, 「古朝鮮初期の金製品」, 『朝鮮民族と國家の源流』, 雄山閣.

後藤直, 1984, 「韓半島の靑銅器副葬墓−銅劍とその社會」, 『尹武炳博士回甲紀念論叢』.

靳楓毅, 1982·1983, 「論於中國東北地區含曲刃靑銅短劍的文化遺存」(上)(下), 『考古學報』1982−4, 1983−1.

遼寧省文物考古研究所, 1993, 『遼東半島石棚』, 遼寧科學技術出版社.

遼陽市文物管理所, 1977, 「遼陽二道河子石棺墓」, 『考古』77−5.

遼陽市文物管理所, 1983, 「遼陽市接官廳石棺墓群」, 『考古』83−1.

許玉林, 崔玉寬, 1990, 「鳳城東山大石蓋墓發掘簡報」, 『遼海文物學刊』90−2.

영남 지역
청동기시대
기념물적 분묘 연구

-묘역지석묘를 중심으로-

•

윤호필

중부고고학연구소

이 글은 제39회 한국고고학전국대회 자유패널에서 발표한 「영남지역 지석묘의 경관과 보존활용」을 수정·보완한 것임을 밝혀 둔다.

I. 머리말

지석묘(支石墓)는 전 세계적으로 분포하는 거석문화(巨石文化)의
한 종류로 우리나라 청동기시대의 가장 대표적인 분묘양식이다. 또
한 한반도는 세계적인 지석묘 밀집 지역으로 남한과 북한을 합쳐 약
4만여 기가 분포하는 것으로 알려져 있다.[1] 외형적으로는 거석을 이
용하여 분묘를 축조하는 것으로 신석기시대 분묘와는 전혀 다른 독
특한 형태로 축조된다. 이러한 지석묘의 밀집 분포 양상과 외형적 특
징은 우리나라 청동기시대의 분묘문화와 더불어 청동기시대 사회를
이해하는데 많은 도움을 준다. 즉, 거석(巨石)을 분묘로 채택한 당시
의 사상적(思想的)인 측면, 상석을 채석해서 옮기는데 따른 경제적

---

1) 사회과학원, 2002, 『조선의 고인돌무덤연구』, 중심; 한국상고사학회,
2003, 『지석묘 조사의 새로운 성과』 제30호, 한국상고사학회 학술발표대
회요지, 한국상고사학회.

(經濟的)·정치적(政治的)인 측면, 분묘에 묻힌 피장자의 사회적(社會的)인 측면, 유물을 통한 문화적(文化的)인 측면 등 다양한 관점에서 청동기시대 사회를 연구할 수 있는 것이다.[2]

최근 전국적으로 대규모 취락유적의 조사사례가 증가하면서 청동기시대의 사회상과 문화상을 보다 종합적으로 이해할 수 있은 자료들도 많아지고 있다. 지석묘 연구도 대규모 군집 지석묘군, 주거지군이나 경작지와 인접하여 배치된 지석묘군, 묘역이 설치된 지석묘나 연접묘역의 지석묘군, 거대한 묘역이나 묘광을 가진 지석묘, 한 묘역 내에 여러 기의 매장주체부가 설치된 지석묘, 다단묘광이나 다중개석의 구조를 가진 지석묘, 매장주체부가 없는 지석묘 등 일반적인 형태와 구조에서 벗어난 새로운 형태의 지석묘들이 확인되고 있어 보다 거시적이고 다양한 관점에서 검토하는 것이 필요하게 되었다. 즉, 지석묘를 단순히 피장자를 안치하는 분묘로서의 기능 이외에 지석묘의 사회적·정치적·사상적 기능과 의미에 대해서도 살펴봄으로써 새로운 관점에서 청동기시대 사회를 살펴보고자 하는 것이다. 이를 위해 지석묘 중에서도 다양한 기능과 의미를 가진 '묘역지석묘'를 중심으로 검토하고자 한다. 묘역지석묘는 '묘역시설'이 설치된 지석묘를 말하며, 지석묘의 다양한 속성과 결합되면서 기능과 의미가 더해서 새로운 '기념물적 분묘'로서의 역할을 하게 된다. 이러한 묘역지석묘는 현재까지는 영남 지역에 가장 많이 분포하고 있으며 그 조사사례

---

2) 이영문, 1993, 「全南地方 支石墓 社會의 硏究」, 韓國敎員大學校大學院 博士學位論文, p.2.

도 점차 증가하고 있다.

따라서 본고에서는 연구 대상 지역을 영남 지역을 중심으로 하며, 분묘의 경관이라는 관점에서 지석묘 조사성과 및 연구성과를 재검토하여 그 특징을 파악하고자 한다. 또한 이를 바탕으로 새로운 자료인 묘역지석묘를 검토하여 기념물적 분묘의 특징과 의미를 살펴보고자 한다.

II. 영남 지역의 지석묘 경관

1. 분포와 입지

영남 지역은 소백산맥을 경계로 한반도의 동남쪽 끝에 위치하고 있으며, 남쪽과 동쪽에는 바다가 접해 있다. 지형적으로는 크고 작은 산들이 많이 분포하며, 해안까지도 많은 산들이 뻗어 있다. 따라서 넓은 평야지대는 적지만 수계가 발달하여 크고 작은 충적지, 곡저평야, 선상지, 분지가 많이 분포한다. 이러한 지리·지형적 특징은 지석묘의 입지와 분포에도 많은 영향을 준 것으로 생각된다. 현재까지 영남 지역에서 확인된 지석묘는 약 1,268개소에 약 5,000여 기 정도이며, 지역적으로는 경남 지역이 약 660여 개소에 약 2,000여 기, 경북 지역(대구광역시 포함)이 약 724여 개소에 3,000여 기 정도가 분포한다.[3] 이 중 발굴 조사된 유적은 극히 일부분으로 경남 지역이 55개 유적에서 549기, 경북 지역이 49개 유적에서 384기의 지석묘가 조사되었다.[4]

경남 지역의 지석묘 분포는 크게 내륙 지역과 해안 지역으로 구분된다. 내륙 지역은 하천권역이 중심이 되어 분포하는데, 크게 남강 유역(진주시, 산청군, 함양군, 거창군, 합천군), 낙동강 유역(의령군, 함안군, 창녕군), 밀양강 유역(밀양시)의 3개 권역으로 나누어진다. 이 중 밀집도가 가장 높은 지역은 남강 유역으로 경호강—남강—덕천강으로 이어지는 수계를 중심으로 분포한다. 전체적인 지석묘 분포 비율은 남강 유역이 약 24%, 낙동강 유역이 약 12%, 밀양강 유역이 약 8% 정도이다. 입지 형태는 구릉 완사면, 강변충적지나 하안단구면 등에 주로 분포한다. 해안 지역은 동남해안 지역(창원시, 김해시, 양산시)과 서남해안 지역(통영시, 사천시, 거제시, 고성군, 남해군, 하동군)으로 나누어진다. 이 중 밀집도가 높은 지역은 서남해안 지역으로 전체 지석묘 유적의 약 40% 정도가 분포하며, 동남해안 지역은 약 16% 정도가 분포한다. 입지 형태는 주로 산기슭의 완사면과 곡부 평지에 주로 분포한다.[5] 묘구(墓區)[6] 내에서의 지석묘 배치는 양 지

3) 윤호필, 2009b, 「영남지역 지석묘 발굴자료와 보존활용」, 『발굴된 지석묘 유적의 보존과 활용』, 동북아지석묘연구소; 경남발전연구원 역사문화센터, 2010, 『경남의 청동기시대 문화』 경남문화총서1; 강동석, 2012, 「GIS를 이용한 남한지역 지석묘의 분포현황 분석」, 『동북아시아 지석묘 —한국 지석묘(북한편)』4, 국립나주문화재연구소.

4) 이영문, 2012, 「한국 지석묘 조사현황과 연구과제」, 『동북아시아 지석묘 — 한국 지석묘(북한편)』4, 국립나주문화재연구소.

5) 경남발전연구원 역사문화센터, 2010, 『경남의 청동기시대 문화』 경남문화총서1.

6) 墓域 : 매장주체부 주변에 설치된 묘역시설, 墓區 : 분묘군 전체의 영역

역에서 열상(列狀)과 군상(群狀)이 모두 확인되지만 이 중 열상배치가 더 두드러진다.

경북 지역은 대구, 경산, 영천, 청동, 경주, 포항 등 주로 경북의 동남부 지역에 집중적으로 분포한다. 수계상으로는 오목천 유역(금호강), 기계천 유역(형상강), 청도천과 마일천 유역 등이며 해안 지역은 포항 칠포리 일원에 주로 분포한다. 지석묘가 입지하는 지형은 선상지, 곡간대지, 소하천변의 충적대지, 구릉정상부 등이며, 대부분 군집의 형태로 열을 지어 배치한다.[7]

2. 구조와 형식

1) 구조

지석묘의 형태와 구조는 다양하게 확인되지만 세부적인 속성을 종합해 보면 크게 상석, 지석, 묘역, 묘광, 충전석(충전토), 개석, 매장주체부(석축석관, 상형석관, 목관, 토광) 등으로 구분할 수 있다. 이들 속성들은 지석묘의 형식에 따라 적용되는 양상이 달라지며, 세부적으로는 시기별, 지역별, 입지 형태, 분묘군 등에 따라 선호하는 속성의 경향도 차이가 있다. 따라서 지석묘의 구조적인 속성을 면밀히 검토하고 분석하는 것이 중요하며, 이는 지석묘의 성격과 의미를

---

7) 김광명, 2004, 「경북지역 지석묘과 보존현황」, 『세계 거석문화와 지석묘』, 동북아지석묘연구소.

파악하는데 중요한 단서를 제공한다. 지석묘의 구조 및 각 세부 속성, 특징을 간략하게 정리하면 〈그림 1〉 및 〈표 1〉과 같다.

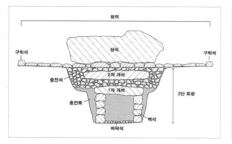 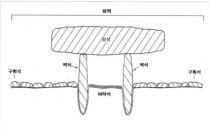

〈그림 1〉 지석묘의 구조 모식도 및 세부 명칭(좌 : 개석식지석묘, 우 : 탁자식지석묘)

〈표 1〉 지석묘의 세부 속성 및 특징

세부속성	특 징
상석	• 지석묘의 가장 특징적인 속성 • 규모와 형태의 다양성 → 거대화와 간략화 • 외형적 형태에 따른 구분 : 괴석형, 장타원형, 장방형, 판석형 • 다양한 기능으로 사용됨 　→ 묘표적 기능, 제단적 기능, 표지적 기능(교통로, 경계, 특수공간) • 채석 → 발달된 석재가공기술, 석재 전문장인 등장 • 운반과정에서 집단적 노동력 필요.
지석	• 상석을 받치는 기능 　→ 상석을 돋보이게 함. 상석과 매장주체부를 분리(매장주체부 보호) • 지석 有無 → 기반식지석묘(지석 갖춤), 개석식지석묘(지석 없음) • 크기와 형태에 따른 구분 : 주형지석, 대형지석, 소형지석 〈탁자식지석묘와 위석식지석묘〉 • 상석 아래에 매장주체부를 바로 설치하기 때문에 벽석이 지석 역할을 함. • 탁자식 : 4매의 판석을 세워 매장주체부를 만듦. • 위석식 : 주로 여러 매의 할석을 상석 아래에 돌려서 매장주체부를 만듦.

세부속성	특 징
묘역	• 상석 아래에 일정 범위에 할석, 천석, 판석 등을 쌓거나 깐 시설물 • 분묘의 형식이나 매장주체부의 종류와 관계없이 설치됨 　(*개석식 지석묘와 석축석관에 가장 많이 설치됨) • 기능적인 측면 : 상석의 무게를 분산시켜 매장주체부를 보호 • 상징적인 측면 : 분묘의 영역을 표시하거나 분묘를 알림 • 평면 형태 : 장방형계, (타)원형계 → 장방형계 묘역이 대다수를 차지함 • 묘역 구획석 : 할석이나 소형판석을 쌓음, 판석을 세움. • 배치 형태 : 단독 배치, 연접 배치 • 묘역의 가장자리를 따라 주구가 설치된 것도 확인됨 • 묘역이 지상에 분구 형태로 조성되는 경우는 크게 반구형과 기단형이 있다.
묘광	• 매장주체부가 설치되는 공간 • 묘광 형태 : 1단묘광과 다단묘광으로 구분됨. • 다단묘광 : 주로 2단과 3단이 대부분을 차지하며, 매장주체부의 종류와 관계 　없이 모두 채택됨. 하부로 갈수록 좁아지는 형태 • 다단묘광의 기능 　－ 묘광벽 보호 및 시신을 보다 깊은 곳에 안치하기 위해 사용 　－ 묘광을 넓게 축조하여 묘역과 같은 기능을 부여하기 위해 사용 　－ 묘광 내에서 매장주체부 재료 및 충전석, 시신 등을 운반하기 위한 계단 　역할.
충전석 (충전토)	• 매장주체부의 외곽을 채우거나 묘광의 빈 공간을 채울 때 사용하는 흙과 돌 • 기능적 측면 : 매장주체부 보호.(매장주체부 고정, 상부 하중 지탱, 묘광 밀 　폐) • 상징적 측면 : 死者와 生者의 분리 및 단절
개석	• 매장주체부 상부를 덮는 구조물(대부분 완전 밀폐됨) • 개석 형태 및 덮는 방식이 다양하며, 1차 개석과 다중개석으로 구분됨. • 다중개석의 경우 상하 개석 간에 떨어진 것과 붙은 것이 있음.(붙은 경우 상 　하개석을 엇갈리게 배치)
매장주체부	• 시신 및 부장유물 보호 • 종류 : 석축석관, 상형석관, 목관, 토광, 목석관(木石棺) • 매장주체부의 바닥 종류 : 생토면, 판석, 잔자갈, 판석형 할석(전면, 일부분)

2) 형식

지석묘의 형식은 연구자들마다 다양한 분류안을 제시하고 있지만 가장 기본적인 분류안은 탁자식(北方式), 기반식(南方式), 개석식(無支石式), 위석식(圍石式)으로 나누는 것이다. 여기에 최근 이슈가 되고 있는 '묘역시설'이 설치된 지석묘를 새로운 형식으로 파악하여 기본형식에 추가하려는 경향이 있다. 하지만 묘역시설은 모든 형식의 지석묘에 설치되는 지석묘의 일반적인 속성 중 하나로 묘역시설의 설치 유무만을 가지고 새로운 형식으로 파악하는 것은 무리가 있다.[8] 따라서 본고에서는 일반적인 형식분류안을 기본으로 하여 세부적인 형식과 구조를 살펴보고자 한다. 분묘는 시신이 매장되는 시설물로서 가장 중요한 기능은 시신보호 및 분묘의 영역표시이다. 이는 '시신 처리(장법)의 문제'이자 '시신 보관 방법(분묘 형태)의 문제'로서 파장자가 중심되어 이루어진다. 따라서 분묘의 형식은 피장자가 중심이 되어 구분하는 것이 분묘의 기능과 성격을 가장 잘 반영하는

---

8) 묘역지석묘의 형식과 구조에 관해서는 졸고(윤호필 2009)를 참고하기 바라며, 묘역이 설치된 지석묘를 나타내는 용어는 적석부가지석묘(積石附加支石墓)(노혁진 1986), 돌깐무덤(하문식 1990), 적석(積石)(이영문 1993), 부석묘(敷石墓)(문화재연구소 1994), 구획묘(區劃墓)(이상길 1996), 대평리형석관(大平里型石棺)(이주헌 2000), 주구석관묘(周溝石棺墓)(하인수 2003), 용담식지석묘(龍潭式支石墓)·묘역지석묘(墓域式支石墓)(김승옥 2006), 주구묘(周溝墓)(김권중, 2007), 즙석묘(葺石墓)(경남발전연구원 2008) 등이 있다.

윤호필, 2009, 「청동기시대 묘역지석묘에 관한 연구」,『경남연구』창간호, 경남발전연구원 역사문화센터.

〈표 2〉 지석묘의 형식 분류

매장주체부 위치 ▶	지상 지석묘			지하 지석묘	
지석묘 형태 (지석의 유무) ▶	탁자식	위석식	기반식	개석식	
묘역의 유무 (묘역지석묘) ▶	묘역 설치	묘역 미설치	묘역 설치	묘역 미설치	
매장주체부 형태 ▶	석축석관 상형석관 목관	토광 목석관	석축석관 상형석관 목관	토광 목석관	

것으로 볼 수 있다. 지석묘의 세부 형식 분류 방법은 크게 매장주체부의 위치에 따라 구분하고, 나머지는 제 속성인 '상석→지석(묘역)→매장주체부'의 순으로 분류한다.

영남 지역의 지석묘 형식은 〈표 2〉의 지석묘 형식분류안을 바탕으로 살펴보면 모든 형식의 지석묘가 확인된다.[9] 하지만 탁자식 지석묘는 경남 지역과 경북 지역에 각 1기씩만 확인되어 예외적인 형식으로 볼 수 있으며,[10] 위석식 지석묘 또한 수가 많지 않다. 이는 전체적

---

9) 지석묘의 형식분류안에 대해 전고(경남발전연구원 역사문화센터, 2010)에서는 지상식 지석묘 중 '분구식 지석묘'를 추가하여 분류하였으나, 본고부터는 분구시설도 묘역의 한 형태로 파악하여 형식분류안에서 제외하고자 한다.

10) 경남지역에서 확인된 탁자식지석묘는 거창 내오리 지석묘 1기이며, 경북 지역에서 확인된 탁자식지석묘는 울진 나곡리 지석묘 1기이다. 이 중 울진 나곡리 지석묘는 최근인 2014년 말에 등산객에 의해 발견된 것으로 구릉사면에 위치하며, 상석과 장벽석 2개만 잔존한 상태였다. 규모는 상석 170×160×50cm, 서쪽 장벽 높이 48cm, 길이 127cm, 두께 28cm, 동

〈표 3〉 지상식 지석묘 종류 및 특징

구분	탁자식 지석묘	위석식 지석묘
내용	지상에 판석 3~4매로 석관을 만들고 그 위에 상석을 올린 후, 시신을 매장하고 마구리돌로 입구를 막았다. 평양 문흥리	상석 아래에 할석이나 판석을 여러 매 돌려놓은 형태. 제주도 용담동

으로 지상 지석묘의 수가 적은 것으로 영남 지역에서는 보편적으로 사용된 형식은 아닌 것으로 보인다. 따라서 영남 지역의 주된 형식은 시신을 지하에 매장하는 형태인 지하 지석묘가 주된 형식으로 생각되며, 그중에서도 가장 많은 수가 확인된 개석식 지석묘가 보편적으로 사용된 것으로 보인다. 지석묘의 하부구조는 다양한 속성들이 적용되어 축조되는데, 특히 매장주체부는 상형석관, 석축석관, 토광, 목관, 목석관 등 다양하게 사용된다.[11] 묘광은 일단토광에서 다단토

쪽 장벽 높이 48cm, 길이 116cm, 두께 22cm 정도이다(경북방송 보도 : http://egbn.kr).

11) 경북 지역에서는 지석묘의 매장주체부에 나무와 석재를 함께 사용한 목석관은 아직 확인되지 않았다.

〈표 4〉 지하식 지석묘 종류 및 특징

구분	기반식 지석묘	개석식 지석묘
내용	매장주체부는 지하에 무덤을 축조하고 지상에는 지석을 설치한 후 그 위에 상석을 올린 형태	매장주체부는 지하에 무덤을 축조하고 지상에는 상석을 올려놓은 형태
	창녕 유리	함평 신곡

광까지 다양한 구조가 확인되며, 내부를 채우는 충전석(충전토)나 개석의 양상도 다양하다. 하지만 지역적으로 차이가 있는데, 대체적으로 경남 지역에서 보다 다양한 하부구조가 확인된다. 지석묘 중에서는 구조, 규모, 배치, 입지 등에서 일반적인 양상을 뛰어넘는 극대화된 형태의 지석묘들도 확인된다. 이러한 지석묘들은 대부분 규모가 크고 독립적인 입지와 배치 형태 또는 다양한 군집형태(열상, 군상)를 가지며, 구조적으로도 복잡한 형태가 많다. 이는 지석묘의 성격이 시신을 매장하는 분묘로서의 기능뿐만 아니라 피장자의 권위를 보다 적극적으로 표현하거나 집단의 기념물적 성격인 의례활동이 보다 강조된 것으로 볼 수 있다.

3. 출토 유물

출토 유물은 크게 부장용과 의례용으로 구분할 수 있다.[12] 부장유물은 사후세계(死後世界)를 위한 유물로 주로 시신과 함께 매납되며, 일부는 매장주체부 외부에 매납된다. 대부분 완제품으로 토기류(적색마연토기), 석기류(석검, 석촉), 옥류(곡옥, 관옥, 구옥), 청동기류 등이 부장된다. 의례유물은 시신을 안치하기 前·後에 행해지는 의례 행위 과정에서 매납되는 것으로 매장주체부의 외부에서 확인된다. 의례유물은 대부분 원형이 훼손되거나 편의 형태로 매납되는데, 지석묘의 각 속성에서 모두 확인된다. 의례유물의 종류는 기본적으로 부장품으로 사용되는 유물과 생활용품인 석도, 지석, 무문토기 등이다. 경남 지역과 경북 지역의 지석묘 출토 유물은 전체적으로 유사한 형태로 출토되지만, 부장 형태나 부장유물의 종류에 따라서는 약간의 지역적 차이를 보인다. 양 지역을 전체적으로 비교해 보면 경남 지역이 경북 지역보다 좀 더 다양한 부장 형태가 확인되며, 부장유물의 종류에 있어서도 옥류의 부장량이 훨씬 많은 것이 특징이다. 특히, 지석묘에서 청동유물이 출토되거나 주변 석관에서 청동기가 출토된 사례가 현재로서는 경남 지역에서만 확인된다.[13] 이러한 양상은

---

12) 부장유물은 사후세계를 위한 유물로 시신과 함께 매납되며, 의례유물은 시신을 안치하기 前·後에 행해지는 장송의례 과정에서 매납된 유물이다.

13) 지석묘에서 청동유물이 출토된 유적은 현재 진주 가호동 유적 1호 묘역 지석묘뿐이며 '청동팔찌(靑銅釧)'가 1점 출토되었다. 이외에 지석묘는 아니지만 주변 석관묘에서 청동기가 출토된 사례는 사천 이금동 유적

크게 2가지로 이해할 수 있다. 하나는 비파형동검과 옥류가 많이 출토되고 있는 전남 해안 지역과 지리적으로 인접해 있어 부장풍습에 영향을 받은 것이고, 다른 하나는 비파형동검과 옥류가 위세품에 속하는 것으로 위계화된 집단이 많이 존재했을 가능성이다. 따라서 개인이나 집단의 위계화가 활발히 진행되면서 대형 지석묘의 축조나 위세품 부장 같은 기념물적 지석묘의 축조도 활발히 이루어진 것으로 볼 수 있다.

4. 영남 지역 지석묘의 특징

앞서 살펴본 영남 지역 지석묘의 구조와 형식, 세부 속성, 입지, 분포, 출토 유물 등을 바탕으로 경남 지역과 경북 지역의 지석묘 특징을 정리하면 〈표 5〉와 같다.

〈표 5〉 영남 지역 지석묘의 특징

지역 특징	경남 지역	경북 지역
형식	• 위석식, 기반식, 개석식 → 개석식 지석묘가 두드러짐	• 위석식, 기반식, 개석식 → 개석식 지석묘가 두드러짐
매장주체부	• 상형석관, 석축석관, 토광, 목관, 목석관 → 하부구조의 다양성	• 상형석관, 석축석관, 토광, 목관 → 하부구조의 다양성

(C−10호·D−4호), 마산 진동리 유적, 창원 덕천리 유적(16호) 등이 있으며, 모두 비파형동검이 출토되었다.

특징 \ 지역	경남 지역	경북 지역
구조적 특징	• 세부 속성 : 상석, 지석, 묘역, 묘광, 충전석(충전토), 개석, 매장주체부 → 모든 속성이 다양하게 적용됨 • 다단굴광, 다중개석 : 많이 사용	• 세부 속성 : 상석, 지석, 묘역, 묘광, 충전석(충전토), 개석, 매장주체부 → 모든 속성이 확인되지만 다양하게 적용되지 못함
구조적 특징	• 묘역이 설치된 지석묘가 많음 • 극대화된 묘광 확인(김해 율하리 유적)	• 다단굴광, 다중개석 : 일부 사용 • 묘역이 설치된 지석묘는 일부만 확인 • 극대화된 묘광 확인(경주 갑산리 유적)
입지	• 해안지역 : 구릉완사면, 곡부평지 • 내륙지역 : 구릉완사면, 강변 충적지 → 다양하게 입지함	• 구릉지, 충적지, 곡간평지, 선상지 → 다양하게 입지하지만 평지입지가 두드러짐
배치	• 열상배치와 군상배치가 나타나며, 이 중 열상배치가 두드러진다. • 소형의 딸린 분묘 확인(진주 대평리 유적 등)	• 열상배치와 군상배치가 나타나며, 이 중 군상배치가 두드러진다. • 딸린 분묘 확인(대구 이천동 유적, 대구 시지 유적, 경산 삼성동 유적, 등)
분포	• 내륙지역 : 남강, 경호강, 낙동강, 밀양강 • 해안지역(남해안):남해, 사천, 고성, 거제, 마산, 김해 → 해안 지역과 서부 경남 지역에 더 많이 분포	• 내륙 지역(동남부 지역) : 오목천 유역, 기계천 유역, 청동천 유역, 마일천 유역 • 해안 지역(동해안) : 포항 칠포리 → 경북 동남부 지역에 집중적으로 분포
출토유물	• 토기류(적색마연토기), 석기류(석검, 석촉), 옥류(곡옥, 관옥, 식옥), 청동기류(청동팔찌)	• 토기류(적색마연토기), 석기류(석검, 석촉), 옥류(식옥, 관옥)
기타	• 횡구식 매장주체부 확인(합천 저포 E지구 5호와 8호) • 지석묘 형태의 제단(밀양 살내 유적, 밀양 신안 유적, 산청 매촌리 유적 등) • 암각화가 새겨진 지석묘(밀양 살내 유적, 밀양 신안 유적, 함안 도항리 유적) → 지석묘의 다양한 기능과 성격이 확인됨	• 횡구식 매장주체부 확인(대구 상동 1호) • 지석묘 형태의 제단(경주 화곡리 유적, 경산 삼성리 유적 등) • 암각화가 새겨진 지석묘(포항 칠포리 유적, 포항 인비리 유적, 영천 청통리 유적, 경주 안심리 유적) → 지석묘의 다양한 기능과 성격이 확인됨

〈표 5〉에서 보듯이 지석묘의 기본적인 속성들은 양 지역 모두에서 확인되며, 특히 지하 지석묘인인 개석식 지석묘를 주된 묘제로 사용하고 다양한 매장주체부를 채용한 것이 공통된 특징이다. 하지만 지석묘의 구조, 입지, 배치, 분포, 출토 유물 등 지석묘의 세부적인 속성을 검토하면 각 속성들마다 약간의 차이가 나타난다. 전체적인 경향은 경남 지역이 경북 지역보다 지석묘 구조의 다양성과 복잡성이 강하며, 이에 따른 대규모 지석묘군이나 극대화된 지석묘의 분포가 두드러진다. 분포에서도 경남은 해안 지역이 중심이며, 내륙 지역도 해안과 연결되는 하천을 중심으로 분포하는데 반해, 경북 지역은 주로 내륙 지역을 중심을 분포하며, 해안 지역은 포항 지역 일부를 제외하면 드문 편이다. 이러한 양상은 양 지역의 지리·지형적인 차이로 지석묘 축조와 밀접한 관계가 있는 취락의 입지 형태가 다르기 때문이며, 이와 더불어 청동기시대 중기의 송국리형문화권과 비송국리형문화권의 차이도 있을 것으로 생각된다.

Ⅲ. 청동기시대의 기념물적 분묘

1. 묘역지석묘의 등장과 전개

청동기시대의 분묘는 지석묘, 석관묘, 석개토광묘, 옹관묘, 토광묘 등 다양한 종류가 있지만, 이 중 분묘의 존재를 가장 적극적으로 표현하는 것이 '지석묘'이다. 대부분의 분묘가 지하에 매장주체부를 만들고 시신을 안치한 다음 개석을 덮거나 흙이나 돌로 채워서 마무리하기 때문에 축조기간이 짧고 분묘의 흔적이 오래가지 않아 피장자의 가족이나 가까운 지인들만 알 수 있다.[14] 이에 반해 지석묘는 피장자가 묻힌 장소에 큰 돌인 '상석'을 올려놓음으로써 '매장지(분묘)'임을 표시하는 동시에 분묘의 영역과 정확한 위치를 알 수 있게 한다. 또한 상석 운반은 단시간에 할 수 없는 것으로 많은 시간과 인원이 동원된다. 이는 피장자의 죽음을 외부에 널리 알리는 역할을 할 뿐만 아니라 장송의례 속에서 집단적 행위가 수반되어 사회·정치적 이벤트가 된다. 상석 운반은 지석묘 축조 과정에서 가장 중요한 부분 중 하나로 채석과 운반 과정 중에 다양한 의례행위가 이루어지며, 이 과정에서 피장자 및 축조자의 권위가 상석에 투영되어 상석은 '상징성'을 가지게 된다. 따라서 지석묘는 분묘의 표시, 피장자와 축조자의 권위 등 다양한 상징적 의미를 가지면서 '기념물적 축조물'이 된다. 지석묘 축조는 장법, 피장자나 축조자의 성격, 집단의 성격, 사회·정치적 성격 등에 따라 다양하게 이루어지지만 이 중 규모나 형태, 입지, 배치 등에서 두드러진 지석묘들이 나타난다. 이들 지석묘들은 일반 지석묘와 차별화되며, 지석묘의 상징성을 보다 부각시켜 '집단의 거석기념물'로서의 기능을 한다. 이러한 지석묘들 중에서 가장 대표적인 분묘가 '묘역지석묘'이다. 묘역지석묘는 지석묘의 각 형식에 '묘역'이라는 속성이 결합된 것으로, "묘역시설"이 가장 중요한 요소가

---

14) 일부 봉토를 만들기도 하지만 일반적인 축조방법은 아닌 것으로 보이며, 봉토가 남아 있다고 해도 삭평되기 쉽기 때문에 분묘의 흔적을 찾기는 어렵게 된다. 이는 조선시대나 근세에 조성된 많은 민묘들이 봉토가 삭평되어 분묘의 흔적을 찾지 못하는 경우와 같다.

된다. 묘역시설은 기본적으로 지석묘 축조의 완성도를 높이고 분묘의 영역을 보다 강조한다. 따라서 묘역지석묘의 특징을 살펴봄으로써 청동기시대의 기념물적 분묘에 대한 일단면을 엿볼 수 있을 것으로 생각된다.

영남 지역는 이러한 묘역지석묘들이 가장 많이 분포하고 있는 지역으로 지금까지 확인된 묘역지석묘는 약 60여 개소에 약 350여 기 정도가 된다.[15] 분포는 해안보다는 내륙의 하천 주변에 많이 분포하며, 지역적으로는 경남 지역에 집중되어 있다. 입지 형태는 내륙에서는 큰 강 지류의 충적지와 곡저 평지, 하천과 하천이 만나는 합수지점 등에 주로 입지하며, 해안 지역은 바다가 잘 조망되는 지점이나 해안에서 조금 떨어진 구릉사면에 입지한다. 선상지는 대구 지역에서 주로 확인되는데, 주로 선단부에 입지한다. 전체적으로 일반적인 지석묘의 입지 형태와 비슷하지만, 하천과 바다로 이어지는 교통로의 중심 지역에 위치하는 것이 특징이다. 묘구 내에서의 배치 형태는 독립적 배치, 열상배치, 연접배치, 군상배치 등 다양하게 나타나며, 대부분 묘구의 중심적 위치에 배치된다.

묘역지석묘의 세부 속성은 많은 연구자들에 의해 검토되었기 때문에 본고에서는 전체적인 특징만 간략하게 살펴보고자 한다.[16] 지석

---

15) 2010년까지의 통계가 약 57개소에 약 300여 기 정도로 이후 확인된 유적을 감안한 수이다; 윤호필, 2010a, 「영남지역 묘역지석묘의 변천과 성격」, 『한일고고학의 신전개』, 영남고고학회·구주고고학회.

16) 윤호필, 2009a, 「청동기시대 묘역지석묘에 관한 연구」, 『경남연구』 창간호, 경남발전연구원 역사문화센터; 윤호필, 2010a, 「영남지역 묘역지석

묘의 형식 중에서 묘역이 가장 많이 설치된 것은 개석식 지석묘로 개석식 묘역지석묘가 전체의 약 70% 정도를 차지한다. 기반식 묘역지석묘는 경남 지역의 창원 덕천리 유적 1호 지석묘뿐이다. 상석은 크게 괴석형과 판석형으로 나누어지며, 이 중 괴석형 상석이 더 많이 확인된다. 괴석형 상석은 대부분 규모가 큰데 이는 묘역과 더불어 상석을 통해서도 분묘의 상징성을 표현하는 것으로 볼 수 있다. 이에 반해 판석형 상석은 규모가 작고 납작한 형태로 분묘 표시석 정도의 역할로 상석의 기능이 축소된 것으로 볼 수 있다.[17] 이는 지석묘의 외적 표현 방법이 다양화하는 것으로 전자는 묘역의 기능에 상석의 기능을 추가함으로써 보다 극대화된 상징적 지석묘를 축조하는 것이고, 후자는 상석의 기능을 축소함으로써 묘역의 기능을 상대적으로 돋보이게 하는 것으로 생각된다. 묘역은 묘역지석묘에서 가장 중요한 요소로 외형적으로 보면 상석과 함께 기념물적 상징성을 가지는

묘의 변천과 성격」, 『한일고고학의 신전개』, 영남고고학회·구주고고학회; 윤호필·장대훈, 2009a, 「석재가공기술을 통한 청동기시대 무덤 축조과정 연구」, 『韓國考古學報』 70, 韓國考古學會; 안재호, 2012, 「묘역식지석묘의 출현과 사회상 −한반도 남부의 청동기시대 생계와 묘제의 지역성」, 『호서고고학』 26, 호서고고학회; 윤성현, 2013, 「경남지역 묘역식 지석묘에 대한 연구」, 동아대학교대학원 석사학위논문; 이은경, 2013, 「경남지역 청동기시대 구획묘의 연구」, 부산대학교대학원 석사학위논문; 우명하, 2013, 「영남지역 묘역지석묘의 전개」, 영남대학교대학원 석사학위논문.

17) 판석형 상석이 채용된 유적은 합천 역평유적, 진주 평거 3지구(Ⅰ구역) 유적, 사천 소곡리 신월 유적 등이 있다.

요소이다. 묘역시설은 크게 '주구(周溝)'를 조성한 것과 돌을 깔거나 쌓아서 축조한 것으로 나누어진다. 전자는 매장주체부를 중심으로 세장방형이나 방형으로 구를 파서 묘역을 만들고, 내부는 별다른 시설(포석, 적석, 성토부)을 하지 않는다.[18] 주구를 이용한 묘역 구획은 청동기시대 전기부터 후기까지 사용되는데, 시기에 따라 차이가 있다. 전기 주구묘역은 대부분 규모가 크거나 극대화된 형태로 나타나며,[19] 후기는 단독묘역으로 설치되지 못하고 돌로 구획된 묘역의 외곽에 일부만 설치되어 묘역의 보조적인 역할을 한다. 후자는 돌을 이용하여 묘역을 구획하는 것으로 묘역 경계를 구획석 또는 구획석축[20]이라 한다. 구획석(축)은 대부분 1~2단으로 축조되는데, 일부는 3단 넘게 높이 쌓은 형태와 판석을 세워서 구획하는 것도 확인된다. 내부는 기본적으로 할석이나 판석을 전면에 깐다. 평면 형태는 크게 (장)방형과 (타)원형으로 나누어지며, 이 중 (장)방형의 비율이 두 배정도 많다. (장)방형과 (타)원형의 선후 관계는 중복 관계나 배치 형태로 볼 때 아직 뚜렷한 선후를 설정하기는 어렵다. 특히, 원형과 장방형의 묘역지석묘가 한 묘구에서 세트로 조성된 것이 많기 때문에 향후 많은 자료가 검토되어야 할 것이다. 묘역의 형태적 의미에 대해서는

---

18) 일부 유적에서는 주구 내에서 매장주체부가 2기 이상 확인된 경우도 있다. 산청 하촌리 유적, 진주 대평리 옥방 8지구 유적 등이다.

19) 청동기시대 전기 유적인 춘천 천전리 유적이나 홍천 철정리 유적에서 확인된 주구묘역은 길이가 40m가 넘으며, 영남 지역 주구 묘역도 대부분 5~25m 정도로 규모가 크다.

20) 구획 석축은 분구형 지석묘 축조에 주로 사용된다.

다양한 견해들이 제시되고는 있지만 그 의미에 대해서는 정확히 밝혀진 바가 없다. 다만 산청 매촌리 유적[21]에서 원형과 장방형 묘역의 의미에 대한 약간의 실마리가 확인되었다. 산청 매촌리 유적에서는 원형묘역과 장방형묘역이 세트를 이루면서 확인되었는데, 특이한 것은 외형적인 형태는 모두 묘역지석묘이지만 원형의 묘역지석묘에만 매장주체부를 설치하고 장방형의 묘역지석묘에는 아무런 시설이 없는 것이다. 이는 원형 묘역지석묘는 분묘로 사용하고 장방형 묘역지석묘는 다른 용도로 사용한 것으로 볼 수 있는데, 형태와 구조적으로 볼 때 다른 지역에서 확인된 제단 지석묘와 같다. 즉, 한쪽은 분묘기능, 한쪽은 제단기능으로 사용한 것이다. 물론 산청 매촌리 유적을 특수한 형태의 지석묘군으로 볼 수도 있겠지만 묘역을 다양한 기능으로 사용한 사례로 생각된다. 따라서 산청 매촌리 유적의 사례와 지금까지 조사된 묘역의 형태를 종합해 보면 원형과 장방형이라는 개별 묘역의 형태보다는 집단의 장법이나 축조자의 의도에 따라 다양한 의미로 축조되었을 것으로 보인다.[22] 묘역 축조는 묘역 형태가 원형과 장방형으로 형태가 정교하기 때문에 축조 과정에 '기학학적 원리'가 사용되었을 것으로 추정되며, 이는 묘역 축조가 계획적이고 과학적인 축조 공정으로 이루어졌음을 알 수 있다.[23] 특히, 구획 석축

---

21) 우리문화재연구원, 2011, 『산청 매촌리유적』.

22) 원형과 장방형의 묘역형태는 나름의 특별한 의미가 있겠지만, 축조집단에 따라 분묘기능, 제단기능 등 형태에 관계없이 다양한 기능으로 사용되었다면, 묘역은 형태적 의미보다는 기능적 의미가 보다 중요했을 것으로 생각된다.

에서 '들여쌓기' 기법을 이용하여 묘역의 상부 하중과 내부압력을 보다 견고하게 지탱할 수 있게 한 것은 대규모 묘역을 축조할 수 있는 기술력의 한 단면을 보여준다.[24) 묘역의 내부를 채우는 방법도 무질서하게 채우는 것이 아니라 묘역의 형태나 면적에 따라 돌의 크기나 형태 등을 선별하고 일정한 패턴으로 순차적으로 채운다.[25) 묘역지석묘의 매장주체부는 석축석관, 상형석관, 목관, 토광, 목석관 등이며, 이 중 석축석관이 가장 많이 설치된다. 이는 일반 지석묘의 매장주체부 특징과 같다. 다만 묘역지석묘 중에서 규모가 크거나 극대화된 묘역지석묘일 경우에는 일반적인 매장주체부보다 규모가 커지고, 묘광은 다단굴광, 개석은 다중개석이 채용되는 경우가 많다.[26) 하지만 다단굴광, 다중개석, 충전석 및 충전토의 사용은 점차 일반적인 지석묘나 소형 지석묘에도 채용되는데, 이는 축조기술이 점차 보편화되었음을 의미한다.

영남 지역 묘역지석묘의 특징을 정리해 보면, 첫째, 분포권의 집중화로 영남의 서부 지역인 경남 지역에 집중적으로 분포한다. 둘째,

---

23) 윤호필·장대훈, 2009a, 「석재가공기술을 통한 청동기시대 무덤 축조과정 연구」, 『韓國考古學報』 70, 韓國考古學會.

24) '들여쌓기' 공법이 적용된 유적은 창원 덕천리 유적 1호 지석묘, 진주 가호동 유적, 창원 동읍 유적, 김해 율하리 유적 등에서 확인된다.

25) 채우는 방법은 포석, 적석, 성토 등이 있다.

26) 지석묘의 규모가 커지만 그에 따른 세부 속성들의 규모가 커지거나 복잡해지는 것은 일반적인 경향이지만 모든 속성에 일률적으로 적용되지는 않는다. 이는 속성 변화가 다양하게 나타나는 것을 의미한다.

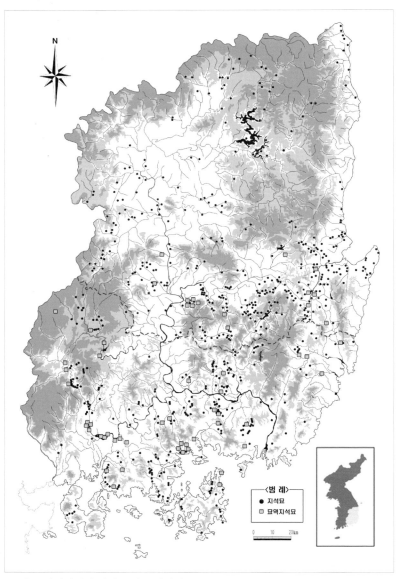

〈그림 2〉 영남지역의 지석묘 및 묘역지석묘 분포

구조의 다양성과 차별성이다. 묘역지석묘는 전기에 비해 중기에 형식과 구조의 다양성이 나타나는데, 송국리문화의 영향으로 생각된다. 그것은 묘역지석묘에 송국리형 묘제의 요소들이 채용되고 나아가 대규모 취락 조성과 농경활동으로 일반 지석묘와 차별화된 묘역지석묘들이 등장하게 된다. 셋째, 교통로상의 입지로 해안과 가까운 구릉이나 하천변(합수부)에 주로 한다. 이는 바다와 하천을 매개로 주변 지역과 활발한 네트워크 관계가 설정되기 때문에 묘역지석묘의 축조 형태나 기능도 보다 강화되었을 것으로 생각된다. 특히, 바다를 통한 네트워크 관계는 한반도에서 지석묘의 밀집도가 가장 높은 전남해안 지역과 연결되어 있어 경남 지역 묘역지석묘 축조에도 많은 영향을 준 것으로 볼 수 있다.

〈표 6〉 영남 지역 주요 묘역지석묘의 속성 분석(윤호필 2010a, 수정)

지역	연번	유적명	유적입지	분묘배치	분묘형식	상석	묘역	매장주체부		
								위치	종류	구조
경남지역	1	거창 산포	충적지	열상	위석식 개석식	괴석형 판석형	(장)방형	지상 반지하 지하	석축석관 상형석관	다중개석
	2	함양 화산리	구릉	열상	위석식	판석형	(장)방형	지상	·	·
	3	산청 매촌리	충적지	군상	개석식 제단	괴석형	혼재	지하	석축석관	·
	4	산청 하촌리	충적지	독립	주구묘	·	(장)방형	지상 지하	상형석관 석축석관	·
	5	합천 역평	충적지	독립	위석식	괴석형 판석형	(장)방형	지상 반지하	·	·
	6	합천 저포리 E지구	충적지	열상	위석식 개석식	괴석형	(장)방형	지상 지하	석축석관 상형석관	다중개석
	7	진주 대평리	충적지	열상	개석식	괴석형 판석형	(장)방형	반지하 지하	석축석관	·
	8	진주 대평리 옥방 8지구	충적지	열상	주구묘	·	혼재	지하	상형석관	다중개석
	9	진주 대평리 옥방 1지구	충적지	군상	개석식		(타)원형	반지하	석축석관	·

지역	연번	유 적 명	유적 입지	분묘 배치	분묘 형식	상석	묘역	매장주체부 위치	종류	구조
경남지역	10	진주 귀곡동 대촌	구릉	군상	개석식	판석형	(장)방형	지하	석축석관	·
	11	진주 평거 4지구(Ⅰ구역)	충적지	독립	위석식	판석형	·	지상	·	·
	12	진주 평거 3지구(Ⅱ구역)	충적지	군상	개석식	괴석형 판석형	(장)방형	지하	상형석관 토광	다단토광 다중개석
	13	진주 평거 3지구(Ⅰ구역)	충적지	열상	개석식	판석형	혼재	지하	상형석관 토광	다단토광 다중개석
	14	진주 가호동	충적지	열상	개석식	판석형	혼재	지상 지하	상형석관	다단토광 다중개석
	15	진주 호탄동	충적지	열상	개석식	괴석형	혼재	지상 지하	상형석관 목관	·
	16	진주 이곡리	충적지	군상	개석식 제단	괴석형	혼재	지상 반지하	상형석관	다중개석
	17	사천 용현	선상지	군상	개석식	괴석형	혼재	반지하 지하	석축석관	·
	18	사천 소곡리 신월	충적지	열상	개석식	판석형	혼재	반지하 지하	석축석관 상형석관	·
	19	사천 이금동	구릉	열상	개석식	괴석형	혼재	지하	석축석관 상형석관	다단토광 다중개석
	20	거제 농소	구릉	독립	개석식	괴석형	(장)방형	지하	석축석관	다중개석
	21	거제 대금리	구릉	독립	개석식 제단	괴석형	혼재	지하	석축석관	다중개석
	22	함안 도항리	구릉	독립	개석식	괴석형	(장)방형	지하	토광	다단토광 다중개석
	23	함안 동촌리	충적지	열상	개석식	괴석형		지하	석축석관	다중개석
	24	창녕 부곡 사창리	선상지	군상	·		(장)방형	·	·	·
	25	마산 현동	구릉	열상	개석식	·	혼재	지하	석축석관	다단토광
	26	마산 진동	충적지	군상	개석식	·	혼재	지상 지하	석축석관 상형석관	·
	27	마산 진북 신촌리	충적지	군상	개석식 제단	·	혼재	지하	상형석관 목관	·
	28	마산 진북 망곡리 Ⅰ	충적지	군상	지상식 제단	·	혼재	·	상형석관	·
	29	마산 진북 망곡리 Ⅱ	충적지	독립	개석식	·	혼재	지상	·	·
	30	마산 진북 망곡리 Ⅲ	충적지	열상	·	·	혼재	·	·	·
	31	창원 덕천리	구릉	열상	기반식	괴석형	(장)방형	지하	석축석관	다단토광 다중개석

지역	연번	유 적 명	유적 입지	분묘 배치	분묘 형식	상석	묘역	매장주체부 위치	매장주체부 종류	매장주체부 구조
경 남 지 역	32	창원 동읍	충적지	독립		·	(장)방형	·		
	33	창원 봉림동	충적지	열상	개석식	·	(장)방형	지하	석축석관	다중개석
	34	김해 율하	구릉	군상	개석식	괴석형	혼재	지하	석축석관 상형석관 토광 목관	다단토광 다중개석
	35	김해 패총D구	구릉	독립	개석식	·	(장)방형	지하	·	다단토광 다중개석
	36	김해 구산동	구릉	독립	개석식	괴석형	(장)방형	·	·	·
	37	밀양 금포리	구릉	열상	개석식	판석형	혼재	지하	석축석관 토광	·
	38	밀양 제대리	구릉	열상	제단	괴석형	(장)방형	·	·	·
	39	밀양 사포리 I 지구	구릉	군상	제단	괴석형	·	·	·	
	40	밀양 사포리 II 지구	구릉	군상	제단	괴석형	혼재			
	41	밀양 살내	충적지	열상	제단	괴석형	(장)방형	·	·	·
	42	밀양 신안	충적지	열상	제단	괴석형	(장)방형	·	·	·
	43	밀양 용지리	구릉	독립	제단	괴석형	(장)방형			
	44	울산 교동리	충적지	독립	개석식	·	(장)방형	·	석축석관	·
	45	울산 동천리	구릉	독립	개석식	·	(장)방형	지하	토광	·
	46	울산 천곡동	구릉	독립	주구묘	·	(장)방형			
경 북 지 역	47	청도 진라리	구릉	군상	개석식	괴석형	(장)방형	지하	석축석관	
	48	경주 화곡리	구릉	독립	제단	괴석형	(장)방형			
	49	경주 갑산리	구릉	독립	개석식	판석형	(장)방형	·	·	다단토광
	50	경산 삼성리	구릉	독립	제단	괴석형	·	·	·	
	51	대구 진천동 I	선상지	군상	개석식	괴석형	(장)방형	지하		
	52	대구 진천동 II	선상지	독립	제단	괴석형	(장)방형			
	53	대구 상인동 171-1번지	선상지	군상	개석식	·	·	지하	석축석관	
	54	대구 상인동 87번지	선상지	군상	위석식	판석형	·	지상		
	55	대구 욱수동 134번지	선상지	군상	개석식	·	·	지하	석축석관 상형석관	
	56	대구 대천동 511-2번지	선상지	군상	개석식	괴석형	(타)원형	지하	석축석관	
	57	칠곡 복성리	충적지	군상	위석식	괴석형	(장)방형	지상 지하	·	
	58	경주 전촌리 유적	곡간 평지	열상	제단	·	혼재	·	·	

2. 묘역지석묘의 특징과 의미

1) 묘역지석묘 특징

묘역지석묘의 특징을 전체적인 맥락에서 살펴보기 위해서는 먼저 지석묘의 공간적 범위에 대한 이해가 필요하며, 이를 모식도로 나타내면 〈그림 3〉과 같다. 지석묘의 공간적 범위는 매장주체부를 중심으로 수평적 범위(水平的 範圍)와 수직적 범위(垂直的 範圍)로 구분된다.[27] 수평적 범위는 분묘의 평면적 영역을 나타내는 것으로 분묘의 점유 공간을 의미하며, 묘역과 묘광 규모, 묘역 형태, 배치 형태 등을 통해 나타난다. 수직적 범위는 매장주체부를 중심으로 한 상하의 영

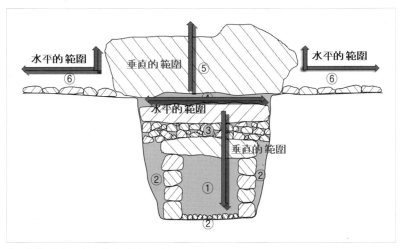

〈그림 3〉 지석묘의 공간적 범위 모식도

---

27) 윤호필, 2009a, 「청동기시대 묘역지석묘에 관한 연구」, 『경남연구』 창간호, 경남발전연구원 역사문화센터.

역으로 상석의 규모와 형태, 봉토, 묘역의 형태, 묘광의 형태와 깊이 등으로 나타난다. 양 범위를 속성별 변화와 특징을 정리하면 〈표 7〉과 같다.

수평적 범위는 전반적으로 제속성들이 다양해지고 규모가 커지는 양상이다. 특징적인 것은 개별묘역도 대형화와 극대화되지만, 개별 묘역을 서로 연접시켜 몇 개의 단위군집을 만들거나 모두 연결하여 벨트 형태로 만든 집단적 묘역 형태가 나타난다. 이러한 집단적 묘역

〈표 7〉 묘역지석묘의 공간적 범위에 따른 제속성의 변화와 특징

공간구분	특 징
수평적 범위	○ 묘역 : 다양화, 중심화, 범위의 극대화 • 묘역 형태 : (장)방형, (타)원형 • 묘역 구획 방법 : 주구, 구획석(축), 구획석(축)+주구 ⇒ 대형화 • 묘역의 배치 양상 : 열상, 연접, 군상, 독립 • 묘역의 평면적 : 확대 심화 ○ 묘광 : 확대(묘역기능) • 묘광의 평면적 : 확대 심화
수직적 범위	○ 상석 : 양극화(대형화, 소형화) 심화 • 상석의 형태 : 괴석형(대형화), 판석형(소형화) ○ 매장주체부 : 양극화(지상화, 지하화) • 매장주체부의 위치 : 지하, 반지하, 지상 ○ 묘광 : 지하화, 대형화, 복잡화, 밀봉화 • 묘광의 수직적 크기 : 지하화 심화(↓) • 묘광의 형태 변화 : 다단토광 • 묘광내 밀봉 방법 : 다중개석, 충전석, 충전토 ⇒ 구조적 변화 및 복잡화, 밀봉심화 ○ 묘역 : 입체화(상석이 기능 약화) • 묘역의 축조 방법 : 분구형 묘역(저분구형태, 기단형태) ⇒ 성토, 적석, 墳丘+葺石 • 봉토의 채용: 지상화 심화(↑)

은 묘역의 극대화를 상징적으로 보여주는 것이라 하겠다. 묘역의 대
형화, 극대화는 피장자의 권위를 표현하는 지석묘의 주된 속성인 '상
석'과 더불어 '묘역'도 중요한 표현요소가 되었음을 의미한다. 이는 극
대화된 묘광이 등장하는 것도 이와 같은 맥락으로 볼 수 있겠다.[28]

배치 형태는 묘구 내에서 개인분묘 및 가족분묘의 영향으로 열상
배치와 더불어 소군집 단위의 배치가 이루어지며, 이는 개별분묘와
소군집 분묘의 점유 양상(공간 확보)이 중요한 의미가 된다. 또한 분
묘 종류에 따라 묘구 내의 배치 양상이 다른데 이는 '위계화'의 모습
을 보여주는 것으로 파악할 수 있다.[29] 따라서 묘역지석묘는 주변 지
석묘들과 형태와 구조적으로 차별화되고, 상징적 의미가 더해져 거
석기념물의 성격이 보다 강해진다. 묘역 규모는 후기로 갈수록 절정
에 달해 일반적인 상식을 뛰어넘는 극대화된 묘역도 만들어진다.[30]
수직적 범위의 변화는 크게 지상화(地下化)와 지하화(地上化)의 양방
향으로 진행된다. 지하화는 묘광의 깊이가 후기로 갈수록 점점 더 깊

---

28) 광주 동천동 유적, 김해 율하리 유적, 경주 갑산리 유적 등이 있다.

29) 묘역지석묘와 석관묘가 묘구 내에서 혼재되어 배치되는 것이 아니라 각
각 소군집을 이루면 배치된다. 이때 묘역지석묘가 중심적 위치에 입지
한다(창원 진동 유적).

30) 일반적인 묘역지석묘의 묘역 규모는 30㎡ 내외인데 반해, 극대화된 묘
역의 규모는 김해 구산동 A2-1호 묘역지석묘는 잔존 규모만 85m(잔존)
×20m 정도이고, 창원 덕천리 유적 1호 묘역지석묘의 잔존 규모도 56.2
×17.5m 정도로 묘역의 면적이 100㎡ 이상으로 일반 묘역보다 3배 이상
넓게 축조된다.

어지며, 이로 인해 다단토광이나 다중개석이 나타난다. [31] 지상화는 매장주체부 상부에 봉분을 만들거나, [32] 대형의 상석을 설치하여 묘표적 기능을 강화하거나, 묘역을 분구형으로 축조하여 매장주체부를 지상화한다.

묘역지석묘 출토 유물은 일반적인 지석묘 출토 유물과 비슷하지만, 대체적으로 소략한 편이다. 시기적으로 살펴보면 전기에는 이단병식석검, 무경식삼각만입석촉, 적색마연토기 등이며, 중기에는 일단병식석검, 유경식석촉, 적색마연호, 곡옥, 청동기 등이 출토되었다. 전체적으로 전기는 주구묘 중심으로 일부 묘역지석묘들이 포함되며[33], 중기는 대부분의 묘역지석묘가 축조되는 시기이다. 중기의 묘역지석묘들은 대부분 주변에 송국리형 주거지가 함께 공반되어 확인되는데, 이는 송국리형문화와 밀접한 관련성을 나타내는 것으로 보인다.

---

31) 묘광이 깊어지면 바닥에 축조되는 매장주체부도 지면에서 멀리 떨어지게 된다. 이러한 축조형태는 시신을 사람이 활동하는 생활공간(지표면)에서 보다 멀리 떨어지게 하려는 의도로 생각된다; 윤호필, 2013, 「축조와 의례로 본 지석묘사회 연구」, 목포대학교대학원 박사학위논문.

32) 창원 덕천리 유적과 양산 소토리 유적에서 봉토의 흔적이 확인되었다.

33) 전기유적은 주구묘가 확인된 산청 하촌리 유적, 진주 대평리 옥방 8지구 유적과 묘역지석묘가 확인된 합천 저포리 E지구 유적, 진주 대평리 유적, 진주 이곡리 유적, 마산 망곡리 유적 II 등이 있다.

2) 묘역지석묘의 경관적 의미

분묘는 기본적으로 시신을 매장하는 시설물이자 피장자와 축조자의 사회적 권위를 외부에 알리는 기념물이다. 따라서 장송의례와 함께 분묘의 형태와 구조는 피장자와 축조자의 성격을 표현하는 수단으로 사용되며, 이에 따라 다양한 형태의 분묘가 나타나고 축조 방법도 다양해진다. 지석묘의 기본적인 축조 형태는 지상 지석묘는 경우 상석-매장주체부이며, 지하 지석묘는 상석-(지석)-매장주체부이다. 묘역지석묘는 여기에 '묘역'이라는 속성을 추가하여 보다 적극적으로 지석묘를 표현하고자 하였다. 이는 앞서 살펴본 수평적 영역과 수직적 영역의 공간적 변화를 통해 파악할 수 있다. 묘역의 기능적인 측면은 상석의 무게를 분산시켜 매장주체부를 보호하는 것이며, 상징적인 측면은 분묘의 영역을 표시하거나 분묘를 알리는 것이다. 이 중 후자는 개별분묘의 공간적 영역을 묘역확대나 묘역연접을 통해 묘구 내의 점유 범위를 조절하고 확대한다. 이는 묘구라는 한정된 공간 내에서 점유 공간의 차이가 발생하는 것으로 개별분묘나 소군집 분묘, 나아가 분묘군 간의 차이가 묘역을 통해 나타나는 것이다.[34] 즉, 점유 양상의 변화를 통해서도 분묘 간의 '위계화'를 상정할 수 있게 된다. 지석묘에 묘역을 설치함으로써 점유 공간과 외형적인 형태가 일반적인 지석묘와는 전혀 다르게 표현되는 것이다.

묘역지석묘의 외형적 표현은 매장주체부의 위치에 따라 크게 지상 지석묘와 지하 지석묘로 나눌 수 있다. 지상 지석묘는 피장자를

---

34) 분묘의 점유 양상을 통해 차별성과 더불어 친밀성도 파악할 수 있다.

지상에 매장하는 방식으로 생자의 공간(생활 공간)에 위치하게 된다. 이는 생자가 사자를 직접적으로 인식할 수 있도록 한 것으로 피장자와 축조자의 권위를 가장 적극적으로 표현한 방법으로 볼 수 있다. 따라서 기본적인 표현 방법도 매장주체부를 지상에 적극적으로 드러나게 하여 외부에서 피장자를 보다 쉽게 인지할 수 있도록 하는 것이다. 이는 수직적 범위 요소인 상석과 매장주체부를 보다 높고 크게 축조하려는 경향을 보인다. 여기에 수평적 범위 요소인 '묘역'을 추가적으로 설치함으로써 점유 공간이 확대되어 분묘의 성격을 보다 적극적으로 알리는 효과와 함께 주변 지석묘들과 차별화된 기념물적 성격의 지석묘가 된다.[35] 지하 지석묘는 피장자가 지하에 매장되는 형식으로 생자의 공간과 분리되어 있다. 이는 외부에서 피장자를 직접적으로 대면할 수 없기 때문에 지면에 노출된 제속성을 통한 간접적인 방법으로 인식한다. 지하식은 기본적으로 수직적 범위의 변화가 많은데, 상석의 규모가 커지거나 묘광이 깊어진다. 상석은 외형적 특성상 묘표적 기능, 제단적 기능, 표지적 기능(교통로, 경계, 특수공간) 등으로 다양하게 인지되며, 묘광 내부는 매장주체부가 깊이 내려가면서 다단굴광, 다중개석, 충전석(충전토) 밀봉 등이 나타난다.[36]

---

35) 분구형 지석묘는 구획석(축)의 내부를 돌이나 흙으로 가득 채워서 분구 형태로 만들기 때문에 분묘 영역이 입체적으로 명확하게 인식된다. 따라서 매장주체부와 더불어 상석을 보다 돋보이게 하는 역할도 한다.

36) 묘광이 깊어지는 것은 死者와 生者의 공간을 분명하게 구분하기 위한 장송의례의 영향으로 생각된다. 그것은 시신을 사람이 활동하는 생활공간(지표면)에서 보다 멀리 떨어지게 하려는 의도가 있는 것으로 보인다.

여기에 수평적 범위 요소인 '묘역'을 추가적으로 설치하여 상석과 함께 분묘의 성격을 간접적으로 알리는 수단으로 사용된다. 또한 점유 공간의 확대 역시 주변 지석묘들과 차별화된 기념물적 성격을 가지게 한다.

묘역은 지상 지석묘나 지하 지석묘 모두에서 분묘의 기능을 보다 효과적이고 적극적으로 표현하기 위한 추가적인 방법으로 사용되었음을 알 수 있다. 특히, 지석묘의 각 형식에 묘역을 설치함으로써 수직적 범위의 요소가 많았던 지석묘의 경관적 의미를 수평적 범위까지 확대한 것으로 중요한 의미가 있다. 즉, 묘역의 설치는 분묘(피장자와 축조자)의 성격을 외부에 보다 적극적으로 알리고자 하는 방편으로 사용되었던 것으로 이해할 수 있으며, 이를 위해 '기념물적 분묘'로서의 기능을 더욱 강화한 것으로 생각된다. 또한 묘역의 설치로 인해 지석묘들의 점유 형태가 차별화 되면서 위계화의 진행도 심화되었던 것으로 보인다.

또한 이 과정에서 생자(지상)와의 단절을 위해 다단토광이 나타나며, 매장주체부는 다중개석, 충전석(충전토)을 사용하여 밀봉한다; 윤호필, 2013, 「축조와 의례로 본 지석묘사회 연구」, 목포대학교대학원 박사학위논문.

Ⅳ. 맺음말

영남 지역에 분포하는 지석묘들의 경관을 분포와 입지, 구조와 형식, 출토 유물을 통해 검토하여 영남 지역 지석묘의 특징을 파악하였다. 분묘형식에서는 지하 지석묘인 개석식 지석묘가 주된 묘제로 이용되며, 탁자식 지석묘는 경남 지역과 경북 지역 각 1기씩만 확인되어 예외적인 묘제로 파악된다. 분포와 입지 양상은 해안 지역(해안구릉과 곡간평지)과 내륙 지역(충적지, 곡간평지, 선상지 등)은 구분된다. 경남은 해안 지역이 중심이며, 내륙 지역도 주로 해안과 연결된 하천을 중심으로 분포하는데 반해, 경북 지역은 내륙 지역을 중심을 분포하며, 해안 지역은 포항 지역 일부를 제외하면 드문 편이다. 세부 속성은 지석묘의 모든 구조적 속성이 확인되며, 전체적으로 경남 지역이 경북 지역에 비해 구조의 다양성과 복잡성이 더 두르러진다. 이는 대규모 지석묘군이나 극대화된 지석묘의 분포가 더 많은 것으로도 이해할 수 있다. 기념물적 분묘의 대표적인 묘제는 '묘역지석묘'로서 지석묘의 각 형식에 '묘역시설'을 설치하여 분묘의 기능을 보다 효과적이고 적극적으로 표현하여 기념물적 기능을 강화 하는 것이다. 지석묘는 기본적으로 수직적 범위의 속성들이 주가 되어 축조되는데, 여기에 지석묘의 경관을 수평적 범위까지 확대하여 피장자와 축조자의 성격을 외부에 보다 적극적으로 알리는 동시에 기념물적 분묘로서 의미화 한다. 또한 묘역의 설치는 분묘 공간에 대한 차별화를 심화시키는 역할도 한다. 이러한 양상은 양 지역의 지리·지형적인 요건 차이가 지석묘 분포에 많은 영향을 준 것으로 볼 수 있으며, 구조적으로는 송국리문화의 전개 양상과 밀접한 관련성이 있는 것으

로 생각된다. 그것은 발달된 농경문화를 바탕으로 경작지와 대규모
의 취락지를 조성한 송국리문화가 지석묘문화와 결합하면서 지석묘
에 새로운 다양성을 부여한 것으로 보인다.[37] 또한 경남 지역은 이러
한 송국리형문화의 종착지로서 보다 활발하게 지석묘문화와 결합된
것으로 생각되며, 특히 묘역시설을 지석묘에 적극적으로 채용한 것
으로 보인다.

---

37) 윤호필, 2010b, 「농경으로 본 청동기시대의 사회」, 『경남연구』 3, 경남발
   전연구원 역사문화센터.

참고문헌

강동석, 2012, 「GIS를 이용한 남한지역 지석묘의 분포현황 분석」, 『동
　　북아시아 지석묘 –한국 지석묘(북한편)』 4, 국립나주문화재연구
　　소.

경남발전연구원 역사문화센터, 2008, 『마산 진동유적 I』.

경남발전연구원 역사문화센터, 2010, 『경남의 청동기시대 문화』경남
　　문화총서1.

김광명, 2003, 「경북지역의 지석묘」, 『지석묘 조사의 새로운 성과』, 제
　　30회 한국상고사학회 학술발표대회, 한국상고사학회.

김광명, 2004, 「경북지역 지석묘과 보존현황」, 『세계 거석문화와 지석
　　묘』, 동북아지석묘연구소.

김권구, 1999, 「다.경상북도」, 『한국 지석묘(지석묘)유적 종합조사·연
　　구(II)』, 문화재청·서울대학교박물관.

김권중, 2007, 「강원지역 청동기시대 묘제와 고인돌」, 『아시아 거석문
　　화와 고인돌』동북아지석묘연구소.

김승옥, 2006, 「묘역식(용담식) 지석묘의 전개과정과 성격」, 『한국상고
　　사학보』 제53호, 한국상고사학회.

노혁진, 1986, 「적석부가지석묘의 형식과 분포 –북한강유역의 예를 중
　　심으로」, 『한림대학논문집』 제4집 인문·사회과학편, 한림대학교.

동북아지석묘연구소, 2004, 『세계거석문화와 지석묘 –그 보존과 활용』.

문화재연구소, 1994, 『진양 대평리유적』.

문화재청, 2009, 「문화재청 주요업무 통계자료집」.

민선례, 2007, 「경북지역 청동기시대 묘제와 지석묘」, 『아시아 거석문

화와 지석묘』, 동북아지석묘연구소.

사회과학원, 2002, 『조선의 고인돌무덤연구』, 중심.

석광준, 1995, 「평양일대에서 새로발굴된 고인돌과 돌관무덤에 대하여」, 『조선고고연구』 95-1.

안재호, 2012, 「묘역식지석묘의 출현과 사회상 -한반도 남부의 청동기시대 생계와 묘제의 지역성」, 『호서고고학』 26, 호서고고학회.

우명하, 2013, 「영남지역 묘역지석묘의 전개」, 영남대학교대학원 석사학위논문.

우리문화재연구원, 2011, 『산청 매촌리유적』.

윤성현, 2013, 「경남지역 묘역식 지석묘에 대한 연구」, 동아대학교대학원 석사학위논문.

윤호필, 2004, 「경남지역 지석묘과 보존현황」, 『세계 거석문화와 지석묘 -그 보존과 활용-』, 동북아지석묘연구소.

윤호필, 2009a, 「청동기시대 묘역지석묘에 관한 연구」, 『경남연구』 창간호, 경남발전연구원 역사문화센터.

윤호필, 2009b, 「영남지역 지석묘 발굴자료와 보존활용」, 『발굴된 지석묘유적의 보존과 활용』, 동북아지석묘연구소.

윤호필, 2009c, 「청동기시대의 무덤 및 매장주체부 재검토 -김해 율하리유적을 중심으로-」, 『한국청동기학보』 제5호, 한국청동기학회.

윤호필, 2010a, 「영남지역 묘역지석묘의 변천과 성격」, 『한일고고학의 신전개』, 영남고고학회·구주고고학회.

윤호필, 2010b, 「농경으로 본 청동기시대의 사회」, 『경남연구』 3, 경남발전연구원 역사문화센터.

윤호필, 2012, 「청동기시대 장송의례의 재인식」, 『무덤을 통해 본 청동기시대 사회와 문화』, 학연문화사.

윤호필, 2013, 「축조와 의례로 본 지석묘사회 연구」, 목포대학교대학
　　원 박사학위논문.

윤호필·장대훈, 2009a, 「석재가공기술을 통한 청동기시대 무덤 축조
　　과정 연구」, 『韓國考古學報』 70, 韓國考古學會.

윤호필·장대훈, 2009b, 「청동기시대 묘역지석묘의 복원 실험을 통한 축
　　조과정 연구」, 『야외고고학』 제7호, 한국문화재조사연구기관협회.

이상길, 1996, 「청동기시대 무덤에 대한 일시각」, 『碩晤尹容鎭敎授停
　　年退任紀念論叢』.

이수홍, 2007, 「경남지역 청동기시대 묘제와 지석묘」, 『아시아 거석문
　　화와 지석묘』, 동북아지석묘연구소.

이성주, 1999, 「라.경상남도」, 『한국 지석묘(지석묘)유적 종합조사·연
　　구(Ⅱ)』, 문화재청·서울대학교박물관.

이성주, 2012, 「儀禮, 記念物, 그리고 個人墓의 발전」, 『호서고고학』 26.

이세주, 2002, 「영남지방의 지석묘 연구」, 계명대학교대학원 석사학위
　　논문.

이영문, 1993, 「全南地方 支石墓 社會의 研究」, 韓國敎員大學校大學院
　　博士學位論文.

이영문, 1999, 「지석묘의 보존과 활용방안」, 『호남의 문화유산 그 보존
　　과 활용』, 학연문화사.

이영문, 2008, 「지석묘유적의 보존 현황과 활용방안」, 『문화유산의 보
　　존과 활용』, (재)호남문화재연구원.

이영문, 2012, 「한국 지석묘 조사현황과 연구과제」, 『동북아시아 지석
　　묘 -한국 지석묘(북한편)』 4, 국립나주문화재연구소.

이은경, 2013, 「경남지역 청동기시대 구획묘의 연구」, 부산대학교대학
　　원 석사학위논문.

이주헌, 2000, 「대평이형 석관묘고」, 『경북대학교고고인류학과20주년
　　기념논총』, 경북대학교 고고인류학과.

하문식, 1990, 「한국 청동기시대 묘제에 관한 한 연구 -고인돌과 돌
　　깐무덤을 중심으로」, 『박물관기요』 6, 단국대중앙박물관.

하인수, 2003, 「남강유역 무문토기시대의 묘제」, 『남강 남강유적과 고
　　대일본』, 경상남도·인제대학교가야문화연구소.

한국상고사학회, 2003, 『지석묘 조사의 새로운 성과』 제30호, 한국상
　　고사학회 학술발표대회요지, 한국상고사학회.

* 발굴조사보고서(〈표 6〉과 동일)

01·05. 동의대학교박물관, 1987, 『거창·합천 큰돌무덤』.

02. 경남발전연구원 역사문화센터, 2007, 『함양 화산리유적』.

03. 우리문화재연구원, 2011, 『산청 매촌리유적』

04. 경남발전연구원 역사문화센터, 2011, 『산청 하촌리유적』.

06. 부산대학교박물관, 1987, 『합천 저포리E지구유적』.

07. 국립문화재연구소, 1994, 『진양 대평리유적』.

08. 국립창원문화재연구소, 2003, 『진주 대평리 옥방8지구선사유적Ⅰ』.

09. 경남고고학연구소, 2002, 『진주 대평옥방1·9지구 무문시대집락』.

10. 부산광역시립박물관 복천분관, 1998, 『진주 귀곡동 대촌유적』.

11. 경남발전연구원 역사문화센터, 2012, 『진주 평거4-1지구 유적 』
　　Ⅰ~Ⅲ.

12. 경남문화재연구원, 2012, 『진주 평거동 유적』Ⅰ~Ⅳ.

13. 경남발전연구원 역사문화센터, 2011,『진주 평거3−1지구 유적 』
    Ⅰ～Ⅳ.

14. 동서문물연구원, 2011,『진주 가호동 유적』上·下.

15. 동아세아문화재연구원, 2012,『진진주 호탄동 유적』

16. 동아세아문화재연구원, 2007,『진주 이곡리 선사유적Ⅰ』.

17. 경남발전연구원 역사문화센터, 2010,『사천 덕곡리유적』.

18. 단국대학교박물관, 1988,『소곡리 신월의 청동기시대 무덤』.

19. 경남고고학연구소, 2003,『사천 이금동유적』.

20. 경남고고학연구소, 2007,『거제 농소유적』.

21. 경남고고학연구소, 2009,『거제 대금리유적』.

22. 창원문화재연구소, 1996,『함안 암각화고분』.

23. 경남발전연구원 역사문화센터, 2002,『함안 군북동촌리지석묘 발
    굴조사결과보고서』.

24. 우리문화재연구원, 2007,『창녕 사창리유적』.

25. 동서문물연구원, 2012,『마산 현동유적Ⅰ』.

26. 경남발전연구원 역사문화센터, 2008,『마산 진동유적Ⅰ』.

27. 동아세아문화재연구원, 2008,『마산 진북 신촌 망곡리유적』.

28. 동아세아문화재연구원, 2008,『마산 진북 신촌 망곡리유적』.

29. 경남발전연구원 역사문화센터, 2009,『마산 진북 망곡리유적Ⅰ』.

30. 우리문화재연구원, 2010,『마산 망곡리유적』.

31. 경남대학교박물관, 2013,『덕천리』.

33. 한국문물연구원, 2009,『창원 봉림동유적Ⅰ』.

34. 경남발전연구원 역사문화센터, 2009,『김해 율하리유적Ⅱ』.

35. 樋本杜人, 1957,「김해 패총의 옹관과 상식석관 −김해패총의 재

검토」,『고고학잡지』제43권1호, 일본고고학회.

36. 경남고고학연구소, 2010,『김해 구산동 유적Ⅸ -무문시대 집락 -』.

37. 동아세아문화재연구원, 2008,『밀양 금포리유적』.

38. 동서문물연구원, 2011,『밀양 제대리유적Ⅰ』.

39. 경남발전연구원 역사문화센터, 2010,『밀양 사포리유적』.

40. 동서문물연구원, 2011,『밀양 전사포리유적』.

41. 경남발전연구원 역사문화센터, 2005,『밀양 살내유적』.

42. 경남발전연구원 역사문화센터, 2006,『밀양 신안유적』.

43. 우리문화재연구원, 2010,『밀양 용지리 유적』.

44. 울산문화재연구원, 2007,『울산 교동리 수남유적』.

45. 울산문화재연구원, 2006,『울산 동천리유적』.

46. 울산문화재연구원, 2009,『울산 천곡동가재골유적』.

47. 영남문화재연구원, 2005,『청도 진라리유적』.

48. 성림문화재연구원, 2006,『경주 화곡리유적』.

49. 경상북도문화재연구원, 2006,『경주 갑산리유적』.

50. 영남문화재연구원, 2005,『경산 삼성리유적』.

51. 영남문화재연구원, 2003,『대구 진천동유적』.

52. 경북대학교박물관, 2000,『진천동·월성동 선사유적』.

53. 영남문화재연구원, 2006,『대구 상인동171-1번지유적』.

54. 영남문화재연구원, 2008,『대구 상인동87번지유적』.

55. 영남문화재연구원, 2009,『대구 대천동 511-2번지유적Ⅰ』.

56. 영남문화재연구원, 2004,『대구 욱수동134유적』.

57. 영남문화재연구원, 2001,『칠곡 복성리지석묘군』.

58. 경상북도문화재연구원, 2015,『경주 전촌리유적』.

〈그림 4〉 사천 이금동 유적(연접묘역)

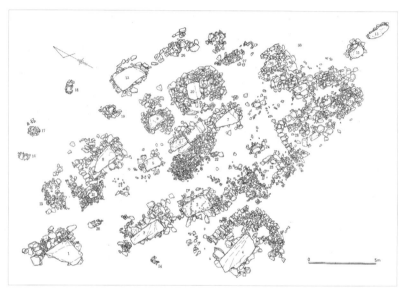

〈그림 5〉 거창 산포 유적(열상묘역)

〈그림 6〉 김해 율하리 유적 A-2호(묘광 확대)

〈그림 7〉 경주 갑산리 유적(묘광 확대)

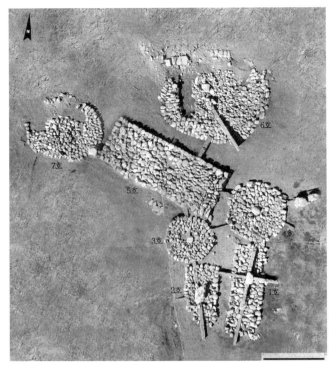

〈그림 8〉 산청 매촌리(지석묘+제단 기념물)

〈그림 9〉 밀양 살래 유적(제단 기념물 및 암각화)

〈그림 10〉 경주 전촌리 유적(제단 기념물)

〈그림 11〉 진주 초장동 유적(제단 기념물)

〈그림 12〉 창원 덕천리 유적 1호(거대 묘역)

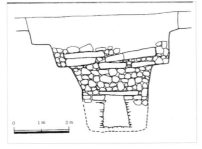

〈그림 13〉 창원 덕천리 유적 매장주체부
(다단토광 및 다중개석)

〈그림 14〉 김해 구산동 유적
(거대묘역 및 거대상석)

〈그림 15〉 창원 진동 유적 A-1호(분구형 지석묘)

〈그림 16〉 진주 가호동 유적(분구형 지석묘)

일본의
거석묘 축조와
운반구

·

가종수

슈지츠 대학

I. 머리말

1978년 일본 오사카부 후지이데라시 밋츠즈카(大阪府 藤井寺市 三ッ塚) 고분의 환호 아래서 고대 운반 도구 수라(修羅)가 발견되어 큰 화제가 된 적이 있었다. 현재 출토한 대형 수라는 오사카후리츠찌 카츠아스카(大阪府立近つ飛鳥) 박물관, 소형 수라는 후지이데라시리 츠(藤井寺市立) 도서관에 전시되어 있다. 이러한 고대 거석 운반구의 출토를 계기로 일본에서는 거석 운반과 관련하는 많은 사료가 알려지게 된다.

거석 운반구인 수라의 실물은 한국에서 발견된 사례가 없어서 오랫동안 수수께끼인 채로 남아 있었는데 밋츠즈카 고분의 수라는 우리나라 고대 석재 운반 연구에 중요한 참고자료이다. 주지하는 바와 같이 5세기경 일본의 고분시대는 한반도의 영향을 많이 받은 시대로 특히 거대고분의 조영은 한반도에서의 이주민이 큰 역할을 했다. 따라서 일본의 고대 운반구인 수라의 발견은 한반도의 지석묘사회와 문화 연구에 시사하는 바가 크다. 『국학도감』에는 거석 운반구 끌개 (한자로 駒板), 썰매(雪馬)가 소개되어 있었는데 일본의 수라는 우리 나라의 끌개와 유사하다.

본고는 일본의 거석 운반구 수라와 세계 각지에서 발견된 거석 운 반구 썰매 사료를 중심으로 소개하고, 민족학적인 인도네시아 숨바 섬의 지석묘 축조(채석, 운반, 축조) 사례 연구와 대비하여 선사·고 대의 거석 운반의 실체를 규명하고자 한다.

Ⅱ. 일본의 거석 운반구 수라

1. 수라의 명칭

거석 운반구 수라(修羅)에 대해서는 천문 원년(天文元年, 1532)에 완성한 중세의 대표적인 백과사전 『塵添壒囊砂』 3권에 다음과 같은 기록이 있다.

五十四 脩羅ノ事
石引物ヲシュラト云ハ何事ソ
帝澤大石ヲ動カス事脩羅ニアラズハアルベカラズ
仍テ名ツクト云云
加様ノ戯事ハ聲ホドノ違ハ
苦敷カラヌニヤ建仁寺大道二表ノ巻ト云酒アリ
門前一ト云心也

일본어로 다이샤쿠(帝釈)와 다이샤쿠(大石)는 같은 소리로, 대석=다이샤쿠(大石＝帝釈)을 움직일 수 있는 것은 수라(아수라)밖에 없다고 하는 것을 근거로, 거석 운반구를 수라라고 부르는 이름이 유래했다.

아수라(阿修羅)는 인도신화에 등장하는 인간과 신의 혼혈인 반신이다. 아수라는 원래 고대 인도의 귀신으로 수미산 아래의 바다 밑에 살며, 수미산 정상의 도리천에 사는 제석천과 끊임없이 전쟁을 반복한다. 아수라는 석가에 의해서 구원을 받은 후 불법의 수호신인 팔부중상의 하나가 된다. 일본 나라시의 고후쿠지 아수라상은 팔부중상의 대표작이다.

아수라와 신들 사이의 전쟁은 인도 신화의 바탕을 이룬다. 힌두교의 초기 경전인『리그베다』에 이미 신들과 암흑의 대적이 싸우는 이야기가 나오고, 라마야나, 마하바라타 등에서도 아수라와의 대결이 묘사된다.

불교는 힌두교의 천신과 아수라 역시 윤회를 벗어날 수 없는 존재로 보았다. 불교는 생명이 지옥도-아귀도-축생도-수라도(아수라)-인간도-천신도의 육도 위계에 따라 윤회한다고 본다. 이러한 윤회에서 벗어나지 못하는 중생은 자신이 지은 업에 따라 다음 생애에 육도 중 하나로 태어난다는 것이다.

불교에서 인드라와 아수라의 싸움을 생생하게 전하는 불경은 잡아함경이다. 인드라가 아수라의 딸을 허락 없이 취하자 격노한 아수라가 싸움을 걸어왔고 인드라는 위기에 처한다. 전투에서 패해 도망가던 인드라는 전차 앞에 금시조의 둥지가 있는 것을 보고 알을 보호해야겠다는 생각에 전차를 돌려 아수라 쪽으로 향한다. 아수라는 이

것이 인드라의 계략일 것으로 착각하고 오히려 후퇴하였고 이것으로
위기를 모면한 인드라는 아수라에게 승리한다.

2. 수라의 자료

일본에서 수라의 사용은 큰 석재나 재목을 운반할 때이며, 특히
성곽을 쌓거나, 사원과 신사의 건설 공사에 활약한 것 같다. 아츠지
모모야마(安土桃山) 시대부터 에도 시대 초기는 평지나 작은 언덕 위
에 성곽을 쌓았던 시기로 거석을 옮겨 쌓아 올린 성벽이 지금도 각지
에 남아 있다. 이러한 큰 석재의 운반에 수라가 사용되었다.

〈그림 1〉 거석 운반도(1819년, 若宮八番宮)

일본의 근세 초기는 풍속화가 활발히 그려졌던 시대이다. 성곽 공
사의 병풍 그림에 큰 석재를 운반하는 장면이 그려져 있다. 나고야시
박물관 소장(名古屋市博物館所藏)의 「축성도 병풍」(築城圖屛風)은 게
이쵸 12년(慶長, 1607)의 도쿠가와 이에야스(德川家康)가 슨푸성(駿府
城)을 축성하는 장면이다. 「V」 자형의 수라에 큰 돌을 싣고 많은 사람

〈그림 2〉「축성도 병풍」(나고야시 박물관 소장)

이 밧줄로 잡아당기며 운반하는 장면이 그려져 있다.

오카야마(岡山) 성은 덴쇼 원년(天正元年, 1573년)에 우키타 나오야(宇喜多直家)가 축성을 시작하여 1597년에 완성했다. 오카야마 시의 이시제키(石關) 녹지공원에 큰 돌과 수라의 기념물이 있다. 이 기념물은 오카야마 성 축성에 사용된 석재와 같은 이누지마(犬島)의 채석장으로부터 배로 옮겨온 돌로 만든 것이

〈그림 3〉 큰 돌과 수라의 기념물(오카야마 성)

다. 오카야마성 축성에 이누지마의 돌을 사용했던 것을 축성 4백년을 기념해서 1997년 8월 9일 10일의 이틀간, 시민들이 참가하여 이누지마 석재를 사료에 따라서 배로 실어와 수라로 운반하는「오카야마성 STONE HISTORY」를 개최했다. 이 기념물에 사용한 돌은 사료에 근거하여 배와 수라로 이누지마로부터 옮겨온 것이다.

나라겐 타카이치군 아스카무라 시마노쇼(奈良県高市郡明日香村島庄)에 있는 이시부타이(石舞台) 고분의 천정석은 어떻게 옮겨온 것일까? 이시부타이 고분은 아스카 역사 공원 내의 중앙에 위치하는 일본 최대의 방형분이다. 30여 개의 바위 총 중량은 약 2300톤으로 특히 천정석의 가장 큰 것은 약 77톤으로 만들어진 당시의 뛰어난 토목과 운반 기술을 보여준다. 이들 석재는 아스카카와(飛鳥川) 남쪽을 흐르는 후유노가와(冬野川)에서 옮겨 온 것이다.

이시부타이 고분은 분구의 성토가 완전히 남아 있지 않지만, 거대한 횡혈식 석실이 드러나 있는 독특한 형태이다. 천정석은 표면이 넓고 평평하여 마치 무대

<그림 4> 이시부타이 고분(아스카 역사 공원)

와 같이 보여 이러한 모습 때문에 예부터「이시부타이(돌 무대)」라고 불려 왔고 피장자는 분명하지 않다. 7세기 초기 권력자인 소가노 이루카(蘇我入鹿)의 할아버지 소가노 우마코(蘇我馬子)의 무덤으로 추정되고 있다.

이 거대한 천정석의 화강암은 그 무게가 약 77톤이다. 이 돌을 밋츠즈카 출토(近つ飛鳥博物館 소장)의 수라(무게 3.2톤)에 실어서 운반한다고 가정하면, 총 중량 80톤으로 계산해서, 땅 위에서 그냥 끌어당기면 42톤의 힘이 필요하다. 한 명의 성인의 평균적인 힘을 30kg로 계산하면 1,400명의 사람이 운반해야 한다. 그러나 굴림대를 사용하면 8톤 정도의 힘으로 운반할 수 있으며, 150명 정도의 사람이 있으면 운반할 수 있다. 굴림대를 사용하지 않고 지면에 나뭇가지 등을 깔았을 때에는 500명 정도의 성인 남성이 필요하다는 계산이 나왔다. 밋츠즈카 출토의 수라와 같은 목제 썰매 위에 80톤의 거석을 적재하여 굴림돌을 사용하면 200~500명의 성인 남성이 있으면 운반할 수 있다.

이러한 인원 수의 추정은 굴림대와 굴림 레일을 사용하는 것을 전제로 하고 있다. 한 명이 굴림대 한 개 혹은 굴림 레일 한 개로 옮긴다고 가정하면 1m 간격으로 굴림대를 두고, 2m의 굴림 레일을 병행해서 깔면, 1m를 진행할 때마다 2명이 필요하며, 밧줄이 25m라고 하면 최소한 50명의 인원이 필요하다. 만약 한 개의 밧줄 양쪽에서 50m를 당기면 100명이 필요하며, 50m의 밧줄이라면 운동회의 줄다리기 정도로 당기는 힘으로도 운반할 수 있다. 200~300명이 견인을 한다

石舞台

〈그림 5〉 이시부타이 고분 석재와 수라 추정도

〈그림 6〉 마스다 이와후네

〈그림 7〉 카메이시

면 50m 줄 2~3개면 충분하다. 밋츠즈카 출토의 수라는 측면에도 수라와 밧줄을 연결하는 구멍이 있어, 500명 정도가 한꺼번에 견인할 수 있다.

아스카의 마스다 이와후네(益田岩船)는 나라겐 가시하라시 시라카시죠(奈良県橿原市白橿町)에 있는 화강암의 거대한 석조물이다. 만들어진 시기나 용도 등은 알 수 없고, 카메이시(龜石), 사카후네이시(酒船) 등과 같이 아스카 수수께끼 석조물의 하나로 그중에서

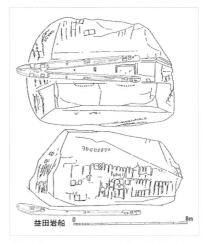

〈그림 8〉 마스다 이와후네와 수라 추정도

도 최대의 것이 이와후네이다. 동서 약 11m, 남북 약 8m, 높이 약 4.7m(북측)의 직사각형으로 가공한 것으로 동서 측면은 거의 수직에 가깝게 우뚝 솟아 있다. 상부에 폭 1.6m의 석실이 동서로 파여 있다.

이 석실은 1변 1.6m, 깊이 1.3m의 방형으로 1.4m의 간격을 두고 두 개가 만들어져 있다. 바위의 무게는 약 160톤으로 추정되며 밋츠즈카 출토의 수라로 운반이 가능하다.

3. 밋츠즈카 수라의 발굴

킨테츠 미나미오사카선 하지노사토(近鉄南大阪線の土師ノ里) 역 부근을 정점으로 하는 언덕 위에 분구 전체 길이 290m의 대형 전방 후원분 나카츠히메료((仲津姫陵) 고분이 있다. 나카츠히메료 고분 남 쪽 약 50m(大阪府藤井寺市道明寺六丁目)에 「사와다의 밋츠즈카(沢田 の三つ塚)」라고 불리는 3기의 방분이 동서로 줄지어 있다. 이 3기의 고분은 고고학상의 정식 명칭은 동쪽의 야시마즈카(八島塚) 고분, 나 카야마즈카(中山塚古) 고분, 수케타야마(助太山) 고분인데 일반적으 로 밋츠즈카로 불리고 있다.

원래 3기의 고분은 각각 환호를 가지고 있었다. 야시마즈카 고분,

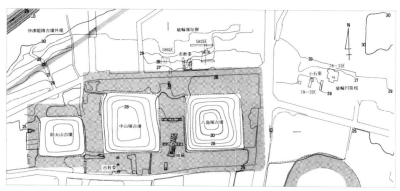

〈그림 9〉 밋츠즈카 고분 위치도

나카야마즈카 고분, 나카츠히메료 고분은 일본 궁내청이 관리하고 있다. 수케야마 고분은 일본의 국가사적으로 지정되어 있고, 환호에 해당하는 부분은 모두 민유지이었기 때문에 발굴조사가 가능했다.

야시마즈카 고분과 나카야마즈카 고분의 환호를 발굴하면서 수라가 발견되었다. 현재 오사카부립 찌카츠아스카 박물관 및 후지이데라 시립 도서관에 전시하고 있는 대소의 수라와 지렛대봉은 이 밋츠즈카 고분 안의 야시마즈카 고분과 나카야마즈카 고분 사이의 환호 아래에서 출토했다.

밋츠즈카 고분에서는 대형 수라와 소형 수라, 지렛대 봉이 출토했다. 대형 수라는 머리 부분을 제2 트렌치 부분의 북북동(중축선 방위 N15도 E)을 향한 상태로 출토했다. 출토 위치는 환호 아래에서 지면에 밀착한 상태였다. 대형 수라의 동쪽에서 지렛대 봉이 출토했다.

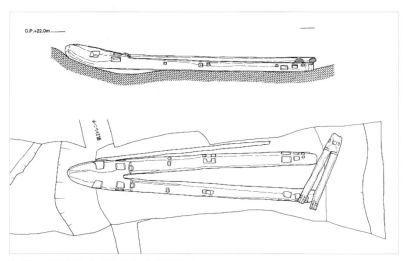

〈그림 10〉 밋츠즈카 고분의 수라 출토 도면

지렛대 봉의 머리는 큰 수라
머리 부분의 중간 정도에 위치
하고 머리 일부는 대형 수라의
밑에 놓인 상태였다. 대형 수
라의 각부 밑에서 소형 수라가
출토했다.

출토한 토용의 시기가 환호
축조 연대를 추정하는 가장 유
력한 실마리가 되어 대략 고분
조영은 5세기로 추정된다. 5세
기는 고고학의 시대 구분에 따
르면 일본의 고분 시대 중기이

〈그림 11〉 1978년 발굴 당시의 대소 수라와
지렛대 봉

다. 수라의 역할은 거석 등의 석재 운반에 사용한 것으로 밋츠즈카
출토 수라의 사용 목적은 석관의 운반으로 생각된다. 소형 수라는 가
공한 석관을 횡혈식 석실 안에 운반하는 운반구로 사용되었을 가능
성이 높다. 예를 들면 좁은 선도와 현실에 석관을 석실 내부로 운반

〈그림 12〉 밋츠즈카 출토의 소형 수라

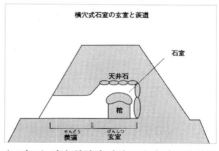

〈그림 13〉 일본 횡혈식 석실 고분의 선도와 현실

〈그림 14〉 이시부타이 고분의 선도

〈그림 15〉 이시부타이 고분의 현실

하는 데는 소형 수라가 유용하게 사용했을 것이다. 이시부타이 선도의 길이 11m, 폭 2m, 현실의 길이 7.7m, 폭 3.5m로 내부의 가형 석관은 수라를 사용하여 운반했다고 보지 않으면 안 된다. 나라겐 호류지(奈良県法隆寺) 인근의 후지노기(藤ノ木) 고분의 비좁은 석실 안에 석관을 반입한 것은 소형 수라가 있었기 때문에 가능했다.

〈그림 16〉 횡혈식 석실 고분과 소형 수라(모형, 見瀬丸山古墳, 6세기)

Ⅲ. 사료 본 거석 운반구 썰매

1. 거석의 운반구 썰매

교통이란 사람, 화물 등의 장소적 이동 즉 수송 및 전달과 관련된 직간접적인 모든 행위와 조직체계를 의미한다. 교통 수단은 도로, 운반구, 동력의 3대 요소로 구성되어 있다. 운송이란 도구를 사용해 사람 혹은 화물 등을 대량으로 옮기는 행위를 가리킨다. 운반은 옮기는 화물의 부피가 작고 양이 적다는 의미로 사람을 옮기는 의미로는 사용하지 않는다. 따라서 본고는 거석을 옮기는 행위를 운반이라 하고 그 도구를 운반구로 부른다. 거석의 운반구는 육로에서 사용하는 것으로 가마, 썰매(수라), 소와 말, 차, 물 위에서 사용하는 것은 뗏목, 배 등이 있다. 필자가 조사한 거석 운반의 사례는 도로, 운반구, 동력의 교통 수단이 필요하지만, 도로는 길을 따라서 운반하지만, 때에 따라서는 새롭게 길을 만들어서 운반하기도 한다.

1) 가마를 사용한 운반

가마는 긴 나무로 사람이나 짐을 실어 여러 명이 옮기는 운송 방법이다. 일본 가마의 고대 실물 자료는 없고, 문헌 자료에는 일본서기(『日本書紀』)의 646년 3월조(孝德天皇大化二年条)에 매장의례와 관련하여 가마의 기록이 있다. 우리나라에도 단기(單機)라는 운반용 가마가 『국학도감』에 소개되어 있다. 필자가 가마를 사용하여 거석을 운반하는 사례를 조사한 곳은 인도네시아 플로레스 섬의 누아바리 마을이다. 누아바리 마을은 경사가 심한 산악지대에 있어, 대형의 거석묘를 축조하기가 어려운 곳이다. 소형 상자식 지석묘가 주가 되고

〈그림 17〉 대나무에 석재를 탑재하여 가마 〈그림 18〉 상자식 석관을 가마에 싣고 옮기
를 만드는 장면　　　　　　　　　　　려는 장면

석재의 운반은 대나무로 가마를 만들어서 운반한다. 누아바리 마을
은 지금도 지석묘를 축조하고 있는 플로레스 섬의 유일한 마을이다.

2) 썰매(수라)를 사용한 운반

거석을 실은 수라(썰매, 스키 등으로 일본어로는 「ソリ」라고 한다)
를 사람이나 동물들이 끌어서 옮기는 방법이다. 민족학에서는 수라
를 크게 눈썰매(스키)와 땅 썰매(수라)로 분류하는데, 눈썰매는 북극
지방의 이누이트 족의 개가 끄는 썰매가 유명하고 일본에서는 눈썰
매를 사용하여 목재와 석재를 운반했던 자료가 남아 있다.

땅 위에서 거석 혹은 목재를 운반하는 데 사용하는 운반구의 대표
적인 예가 수라이다. 야요이 시대(弥生時代)의 수라는 비교적 소형으
로 좌우에 2장의 활주 판(滑走板)을 연결한 조립식이고 그 후의 고분
시대의 수라는 한 그루의 나무가 두 갈래로 갈라진 목재를 사용하고
비교적 대형이다. 야요이 시대의 수라 실물 자료로는 오사카후 키토
라가와 유적(大阪府鬼虎川遺跡)과 나가사키겐 사토다바루 유적(長崎
県里出原遺跡)에서 출토했다. 고분 시대의 수라 실물 자료는 오사카

〈그림 19〉 눈썰매로 목재를 운반하는 그림(出羽の国村山雪景図絵, 19세기 작)

후 밋츠즈카(大阪府三ッ塚) 고분, 교토후 로구온지(京都府鹿苑寺) 경내에서 발견되었다. 교토부 로구온지 경내에서 발견된 수라는 전체 폭 3.5m, 전체 길이 4.7m로 한 그루의 나무가 두 갈래로 갈라진 목재를 사용했다.

역사적으로 일본 열도 전체를 두고 보면 죠몬(繩文) 시대 만기부터 야요이(弥生) 시대에는 서일본의 지석묘를 제외하면 거석을 사용한 유적은 별로 찾아볼 수 없다. 죠몬 시대에서 야요이 시대는 석재보다는 큰 목재를 운반하는데 스키형의 수

〈그림 20〉 나가사키겐 사토다바루 유적의 2호와 3호 지석묘

〈그림 21〉 일본의 지석묘(長崎県平戸田助) 〈그림 22〉 다테츠키(楯築) 유적(岡山)

라가 많이 사용되었을 가능성이 크다. 그리고 야요이 시대에서 고분 시대가 되면 일본 각지에서 수혈식 석실과 횡혈식 석실, 석관 등 대형 석재가 수라를 사용해서 운반하게 된다. 고분시대의 석실과 석관의 거석 채석, 운반, 가공 및 축조는 한반도 남부의 영향을 받은 것은 부정할 수 없다. 야요이 시대에서 고분 시대의 최대 분구 묘의 대표적인 유적이 오카야마 다테츠키(楯築) 유적으로, 분구 정상에는 3m가 넘은 입석이 세워져 있다.

수라의 형태는 크게 「ㅂ」자형, 「Y」자형, 「V」자형으로 분류할 수 있다. 「Y」자형과 「V」자형의 수라는 지금도 인도네시아의 숨바 섬에서 거석 운반에 사용되고 있고, 「Y」자형의 적당한 나무가 없으면 두 개의 목재를 조립하여 만들어 사용하기도 한다. 『국학도감』에 소개된 우리나라의 수라는 「V」자형으로 끌개, 구판(駒板)이라고 한다. 일본에서 사용하는 거석 운반구 수라라는 용어는 순수한 우리말로 끌개로 부르는 게 타당하다.

거석 운반구인 수라는 출토 유물과 지석묘를 종합적으로 고려하면 일본에서는 규슈(九州) 지방을 중심으로 해서 야요이 시대부터 사용한 것은 확실하다. 우리나라에서는 대형 지석묘의 존재를 생각하면 수라가 청동기 시대부터 사용했던 것을 알 수 있다. 〈그림 27〉, 〈그림 28〉, 〈그림 29〉는 우리나라 청동기 시대의 지석묘 석재 운반과 축조하는 과정을 추정 복원한 그림으로 일반적으로 널리 알려졌고

〈그림 24〉「Y」자형 수라의 조립 장면(숨바섬)

〈그림 25〉「V」자형 수라(밋츠즈카 고분)

〈그림 23〉「ㅂ」자형 수라(이집트, 기원전 22–21세기)

많이 인용하는 그림이
다. 그러나 이 세 그림
에는 사료와 민족학적
자료에 입각한 근거가
없고 많은 문제점을 내
재하고 있다.

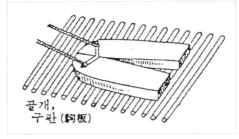

〈그림 26〉 우리나라의 끌개(『국학도감』)

우선 〈그림 27〉은 지
석묘 상석을 운반하는 추정 복원도이다. 가장 큰 문제는 대형 수라
위에 큰 지석묘 석재가 탑재되었음에도 불구하고 그것을 운반하는
사람이 29명밖에 그려져 있지 않다는 점이다. 정확한 인원수를 전부
그리라는 뜻이 아니라 좀 더 많은 사람을 표현해야만 한다. 또 하나
의 큰 문제는 수라 위에 석재를 올려놓고 끌어당기는 장면이다. 고고
학, 민족학 사례는 통상 수라와 적재한 석재는 밧줄로 단단히 묶어
고정하는 방법이다.

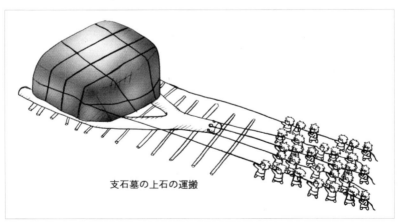

〈그림 27〉 지석묘 상석 운반(추정 복원도)

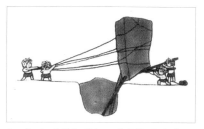 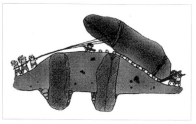

〈그림 28〉 지석을 세우는 장면(추정 복원도)   〈그림 29〉 상석을 끌어 올리는 장면
(추정 복원도)

　나고야시 박물관 소장(名古屋市博物館所蔵)의 「축성도 병풍」(築城圖屛風)과 에도 시대의 부조(목제 상자, 에도 시대)에는 「V」 자형의 수라 머리 부분에 횡목을 고정하여 수라 머리 부분의 중압을 분산시키고 사람들이 견인 작업 공간을 확보한 것을 알 수 있다. 여하튼 견인하는 밧줄은 수라에 묶는 것이 일반적이다. 그 밖에도 수라에 밧줄을 매는 구멍은 밋츠즈카 고분의 수라에는 머리 부분에 하나, 그 밑의 좌우에 하나씩 총 3개가 있다. 이 3개의 밧줄을 양쪽에 2열로 늘어서서 수라를 끌어당기는 것이 일반적인 방법이다. 〈그림 28〉은 지석

〈그림 30〉 석재 운반(축성도 병풍, 부분, 나고야시 박물관 소장)   〈그림 31〉 석재 운반(목제 상자, 에도 시대)

을 세우는 장면인데 물리적으로 그림처럼 세운 지석을 어떻게 균형을 잡아서 구멍 안에 넣었는지 이해할 수 없는 그림이다. 〈그림 29〉는 상석을 끌어 올리는 장면으로 경사가 좀 더 완만하게 표현해야만 하고, 뒤에서 지렛대 봉을 사용하는 것은 매우 위험한 짓으로 현실적이지 않다. 이 세 그림은 지석묘 축조 설명의 보조 자료로 사용하려면 좀 더 고증을 통하여 사실에 가깝게 그려서 사용해야 할 것이다.

3) 수레를 사용한 운반

수레는 바퀴를 달아 굴러가게 만든 것으로 짐이나 사람을 태워 나르는 기구이다. 일본에서는 효고겐 요시다미나미 유적(兵庫縣吉田南遺跡, 7세기 말~8세기 초), 나라겐(奈良縣) 후지와라교(藤原京)와 헤이죠교(平城京)에서 차륜이 출토했다. 수원시 화성박물관 야외전시장에는 조선시대의 거중기, 도르래, 설마(雪馬)와 동차(童車)라는 운반구의 모형이 전시되어 있다. 박물관의 설명문

〈그림 32〉 거중기, 설마, 동차(화성박물관)

〈그림 33〉 설마와 동차(화성박물관)

〈그림 34〉수레로 석재를 운반하는 장면(石曳蒔絵盆), 17세기

에 「작은 물건을 실어 나르는 도구를 설마(雪馬)라고 한다. 좌우에 두툼한 판자를 둥글게 휘어지도록 깎아 6~7개의 가로대를 연결해서 사람의 힘으로 잡아당기는 도구이다. 화성 축성에는 9틀을 만들어서 사용하였다.」, 동차(童車)는 「바퀴가 작고 낮아 돌을 나르기에 적당한 도구이다. 네모틀 각 구석에 바퀴를 달고 앞뒤의 가로대에 끈을 묶어 사람이 잡아당기게 되었다. 화성 축성에는 192량을 만들어 사용할 정도로 사용 빈도가 매우 높았다.」고 설명하고 있다. 화성 축성 시에는 동차가 많이 사용된 것을 알 수 있지만, 하지만 바퀴가 달린 수레는 거석을 운반하는 데 적합하지 않다. 대형 지석묘 석재는 설마를 사용했을 가능성이 크다. 숨바 섬의 수라는 동차보다는 설마에 가까운 형태이다. 설명문에는 '작은 물건을 나르는 도구'를 설마라고 한다고 적혀 있지만, 축성용의 비교적 큰 석재를 운반했을 가능성이 크다. 좌우에 두툼한 기둥을 둥글게 휘어지도록 깎아 6개에서 7개의 가로대를 연결해서 잡아당기는 운반구로 숨바섬의 'ㅂ자형' 수라와 아주 유사

하다. 『국학도감』에는 한자로 '雪馬'로 표기하고 우리말로 썰매로 쓴 점이 주목된다.

4) 뗏목과 배를 사용하는 운반

뗏목은 떼를 만들어 물에 띄워 거석을 옮기는 배로 긴 삿대, 노, 돛 등으로 움직이거나 때로는 조류나 강물을 따라 이동하기도 한다. 일본에서 뗏목을 사용하여 석재를 운반한 사례는 약 400년 전에 만든 오카야마죠(岡山城)와 고라쿠엔(後楽園)의 석재들로 세도나아카이 이누지마(瀨戶內海犬島)에서 뗏목을 사용하여 운반했다고 한다. 오카야마겐 츠구리야마 고분(造山古墳, 5세기 전반)의 석관도 규슈에서 배로 옮겨온 석재로 만들어졌다.

배는 거석을 배에 싣고, 바다, 호수, 하천을 사용하여 옮기는 방법으로, 본고에서 말하는 배는 나무로 만든 배를 의미한다. 지금까지 소개한 운반 방법 중에서 가장 대량으로 석재를 옮길 수 있는 수송

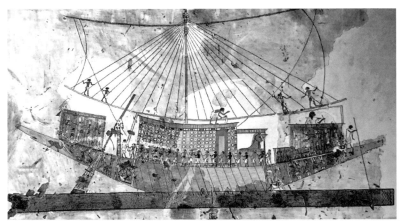

〈그림 35〉 고대 이집트의 범선 벽화(테베, 제18왕조, 샌디에이고 자연사박물관)

수단이라 할 수 있다. 목조선은 그 구조상으로 통나무배, 준구조선, 구조선으로 분류할 수 있다. 배는 기원전 8,000년전 사람이 이동하기 시작하면서 물 위에 띄는 통나무배를 타고 다닌 것이 배의 기원이다. 숨바 섬의 와누카카 해안에는 지금도 카누로 옮겨온 지석묘 석재가 남아 있다.

이집트에서는 나일 강 유역에서 자라는 파피루스 갈대로 만든 뗏배를 사용하다가 점차 대형의 구조선을 만들어 나일 강에서 큰 바다로 나가 항해하기에 이른다. 제4왕조 시대의 무덤 안에 그려진 배는 기원전 3000년경의 것으로 추정되고 있다. 돛을 좌우로 조정할 수 있는 대형 범선으로 나일 강 상류의 아스완 지방에서 50~60톤의 석재를 싣고 나일 강 하류로 운항하여 피라미드를 만들었다.

5) 동물을 사용한 운반

소나 말의 등에 짐을 실어서 옮기는 방법은 실크로드에서 많이 볼 수 있는 풍경이다. 하지만 거석을 소나 말 등에 실어서 옮기는 운반은 생각할 수 없다. 수라 혹은 수레를 사용하여 소나 말이 견인했을 가능은 배제할 수 없다. 말은 일본 구주 벽화 고분의 중요한 주제이며, 형상 토용, 토제품 등이 있어, 일본의 말은 고분 시대부터 중요한 존재였음을 알 수 있다. 그 밖에도 고분 시대의 무

〈그림 36〉 코끼리가 석재 링가를 운반하는 부조(반테이 츄마르 사원, 13세기)

〈그림 37〉 코끼리를 사용하여 석굴을 부수는 장면
(바이욘 사원, 13세기)

덤에서 마구와 마형 토용 등이 전국 각지에서 많이 발견되었다. 소와 말은 사람보다 힘과 지구력이 뛰어나 운반에 필요한 동력으로 유효하게 사용했다. 그러나 동물을 사용하는 거석

운반에는 구령에 맞춰서 순간적으로 끌어당기는 힘을 합하는 타이밍을 조절할 수 없다는 결점이 있다. 동남아시아 앙코르 유적에는 코끼리를 사용하여 석재를 운반하는 부조가 새겨져 있다. 수라나 굴림대를 사용한 흔적은 찾아볼 수 없다. 북극권 주변의 툰드라 지대와 타이가 지대에서는 개가 눈썰매를 끌어 사람과 짐을 운송하기도 한다.

2. 세계의 거석 운반

돌을 운반하여 가공 혹은 구축해서 종교적 대상물로 신앙하거나 거대한 거석을 사용해서 만든 매장 및 제사와 관련하는 유적이 세계 각지에 남아 있다. 이러한 것들은 돌의 대소를 막론하여 거석기념물(거석 유구)이라고 부르고, 이것들을 대표하는 것이 지석묘이다. 지석묘는 요르단, 이란, 인도, 동남아시아, 태평양제도, 중국, 한반도, 일본 등 각지에 다양한 유구가 존재하고 있다. 아시아대륙에서 태평양의 많은 섬에 이르는 광대한 지역에 존재하는 다양한 형태의 지석묘는 결코 같은 시대의 것들이 아니다. 어떤 지역에서는 이미 기원전

에 지석묘 조영이 사라진 곳도 있고, 어떤 지역에서는 지금도 살아 있는 지석묘문화로 존속하고 있다.

이렇듯 지구의 넓은 지역에 분포하는 지석묘는 선사시대의 아주 오래된 것이나 최근에 만들어진 것이 있을 뿐만 아니라 그 성격에도 무덤이나 제단, 기념비 같은 여러 기능이 있다. 그러나 어떤 일정한 지역에 비슷한 형태와 같은 시대, 같은 성격을 가진 지석묘가 존재하고 있는 것도 사실이다. 지역적으로 일정한 범위에 같은 시기와 같은 성격의 지석묘가 존재하고 있을 때에 한하여, 우리는 역사적인 상호 영향 관계를 인정할 수 있다. 하지만 모든 지역의 지석묘를 어떤 특정한 종족의 이동에 의한 전파의 결과로 보기에는 남겨진 과제가 산적해 있다. 적어도 현재의 자료로 보는 아시아의 지석묘를 중심으로 하는 거석문화는 몇 개의 독립적인 그룹으로 이해하는 견해도 신중하게 검토할 필요가 있다.

거석을 운반하는 데 사용한 수라(끌개)는 세계 각지에서 발견되었지만, 거석을 옮긴 구체적인 사례는 필자가 조사한 동인도네시아의 숨바 섬과 플로레스 섬, 미얀마의 친족이 유일하다. 그렇지만, 현재

〈그림 38〉 테오티와칸 유적(멕시코)   〈그림 39〉 태양의 피라미드(테오티와칸 유적)

와 같이 기계의 힘을 빌
리지 않고 사람의 힘으로
만 거석을 운반하여 구축
한 거유기념물은 세계 각
지에 존재한다. 예를 들
면 남미의 멕시코에 있는
테오티와칸 유적 안의 태

〈그림 40〉 스톤헨지(영국)

양의 피라미드는 한 변이 125m, 높이 65m의 신전이다(기원전 100년
~기원후 8세기). 이것은 이집트의 피라미드보다 규모가 크다. 서유
럽에서도 기원전 3000년경 스페인, 프랑스, 영국 제도 등에서 거석무
덤이 조영되었다. 기원전 11~17세기, 영국 스톤헨지의 가장 큰 석재
는 높이가 7m, 무게는 50톤이다. 기원전 5세기 이집트 카르낙 신전의
하트시프트 여왕 건립의 오벨리스크는 한 개의 돌로 높이가 29.5m나
된다. 그 중에서 18세기까지 채석장에서 운반, 구축까지의 과정을 잘
보여주는 것이 이스터 섬의 모아이 상이다.

1) 이스터 섬의 모아이

이스터 섬은 남태평양에 떠 있는 절해의 고도이다. 서쪽의 피트케
안(Pitcairn) 섬과는 약 1,600km, 동쪽의 칠레 해안과는 3,700km나
떨어져 있다. 이스터(Easter)라고 하는 명칭은 1722년에 네덜란드의
롯헤벤(M.J.Roggeveen)이 부활절 날에 발견했을 때 퍼스 에이란드
(Paasch Eyland)라고 명명했다. 1774년 영국의 유명한 탐험가 쿡
(J.Cook)이 방문했고, 1786년에 프랑스의 라베르즈(J.F.G.La
Perouse)가 상륙했을 때에는 거인상 대부분이 넘어져 있었다. 그리

고 1888년 이래 칠레령이 되고 파스크아(Pascua) 섬으로 불렸다. 그러나 섬사람들은 폴리네시아어로 라파누이(RapaNui)라고 한다.

이스터 섬의 형상은 라노 카오, 라노 아로이, 카티키라는 세 개의 휴화산을 정점으로 삼각형으로 그 면적은 118㎢로 태안군 안면도보다 조금 크다. 토지는 각처에 용암류가 보이는 화산성 토양으로 수목은 거의 없고, 강도 없고, 바위투성이의 해안에 산호초도 없다. 이러한 황량한 풍경으로는 과거의 번영을 상상하는 것은 어렵지만, 1만 이상의 주거유적이 남아 있으므로 옛날에는 인구가 많고 토지도 비옥했던 것을 알 수 있다.

이스터 섬의 거대 석인상은 모아이(moai)로 불린다. 높이 3~20m의 응회암제로 일부를 제외하고 현저하게 정형화되어 있다. 이것은 전문적인 조각가 집단이 있었던 것을 가리킨다. 섬 각지에 약 1,000개의 모아이가 남아 있고, 또 모아이가 서 있었던 석단(아후)은 약 350개가 있다. 높이 5m의 모아이를 만들려면 30명의 조각가가 일 년이 걸린다고 한다.

대부분의 모아이는 라노 라라쿠(Rano Raraku) 산에서 만들어졌다. 모아이는 응회암을 조각한 것으로 조각의 도구로 사용한 석기는 화산 폭발 때 생긴 현무암이었다. 따라서 이 산에는 조각의 소재와 도구가 충분히 있어, 그것이 라노 라라쿠가 모아이의 일대 제작지가 된 이유이다. 산의 경사면에는 많은 모아이가 남아 있고, 어떤 것은 서 있고, 어떤 것은 쓰러져 있다. 또 만들다가 도중에 방치한 모아이가 150체가 남아 있다.

그럼 모아이는 어떤 목적으로 만들었을까? 왜 이렇게 많고, 게다가 거대한 모아이를 만들었을까? 왜 미완성인 채 방치되어 쓰러졌을

까? 또 무게가 수십 톤이
나 되는 모아이는 차도
없는데 어떻게 옮겨져 기
중기도 없는데 어떤 방법
으로 높은 석단 위에 세
울 수 있었을까?(나라현
아스카 마을의 이시부타
이(石舞台) 고분 최대의
돌은 77톤으로 평균적인
모아이의 무게와 같다).
그리고 수 톤이나 되는
푸카오(pukao)로 불리는
모자를 어떻게 모아이의

〈그림 41〉 이스타 섬의 아후타하이

머리 위에 올렸을까? 초기의 유럽인 방문자 모두 도민에게 물었던 같
은 질문이었다. 그러나 대답은 언제나 같았다. 「모아이는 걸어서 라
노 라라쿠로부터 왔다. 그러나 어느 날 갑자기 모아이는 움직이지 못
하게 되었다」고 전한다.

　이러한 수수께끼를 풀기 위해 많은 학자가 조사와 연구를 했다.
노르웨이의 토르 헤위에르달(T.Heyerdahl)과 일본의 기무라 시게노
부(木村重信) 등 많은 연구자의 노력으로 이스터 섬의 수수께끼 대부
분이 해명되었고, 또 많은 모아이가 아후 위의 원래 장소에 복원되었
다. 많은 학자는 이스터 섬의 거석문화는 폴리네시아인이 만들었다
고 생각하고, 그들은 아시아에서 출발해 멜라네시아의 섬들을 거쳐
서 폴리네시아로 이주해 왔다고 한다.

그런데 모아이를 만들어 옮기기 위해서 나무가 남벌 되고 숲이 없어지면서 접시를 뒤집은 것 같은 지형의 이 섬에서는 토양은 단번에 바다로 유출되었다. 나무가 적어지면 바다의 물고기를 잡기 위한 카누도 만들 수 없게 된다. 시대가 흐를수록 근해 어업에 의한 물고기 뼈의 출토가 적어지는 것은 이 때문이다. 이스터 섬에는 전쟁에 관한 전설이 많이 남아 있는데 17세기 이후에는 흑요석으로 만들어진 창끝의 출토가 갑자기 많아진다.

라노 라라쿠 산 주변에는 땅속에 반쯤 묻힌 모아이가 많이 서 있는데 이러한 모아이는 일시적으로 구멍을 파서 세워 놓은 것이다. 즉 이것들은 각 마을의 아후로 옮겨지기를 기다리고 있었다.

모아이의 만드는 방법은 제작 과정의 여러 단계를 나타내는 것으로 만들다가 중단한 많은 모아이를 통해서 알 수 있다. 응회암층에 징으로 우선 머리 주변을 파 내어 얼굴을 조각하고, 그다음에 동체를

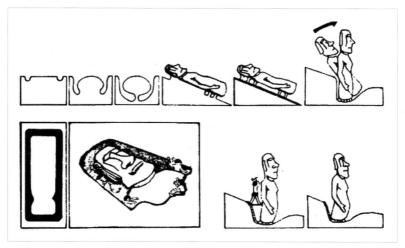

〈그림 42〉 모아이의 만드는 방법

상부에서 하부로 향해 조각해 나가기 시작한다. 그때 모아이의 뒷면
은 끝까지 조각하지 않고, 전면과 측면의 조각이 끝난 후, 동체의 배
면과 암반이 이어지는 부분을 남기면서 모아이가 똑바로 누워서 부
상하여 있는 것처럼 둥글게 조각한다. 배면과 암반의 틈새에는 작은
돌을 채워서 모아이를 지탱한다. 그리고 조성이 모두 끝난 시점에서
하우(hau)의 나무껍질로 만든 동아줄로 모아이를 고정한 후, 언덕의
경사면에서 끌어내린다. 경사면의 산기슭에는 미리 구멍을 파두어
그 구멍 안에 모아이를 밀어 넣는다.

　모아이를 산의 경사면에서 끌어내리는 방법에 대해서는 경사면에
고구마나 얌(참마의 일종)을 깔아 마찰을 줄였다고 한다. 그리고 구
덩이 안에 모아이를 세울 때는 강한 밧줄로 모아이를 지탱하면서 천
천히 미끄러지게 한 흔적이 있다. 또 채석장에는 무수한 짧고 작은
구멍이나 도랑이 남아 있어 이것들은 완성한 모아이와 암반과 연결
되었던 작은 기둥이었다.

　그리고 구덩이 안에 모아이를 세우고 나서 뒷면 마무리를 했다.
모아이 뒷면의 특이한 도안 모양은 태양과 달과 번갯불을 나타내고
이것은 하의와 문신을 부조한 것이다. 그럼 모아이는 어떻게 해서 각
아후로 옮겨졌을까? 마로이는 라노 라라쿠로부터 5.6km 지점에서
발견된 모아이를 갖고 실험을 하여 다음과 같이 추정했다. 우선 모아
이의 가슴에서 배에 걸쳐 커브 모양의 목제 썰매를 설치한다. 그리고
2개의 나무 또는 2개의 교차하는 동아줄로 모아이의 목 부분을 매달
고, 그 나무를 조금 뒤로 기울여 둔다. 그리고 2개 나무기둥 밑 또는
2나무의 교점에 밧줄을 묶어 그 밧줄을 앞으로 끌면 모아이의 머리
부분이 위로 올라가 좌우로 흔들리면서 조금씩 앞으로 전진한다. 이

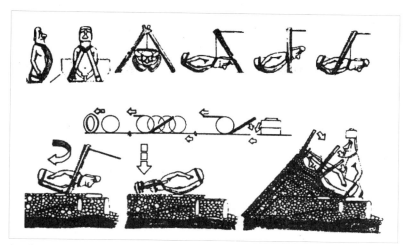

〈그림 43〉 모아이의 옮기는 방법과 세우는 방법

러한 과정으로 옮기는 경우 하루에 300m 정도 이동시킬 수 있다. 모아이가 걸어서 아후가 있는 장소에 갔다고 하는 전설은 아마 이와 같이 운반하는 움직임으로부터 생겨났을 것이다. 따라서 모아이가 부푼 복부나 늘어진 턱도 변덕스러운 문양이 아니고, 썰매를 설치해 동아줄을 고정하기 위한 필요로부터 만들어진 것이다. 또 모아이를 옮기는 길은 잡석 등을 제거하고, 토토라 등의 풀이 깔렸다. 이러한 모아이의 운반길이 몇 개가 지금도 남아 있다. 또 이 길 옆에 많은 모아이가 모두 지면에 쓰러진 상태로 버려져 있지만, 이것은 모아이가 전술한 것과 같은 방법으로 옮겨진 것을 말하고 있다. 하지만 최근에는 모아이 상의 운반도 「Y」자형 수라, 굴림대와 둥근 자갈이 사용되었을 가능을 지적하는 견해도 있다.

한편 모아이 머리 위에 올려놓는 푸카오는 섬 서쪽의 푸나파우에서 만들어졌다. 이 산은 철분이 많은 적색 응회암으로 되어 있어, 이

것이 푸카오의 재료가 되었다. 푸나파우에는 현재도 수십 개의 푸카오가 남아 있다. 그런데 모아이가 아후에 도착하면 따로 옮겨져 온 푸카오가 모아이 머리 위에 얹어진다. 그리고 돌 제단의 경사면과 지렛대를 사용하여 석단 위에 모아이를 세웠다. 그 방법은 마로이가 제안한 것으로 12명의 도민이 작업에 참가했다. 우선 모아이의 배 아래에 돌을 쌓고 받침대를 만들어 길이 5m 정도의 통나무 두 개를 지렛대로 해서 모아이를 들어 올려 18일에 작업을 완료했다. 그러나 작업 과정에서 모아이가 많이 손상했기 때문에 옛날에는 나무판 등을 사용해 모아이를 보호했을 것으로 마로이는 추정했다. 또 1960년에 도민들이 아후 아키비(ahu Akivi)에 16톤의 모아이 7기를 세웠다. 처음 하나를 세우는데 한 달 이상이 걸렸지만, 마지막 것은 경험이 쌓여서 일주일도 채 걸리지 않았다.

2) 고대 이집트의 거석 운반

대형 석재의 운반 과정을 잘 알려주는 것이 이집트 기자의 피라미드이다. 이집트 카이로 남서 14km의 기자 고원에는 대 스핑크스와 3대 피라미드가 남아 있다. 기자의 대 스핑크스는 높이 20m, 총 길이 60m로, 석회암 산을 깎아서 만든 것이다. 이 대 스핑크스는 피라미드처럼 돌을 쌓아서 만든 것이 아니라 석산을 통째로 조각한 것이다. 스핑크스가 가프레 왕의 피라미드 앞에 있어서 일반적으로 가프레 왕(기원전 2550년) 때 만들어진 것으로 추정되고 있다.

제2대 이집트 제4왕조의 파라오 쿠푸(재위 기원전 2589년~2566년)의 피라미드는 정사각형(230.33m, 평균 2.5톤)의 석회암 230만 개를 사용했다. 높이가 137.5m(건설 당시 146.6m)로 세계에서 가정 높

〈그림 44〉 기자의 대 스핑크스

〈그림 45〉 쿠푸 왕의 피라미드(오른쪽)와 카프레 왕의 피라미드(왼쪽)

은 인공 건축이다. 내부 왕의 문 천정에는 400톤 정도의 화강암 석판 9장이 사용되었다. 거대한 한 개의 화강암을 깎아 만든 쿠푸 왕의 석관은 거대한 회랑을 따라 올라가서 피라미드 중심의 방안에 안치되어 있다.

쿠푸 왕 피라미드 주위에는 여러 가지 유적이 확인되었다. 동쪽 통로 근처에서 쿠푸 왕의 어머니 헤테프 헤레스 1세의 무덤이 발견되었고, 그 밖에도 3명의 왕비 무덤인 피라미드가 발견되었다. 남쪽에서는 태양의 배로 불리는 목조선이 발견되어, 현재 박물관에 복원 전시되어 있다. 쿠푸 왕의 사후에 저승을 여행할 때 사용하기 위해서 만들었다는 전설이 있지만, 당시 나일 강을 운항했던 배의 실물로 이러한 선박은 피라미드 석재를 운반했을 것으로 생각된다. 쿠푸 왕 피라미드 동쪽 1.4km에는 피라미드를 건설한 사람들이 살았던 마을 유적과 남쪽 수백 m 지점에서는 주로 건설 현장 감독자의 무덤도 발견되었다.

피라미드 구축은 우선 피라미드를 세울 부지의 정비와 정지(整地) 후, 그 기초에 석회암 블록을 깔아놓은 작업부터 시작했다. 그와 더불어 나일 강의 물을 끌어들이는 운하를 파 부두를 만들어, 부두에 배가 접안하여 배에 실은 석재를 하역하기 위한 시설을 만들었다. 그리고 운하의 부두에서 내려진 석재는 석재를 운반하여 석재를 쌓아 올렸다. 거석을 수라에 싣고 운반할 때는 굴림대와 지렛대가 사용되었고, 수라가 잘 미끄러지게 수라의 활주 면에 기름(윤활유)이 칠해졌다. 기자의 피라미드에 대한 가장 오래된 기록은 그리스 역사가인 헤로도토스의『역사』2권에「기자의 대 피라미드는 10만 명이 3개월씩 교대하여 20년에 걸쳐서 만들었다」고 전하고 있다. 헤로도토스는 돌을 들어 올리기 위해서「쿠룬 장치」(Kroon Eguipment)라고 부르는 기중기의 사용을 전하고 있다. 피라미드의 건축도 완만한 경사로를 만들어 수라, 통나무, 지렛대, 윤활유 등을 사용하여 피라미드 상부까지 돌을 쌓아 올렸다고 추정되고 있다.

좀 더 구체적으로 이집트의 거석 운반법을 살펴보면 기원전 2400

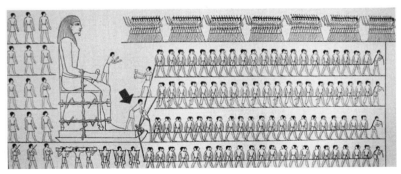

〈그림 46〉 티의 조상을 운반하는 장면(사카라의 계단식 피라미드)

년경 사카라의 계단식 피라미드는 기자의 피라미드 분묘의 부조보다 조각적으로 훌륭하고, 그 중에 티의 조상을 실은 썰매의 미끄러짐을 원만하게 하기 위해서 활주부 앞에

〈그림 47〉 거대 석상 운반 장면(제후티호텝의 무덤 벽화)

서 물을 붓는 사람 모습의 부조가 있다. 이는 물을 뿌려서 모래를 단단하게 하여 썰매가 모래 속에 파묻히지 않도록 하기 위해서이다.

기원전 1900년경의 고관 제후티호텝(Djehutihotep) 무덤의 벽화가 있다. 벽화에는 거대한 석조 인물상을 썰매(수라)로 끌어서 옮기는 광경이 그려져 있다. 썰매 위에 줄로 묶어진 큰 인물상, 감독자, 도구를 옮기는 사람, 물(?)을 옮기는 사람, 썰매 아래에 윤활제(물)를

〈그림 48〉 왕의 관을 썰매에 싣고 운반하는 장면
(복제품, 샌디에이고 자연사 박물관)

뿌리는 사람, 손장단으로 선창을 취하는 사람, 병사 등이 그려져 있다. 일렬 43명의 4열 합계 172명이 석상을 운반하고 있다.

테베(Thebes)는 현재의 룩소르 일대의 옛 이름으로 제11왕조와

〈그림 49〉 금으로 만든 관
(복제품, 샌디에이고 자연사 박물관)

제18왕조 이후 왕국의 수도였다. 나일 강을 끼고 동과 서로 나뉘어 동쪽은 국가 수호신이 된 아멘 신의 신전과 시민들이 살았고, 서쪽은 왕과 왕족의 능묘와 신전이 있는 사후의 세계가 중심이 되었다. 서쪽 '왕가의 계곡'과 '왕비의 계곡'은 신(新)왕국 시대 왕족의 무덤이다. 투탕카멘 왕(재위 기간 기원전 1354년~1345년)의 면은 1922년 왕가의 계곡에서 하워드 카터(Howard Carter)가 발굴하여 발견한 것이다. 왕의 재위 기간은 짧았지만, 다행스럽게도 그의 묘는 도굴을 당하지 않아서 내부 유물이 완전하게 남아 있는 유일한 무덤이었다. 출토한 유물은 예술적 가치가 높고 금을 대량으로 사용한 점이 특징이다. 내부 벽화에는 왕의 유해가 들어 있는 금으로 만든 관을 썰매에 싣고 운반하는 장면이 그려져 있다.

〈그림 50〉 이집트 거석 운반구(복제품)

3) 이라크의 거석 운반

이라크 니네베의 센나케리브 왕(기원전 706~681) 궁전에 날개가 달리고 사람 얼굴하고 있는 소의 거대한 상을 운반하는 부조가 새겨

〈그림 51〉 석상 운반(나케리브 왕의 궁전, 대영박물관 소장)

져 있다. 이집트와 유사한 「ㅂ」자형의 썰매 위에 석상을 싣고 굴림대
와 지렛대를 사용하여 운반하고 있다. 하부에는 굴림대를 어깨에 메
고 가는 사람, 그리고 뒤에는 수레에 큰 항아리를 싣고 끌고 가는 사
람의 부조가 있다. 항아리 안에는 물이 들어 있을 것으로 추정되고 물
은 사람들의 식수로 사
용하기 위한 것이었는지
또는 모래땅을 단단하게
하여 썰매의 마찰을 줄
이려 했는지는 앞으로
검토할 문제이다.

사람의 얼굴을 하고
날개를 가진 거대한 황
소 상인 메트로폴리탄
박물관의 석상은 기원전

〈그림 52〉 거석 운반

(부분, 기원전 7세기, 니네베, 이라크)

〈그림 53〉 거석 운반
(부분, 기원전 7세기, 니네베, 이라크)

9세기 중순이고, 시카고 대학의 석상은 기원전 8세기 말에 가까운 것으로 1세기 이상의 연대 차가 있지만, 이들은 거의 쏙 빼닮았다고 할 만큼 아주 비슷하다.

인두유익(人頭有翼)의 황소라고 불리는 석상은 왕궁의 입구를 지키는 가공의 동물은 하늘을 자유롭게 나는 독수리 날개와 정력적인 황소의 용맹한 상징으로, 전쟁이 잦았던 아시리아인의 이상적인 신상이었다. 시카고 대학의 동양 연구소에는 이 거대한 석상을 썰매에 싣고 운반하는 부조 사진이 전시되어 있는데, 석재가 없는 메소포타미아 평원에서 이 정도의 거대한 석상의 운반은 결코 간단한 작업이 아니었다. 벽돌로 쌓아 올린 궁전을 대개 원래의 흙으로 되돌아갔지만, 그 후 2700년이 지난 지금도 이 석상은 완전한 모습으로 남아 있어 이집트나 그리스와는 다

〈그림 54〉 인두유익의 황소 석상
(사르곤 왕궁, 이라크)

른 메소포타미아 역사의 상징이 되고 있다.

아시리아 시대의 대표적인 인두유익의 황소 석상은 이라크 북쪽 티그리스 강 상류 코르사바드의 사르곤 왕궁(사르곤 2세, 재위 기원전 722년~기원전 705년)의 성문을 지키고 있던 수호 신이다. 이 석상의 중량이 38톤으로 사르곤 2세의 위엄을 과시하는 목적도 있었지만, 동시에 성 밖에서 들어오는 악령이나 질병을 막기 위한 벽사의 역할을 했던 것으로 추정되고 있다. 금속적인 경질의 설화 석고(아라바스타)에 끌을 사용하여 조각한 후 표면을 매끄럽게 다듬어 성문 밖에 신상을 안치한 아시리아 왕도 나약한 인간이었던 것 같다. 메소포타미아 왕이 자신의 초상에 그다지 관심을 가지지 않고 성수 신상의 제작에 국력을 기울인 이유가 여기에 있었던 것 같다. 봇타가 처음 코르사바드 발굴 작업을 시작했을 때, 모래 속에서 나타난 인두유익 황소 상을 본 인부들이 공포에 휩싸여 도망갔다고 전하는데, 이 석상은 수호신상으로 박력감이 넘쳐흐른다.

IV. 숨바 섬의 거석 운반구 제작과 운반

서숨바에서는 지금도 지석묘 축조용의 석재가 채석되고 있지만, 몇 백 명을 동원해서 막대한 비용이 드는 '우파차라 타릭 바투'(석재를 운반하는 행사)는 1980년대 이후 거의 볼 수 없게 되었다. 필자는 고대 썰매하고 형태와 크기가 같은 것을 사용해서 거석을 운반하여 지석묘를 만드는 현장을 2008년 8월 북숨바 디키타 마을에서 조사할 수 있었다.

1. 지석묘 축조용 석재의 채석

지석묘에 사용할 수 있는 석재가 서숨바의 와잉야푸 같이 마을 가까운 곳에 있다면 지석묘 축조는 그다지 문제가 되지 않지만, 양질의 석재는 보통 먼 곳으로부터 운반된다. 특히 숨바 최고의 석재라고 불리는 것이 남부의 타림방 지방산으로 왕족 계층의 지석묘는 배로 몇 주일 걸려 운반해서 지석묘를 축조했다.

타림방에서 채석된 돌은 배로 서숨바 루와의 티다스라는 해변에 옮겨져 매매된다. 돌을 나르는 카누가 현재 2척이 남아 있는데, 배 한 척의 길이는 8m로, 중간 크기의 덮개돌 7개를 한 번에 운반할 수 있다고 한다. 덮개돌은 주로 동서풍이 부는 여름철에 수차례 걸쳐서 운반하는데 타림방에서 티다스까지는 보통 약 3일이 걸린다. 무거운 덮개돌을 운반하는 위험한 항해이다. 이 아름다운 덮개돌을 사용한 지석묘 조영은 숨바 사람 모두가 갖는 꿈이다.

지석묘 축조용 석재의 채석은 씨족마다 특정한 채석장에서 전통적으로 구하는 것이 일반적이지만, 최근에는 가능한 한 가까운 곳에서 적당한 석재를 찾는다. 채석 작업은 단순한

〈그림 55〉 타림방 석재로 만든 지석묘(루아 마을)

철제 도구를 사용하여 석재를 대충 가공하여 마지막으로 아랫부분을 잘라내는데도 상당한 위험이 수반하는 작업이다. 채석장에서는 6~10명이 굴봉(掘棒)과 같은 1개의 철봉을 사용하여 채석 작업을 시작하고, 철봉은 길이가 약 1m로 한쪽 끝이 날카로운 모양으로 되어 있다. 마을 사람들이 이 채석을 청부받아 약 3개월 정도 걸려서 2기분의 지석묘 석재를 채석했다고 한다.

　일반적으로 지석묘 축조용 석재는 아랫면의 다리 부분에 해당하는 극히 일부분을 남기고 가공한 상태로 작업해 놓고 최후에 다리 부분에 통나무를 집어넣어 석재가 넘어져서 깨지지 않도록 한다. 동숨바 썰매는 두 갈래의 「V」자형 나무를 사용하기도 하지만 서숨바는 두 개의 통나무를 「Y」자형으로 조합한 썰매를 사용한다. 대형 석재를 운반할 때에는 머리가 2개인 「ㅂ」자형으로 만든 썰매를 사용하기도 한다. 미리 준비한 썰매를 사용하는 경우가 많지만, 채석장에서 잘라낸 석재 아래에 두 개의 나무를 조합해 썰매를 만드는 경우도 있다. 썰매가 완성되면 지면에 남겨두었던 4곳의 다리 부분을 잘라서 석재를 넘어뜨려서 썰매 위에 싣는다. 나머지 일은 개석이 떨어지지 않도록 튼튼하게 짐을 꾸리면 돌 끌기 준비가 완료된다.

〈그림 56〉「ㅂ」자형 썰매(서숨바)　　〈그림 57〉「Y」자형 썰(서숨바)

돌 끌기가 시작되면 최초의 난관은 채석장에서 석재를 끌고 절벽을 내려오는 일정이다. 그런데 이들 석재는 묘석으로서는 아직 완전하지 않은 반제품과 같은 상태이다. 매장부에 해당하는 상자식 석관에는 아직 유해를 안치할 매장 시설이 파여져 있지 않고, 덮개돌 표면도 거칠게 다듬어진 상태로 운반된다. 섬세한 모티프는 돌을 끄는 도중에 사고로 깨지면 안 되기 때문에 그 작업은 묘지인 지석묘 조영지에 도착한 다음 조각된다.

2. 썰매의 제작

숨바의 썰매에 사용하는 목재는 낭카(Nangka)라는 단단한 상록수의 생나무로, 그 길이는 약 5~7m이다. 썰매의 제작은 거석 무덤 조영에 맞추어 행해지는데 적절한 재료로 쓸 나무는 미리 정해 두는 것이 일반적이다. 그러나 지석묘 상석이 큰 경우에는 두 개의 목재를 「Y」자형으로 연결해서 썰매를 만든다.

썰매의 제작은 신관들에 의해 돌 끌기 행사의 일정이 결정되고, 채석장으로부터 지석묘 재료가 되는 돌의 각 부분을 잘라낸 후에 시작한다. 썰매의 재료로 미리 영역 내에서 물색해 두었던 나무를 베어, 돌을 싣는데 충분한 크기로 절단한다. 제작 기간은 2~3주일로 제작하는 사람들도 미리 정해져 있다.

벌목 작업을 시작하기 전에는 나무에 제물을 바쳐서 간단한 의례가 행해진다. 일반적으로 성인이 두 손을 벌린 길이를 1단위(Dupa)라고 해서 소형의 썰매는 1두파, 중형은 2두파, 대형은 3~4두파로 크기가 결정된다. 길이를 재는 사람(목공)은 정해져 있어, 그 사람의 손

길이가 기준이 된다. 두 개의 목재를 「Y」자형으로 연결한 썰매는 마지막 마무리로 돌을 실었을 때 개석과 썰매를 고정하기 위해서 줄을 매기 위한 구멍을 뚫른다.

〈그림 58〉 썰매(말 머리, 배)

썰매를 운반할 때는 중량을 줄이기 위해서 해체하여 운반한다.

디키타 마을 썰매의 맨 앞에는 사람 얼굴이 조각되어 있다. 이것은 조상신 마라푸를 나타낸 것으로 썰매를 말 머리(Kabang), 배(Tena)라고도 부른다. 썰매의 첨단에 조상신의 얼굴을 조각하여 말이나 배라고 부르는 것은 선조의 힘을 빌려 지석묘 축조용의 석재를 원활하게 나르기 위한 주술적인 의미가 담겨 있다. 썰매에 머리가 달려 있는 것은 기복이 있는 지형에서는 머리 쪽에서 조타하여, 끌고 가는 방향을 항상 일정하게 하여, 될 수 있는 한 효율적으로 거석을 운반할 필요가 있기 때문이다. 썰매에는 쌍두마차와 같이 머리가 두 개인 것도 있다. 머리가 양쪽에 두 개인 썰매는 개석 아래 매장부가 되는 무거운 석재를 나르는데 주로 사용된다.

썰매 제작에 사용한 도구는 칼, 도끼, 망치, 톱 등이다. 이렇게 해서 완성된 썰매는 채석장에 도착해서 우선 목제의 못과 끈(유연한 칡넝쿨)을 사용해서 「Y」자형으로 조립된다. 조립된 썰매는 칡넝쿨과 마로 엮은 줄로 더욱 견고하게 고정한다. 썰매 완성 후, 이미 잘라져 도로의 구석에 세워져 있었던 개석이 배 모양의 썰매에 실려져 칡넝쿨로 매어진다. 채석된 석재는 혼이 들어 있는 것으로 간주하여 무덤

〈그림 59〉 거석의 탑재 장면

의 조영이 끝날 때까지 정중히 취급된다.

썰매의 거석 탑재 방법은 석재의 장축을 지면에 두어, 그 아래에 썰매를 놓고 천천히 쓰러뜨리면서 탑재한다. 채석장에서 미리 세워 놓았던 거석은 썰매 위에 쓰러뜨리면서 탑재하는데, 그때 충격을 완화하기 위해서 바나나 나무와 같은 부드러운 나무를 썰매 위에 깔아 완충재 역할을 하게 한다. 이 작업은 대단한 숙련이 필요하다. 지석묘 상석이 썰매에 맞게 실려 있지 않으면 석재를 천천히 끌어 올려 썰매에 꼭 맞게 싣는다. 상석은 썰매에 탑재한 후, 견인 시에 떨어지지 않도록 상석 앞뒤 좌우에 통나무를 대어서 줄로 견고하게 묶는다. 탑재된 상석은 마로 엮은 줄로 썰매의 좌우에 있는 여섯 개의 구멍을 통해서 더욱 견고하게 고정된다.

3. 우파차라 타릭 바투(돌 끌기 행사)

저녁 식사 후, 밤이 어두워지는 것과 동시에 밤의 의례가 시작된다. 썰매에 얹은 개석의 전방부에 라토라고 하는 신관이 앉아 자기들 사이에 전해지는 창세 신화와 선조 신 마라푸에게 행사가 무사하기를 빌었다. 마치 노래 부르고 있는 듯하다. 민족의상을 입은 남녀의 춤은 썰매에 얹은 개석과 함께 밤을 새워서 행해진다. 원칙적으로 마을의 성인 남녀는 이 철야의 난무에 참가해야 하고, 지석묘 축조용 석재를 실은 썰매가 마을에 들어갈 때까지 연야(連夜) 계속해서 행해진다.

다음날 이른 아침부터 많은 사람의 사람들이 채석장으로 모인다. 아침 식사가 끝나면 카와타(Kawata)라고 불리는 통나무의 굴림대가 놓여지고, 나뭇가지와 나뭇잎까지도 썰매와 지면의 마찰을 줄이기 위해서 지면 위에 깔린다. 라토(신관)는 전날 밤과 같이 썰매의 전방부에 앉아 마라푸 신에게 기도를 올리고 닭과 돼지의 간으로 점을 치고, 행사를 진행시키는 것에 관한 마라푸의 판단을 물어본다. 길조를 확인하면 말 한 마리가 산 제물로 바쳐진다. 드디어 지석묘 축조를 위한 석재 끌기의 시작이다.

나무 썰매의 뱃머리에는 적색의 펜지에 더하여 분홍색의 민족의상이 깃발처럼 매어진다. 또한, 개석 앞부분(船頭의 의미)은 신관과 마라푸신이 교신하는 곳이다. 돌 끌기의 행사 때에 돌을 끄는데 필요한 힘은 인간의 힘뿐만 아니라 조상신인 마라푸가 썰매에 붙여진 깃발 펜지에 내려와서 돌 끌기에 필요한 힘을 준다고 믿고 있다. 숨바섬에서 행해지고 있는 돌 끌기의 행사에는 그들이 가지는 정신적인 요소가 많이 포함되어 있다. 그것은 모두 죽은 자의 영령을 무사하게 마라푸계에 보내는 것을 목적으로 한다. 돌 끌기의 행사가 성대하게 행해지는 것은 사실이지만 그것은 지석묘 조영만을 목적으로 하는 것이 아니라 그들이 가지는 우주내의 의례를 완결시키는 것을 목적으로 한다.

썰매에 실린 개석에 신관이 올라서면 40~50명 정도의 철야조인 남성들이 모여, 신관의 구호로 돌 끌기가 시작된다. 썰매위에 선 신관은 마치 배의 운항을 지휘하는 선장을 연상시킨다. 돌을 끌 때에는 여러 명의 끄는 힘을 하나로 모으기 위해 일종의 노동요를 부른다. 우리나라의 상여가와 잘 닮은 멜로디이

〈그림 60〉 우파차라 타릭 바투(돌 끌기 행사)

지만 신관이 '오, 우리 선조여. 여기에 내려 와서 우리와 함께 돌을 끕시다!' 라는 구호 후에 남자들이 '와', '왓'이라고 소리를 지르면서 썰매를 끌어당긴다.

　그런데 보통 몇 백 명의 마을 사람을 동원하는 이 행사에는 당연히 지휘관이 필요하다. 한 사람 혹은 몇 명의 신관이 거석 위에 올라서서 전통적으로 정해진 몇 종류의 구호를 율동적으로 외치며 간다. 중핵 마을의 라토가 지도자가 되어 흐트러짐 없이 정연하게 돌 끌기 작업이 진행된다. 전통적인 돌 끌기 행사는 며칠에서 몇 주가 걸리기 때문에 대개 수명의 신관이 차례 차례로 거석 위에 올라가 구호를 외치며 행사를 주도한다. 여자나 어린아이는 직접 돌을 끌 수는 없지만, 줄줄이 뒤에 따라간다. 특히 여자들 중 몇 사람은 아름답게 몸치장을 하여 때때로 환성과 춤을 추어 남자들의 사기를 높인다.

　사람들이 끄는 줄은 썰매의 좌우 2개씩 뚫린 구멍과 연결되어있고, 또 한 줄은 말 머리라고 불리는 썰매 머리 부분에 매어진다. 썰매를 끄는 줄은 중앙과 좌우의 세 줄이 중심이고, 사람들은 좌우에 있는 2줄에 2열씩 4팀이 붙고, 말의 머리 부분의 줄을 끌어당기는 2열의

6팀으로 갈라져서 진행 방향으로 일제히 전력을 다해 거석을 끌어당겨 간다. 지형에 따라서 줄이 추가되는 경우도 있다.

돌을 끄는 남자들의 구호를 듣고 인근의 남자들이 점차 모여들어 돌 끌기에 합류한다. 정오 가까이 되면 최대 400~500명 정도로 불어난다. 돌 끌기에 참여해 돌을 끄는 사람들은 주최자인 가족과 친인척 남자들 이외에도 주변의 마을 사람이 참가한다. 보통 하루에 몇 백명(하루에 2000~3000명 정도가 모였다고 한다)의 마을 사람을 동원하는 이 행사에는 훈공 제연(勳功祭宴)이 열리고 막대한 비용이 든다. 그러나 숨바 섬의 돌멘 축조에 동원되는 사람들은 강제적이 아니라 상호부조의 성격이 강하다.

채석장에서 마을까지 험한 길을 만나면 밧줄로 엮은 줄이 때때로 끊어져 이것을 보강해 가면서 앞으로 나아간다. 썰매를 끌고 산길을 오르는 일은 대단한 중노동이며 보통 며칠 걸려서 행해지는 행사이다. 썰매가 지나가는 길을 가로막은 나무는 베어 넘어뜨려, 가지나 나뭇잎까지도 굴림대로써 도로에 놓았다. 돌 끌기 행사에서 가장 위험한 것은 급경사의 언덕길을 내려오는 것이다. 가속된 썰매에 깔려 죽거나 중상자가 생겨 매우 위험한 행사이다. 내리막길에는 굴림대를 깔지 않고 측면부분의 줄 2개가 브레이크 역할을 하여 뒤쪽으로 끌어당기며 천천히 내려간다.

징을 쳐서 울리면, 전원이 전신의 힘을 주어 구호를 외치며 썰매를 끌어간다. 땅에 까는 굴림대 나무는 주변의 나무를 잘라서 사용한다. 일반적으로 굴림대는 통나무가 사용되는 것으로 인식되고 있지만 잎이 붙은 나무 가지도 썰매와 지면과의 마찰이 줄이기 위해서 사용되는 것을 현지조사에서 확인할 수 있었다. 몇 십 미터 끌고 가면징을 울려 조금 휴식하고 뒤에 있는 굴림대 나무를 앞으로 가져와서 징 소리와 함께 다시 끌기 시작한다. 라토는 거석에 올라서서 뱃사공과 같이 뱃머리에서 지휘를 한다.

썰매는 길을 따라서 운반되지 않는다. 다리 폭이 돌멘의 개석보다 좁을 경우 신관들이 협의하여 우회하기도 하고, 나무를 베어 새로 길을 만들기도 한다. 마을 입구가 좁은 돌담으로 쌓여 있는 경우에는 썰매가 지나갈 수 있도록 철거된다. 길에는 나뭇가지와 나뭇잎이 굴림대로 정연하게 놓인다. 마을 입구에 도착한 뒤, 썰매는 돌멘의 조영주와 신관들이 나와 정식으로 마을 맏이가 시작된다.

V. 맺음말

일본의 거석 운반구 수라를 중심으로 세계 각지에 남아 있는 거석 운반에 관한 사료를 소개 했다. 하지만 현재도 썰매를 사용하여 거석을 운반하여 지석묘를 축조하는 사회는 유일하게 인도네시아의 숨바 섬 밖에 남아 있지 않다. 물론 플로레스 섬의 누아바리와 미얀마의 친족이 사는 민탓에서도 소규모의 지석묘가 최근까지 만들어졌지만 숨바 섬처럼 본격적이지 않다. 따라서 숨바 섬의 거석묘 축조 과정(채석, 운반, 축조)은 전 세계의 거석문화 연구에 중요한 연구 자료라고 할 수 있다.

숨바에서 행해지는 돌 끌기 행사는 지석묘를 건립하여 육친의 시체를 그 안에 안치하는 장송의례의 하나로서 행해지는 의례이다. 이 일련의 행사는 거석문화에 사는 숨바 사람들에게 있어서 사자의 제연 즉 훈공 제연적인 특징을 가진 죽은 자에 대한 장송의례이다. 훈공 제연이란 동남아시아와 오세아니아를 중심으로 행해지는 포틀래치(과시적 소비)형의 제연을 가리킨다. 특히 거석문화가 현재도 살아 있는 인도네시아 제도에서 현저하게 볼 수 있는 제연으로 공동체내의 개인 혹은 일족의 지위와 위신을 걸고 성대하게 행해진다. 라자의 칭호를 가지는 수장을 정점으로 하는 상류귀족으로부터 노예에 이르는 명확한 계급제가 남아 있는 사회로 귀족층의 성원이 자신들의 신분을 유지함과 동시에 일족의 큰 위엄을 과시하는 행위로 그로 인하여 명성을 얻기 위해서 행해지는 것이 지석묘 축조의 본질이다.

1980년대까지만 해도 지석묘를 완성하는데 보통 수개월이 걸려서 그 안에 매장할 수 있으면 빠른 편으로, 그중에는 몇 년이 지나도 준비가 안 되어 가옥 내에 안치된 채로 있는 유해도 드물지 않았다. 그 준비란 지석묘의 축조뿐만 아니라 많은 조문객을 수용해서 대접하기 위한 임시가옥과 식량의 확보가 필요하기 때문이다. 지석묘가 신축되는 경우 대개 매장 날의 3일 전부터 완성을 축하하는 훈공축연이 행해진다. 장례는 거석 광장에서 행해져 사자의 지위와 부에 따라서 말이나 물소를 도살해 호화스러운 죽은 자의 제연이 행해진다. 경제적으로 여유가 있는 집은 성수인 8을 기준으로 16, 24, 32의 숫자로 가축을 제물로 바친다.

이러한 돌멘 축조에서 알 수 있듯이, 이 정도의 사람이 동원되는 것과 훈공축연에 드는 비용을 생각해 보면, 이것들이 가능할 수 있는 사회적 배경으로 계층 분화가 있었던 것이 분명하다. 이동희는 "한국에서 가장 밀집된 지석묘 분포를 보이는 전남 지방에서는 지석묘의 피장자 비율이 전체인구 가운데 10~20% 정도로 지석묘군의 피장자는 부와 권위가 있는 일부 계층에 한한다"라고 추정하고 있다. 또한, 이동희는 한국 지석묘 사회 계층을 지석묘 피장자 중 상석이나 매장 주체부가 크고 위세품이 부장된 경우가 상층(上層)으로, 석곽이 비교적 작으면서 부장품이 없거나 빈약한 경우가 중층(中層), 지석묘에 피장되지 못하는 계층이 하층(下層)으로 계층 분류를 하고 있는데, 이러한 계층 분류 방법은 인도네시아 지석묘사회에서도 유효하다. 상층(수장, 귀족, 신관을 포함한 지배계급), 중층(평민), 하층(노예계층)으로 자리매김을 할 수 있다. 필자는 발굴 조사된 한국 선사시대의 지석묘 축조집단의 주인공들도 지금의 숨바와 같이 계층 분화나 가축 공희가 있었다고 생각한다.

숨바 섬의 지석묘 축조는 석재의 채석, 운반, 완성, 장송의례의 전 과정이 일족의 부와 사회적 지위를 과시하는 수단으로 간주한다. 이른바 훈공 제연적인 특징을 가진 사자 제연이 지금도 성대하게 치러지고 있다. 숨바 섬의 전통적인 촌락사회를 보면 마을 전체가 그들의 거주공간으로서 소우주를 형성하고 있다는 것을 알 수 있다. 다시 말해서 숨바 섬의 지석묘는 숨바인의 주거공간이나 제사공간과 함께 하며, 이것들은 따로 분리 독립한 것이 아니라 후손들의 모든 것과 상호 연관하고 있다.

숨바 사회의 지석묘 축조에서 보이는 문화적인 맥락을 살펴보면 우리나라와 일본의 지석묘문화와도 상통하는 점이 많다. 숨바 사회는 최근까지 지석묘문화를 이어온 세계에서 유일한 민족이라고 해도 과언이 아니다. 우리들은 지석묘 하면 선사시대의 유적이라는 고정관념을 가지고 있지만 숨바 섬의 지석묘 사회는 지금도 주민들과 함께 '살아 있는 지석묘 사회'라는 것을 주목 할 필요가 있다. 우리나라 선사시대의 지석묘 사회를 연구하는데 숨바 섬 지석묘는 절대적인 참고 자료가 되기 때문이다.

그러나 숨바 섬의 지석묘 사회는 1980년대 이후 조금씩 사라져 가고 있다. 숨바 섬의 지석묘에 대해서 정확한 분포조사도 없고 아직도 정식으로 발굴 조사된 적도 없다. 따라서 지석묘의 시원 연대도 전혀 알 수 없다. 특히 숨바 섬의 지석묘가 선사시대 지석묘와 어떤 관계가 있는지 고고학적인 발굴조사가 전혀 이루어지지 않은 현 상태에서는 결론을 내릴 수 없다. 사라져가는 지상 최후의 지석묘 사회를 우리는 두 손 놓고 방관만 해서는 안 된다. 숨바 섬의 문화와 사회에 관한 문화인류학적인 조사와 연구를 병행하면서 고고학적인 발굴조사가 시급히 요망되는 시점에 와 있다.

가종수 외, 2009, 『지금도 살아 숨쉬는 숨바섬의 지석묘 사회』, 북코리아.

가종수, 2010, 「지금도 살아있는 지석묘 사회, 인도네시아 숨바섬」, 『계간 한국의 고고학』 14호.

가종수 외, 2015, 『동인도네시아의 거석문화와 건축』, 북 코리아.

가종수·기무라 시게노부 편저, 2011, 『한국석상의 원류를 찾아서』, 북 코리아.

이훈종 편저, 1982, 『국학도감』, 일지사.

히로 사치야, 김향 역, 2004, 『붓다에게서 배우는 삶의 지혜 88』, 가람기획.

우장문, 2006, 『경기지역의 고인돌연구』, 학연문화사.

우장문, 2010, 「인도네시아 숨바섬의 고인돌」, 『백산학보』 87.

이동희, 2007, 「여수반도 지석묘 사회의 계층구조」, 『고문화』 70.

이동희, 2011, 「인도네시아 숨바섬과 한국 지석묘 사회의 비교연구」, 『호남고고학보』 38.

조진선, 2010, 「인도네시아 숨바섬의 지석묘 조영과 확산과정」, 『고문화』 76.

鍵谷明子, 1980, 「修羅をひく人々－スンバ島の巨石墓づくり」, 『えとのす』 13.

鍵谷明子, 2009, 「서숨바섬의 거석묘 만들기」, 『지금도 살아 숨쉬는 숨바섬의 지석묘 사회』, 북코리아.

吉田裕彦, 1978, 「生きている修羅：スンバ島にて」, 『天地』第1巻3号 道友社.

吉田裕彦, 2009, 「동숨바섬의 거석문화」, 『지금도 살아 숨쉬는 숨바섬의 지석묘 사회』, 북코리아.

大阪府立近つ飛鳥博物館, 1999, 『修羅！その大いなる遺産古墳・飛鳥を運ぶ』, 三協印刷, 1999.

Heine-Geldern, Robert, 1945, Prehistoric Research in the Netherlands Indies, in Science and Sciencetists in the Netherlands Indies. (Eds.) Honigand F. Verdoor. NewYork.

HEEKEREN, H.R. van 1958. THE BRONZE IRON AGE OF INDONESIA, S.GRAVENHAGE MARTINUS NIJHOFF.

Soejono, R.P. 1984. "ON THE CONDITIONS AND SCOPE OF THE DEVELOPMENT OF ARCHAEOLOGY IN INDONESIA" PREHISTORIC INDONESIA A READER.

규슈九州 지역의
지석묘

•

미야모토 가즈오
宮本一夫, 日本 九州大學校

I. 머리말

일본열도의 지석묘는 기타마츠우라(北松浦) 반도의 서북규슈(西北九州)에서 가라츠(唐津) 평야와 이토시마(絲島) 반도의 현해탄 연안, 남쪽은 사가(佐賀) 평야에서 시마바라(島原) 반도에 분포하고 있다(도 1·2). 스오나다(周防灘) 연안에는 야요이(彌生) 시대 전기의 나카노하마(中の浜) 지석묘 1기뿐이며 기본적으로 후쿠오카(福岡) 평야 서쪽에는 지석묘가 존재하지 않는다. 또한 구마모토(熊本) 평야에서 발견된 지석묘는 야요이(彌生) 시대 중기의 것으로 구마모토(熊本) 평야 이남의 규슈(九州)에도 초기의 지석묘는 존재하지 않는다. 그리고 지석묘는 각목돌대문토기(刻目突帶文土器)와 같은 시기의 야요이 조기(早期)단계부터 출현하여 야요이 전기까지 존속해 간다. 그 후 야요이 중기는 무덤 표석으로서의 역할이 커지고 지쿠고(筑後) 평야와 구마모토(熊本) 평야에서도 상석을 가진 지석묘를 축조하게 된다.

규슈 지석묘의 하부구조는 크게 2종류로 구성되어 있다. 하나는

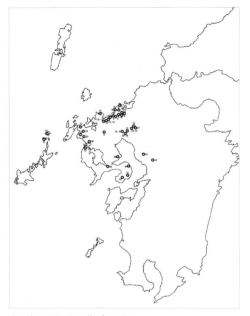

〈도 1〉 九州 支石墓의 分布

〈도 2〉 佐賀県船石支石墓

상자식 석관이며 또 하나는 석곽계(石槨系)를 포함한 토광(土壙)이다. 상자식 석관으로 된 하부구조는 기타마츠우라(北松浦) 반도의 서북 규슈에서 시마바라 반도에 걸쳐서 분포하고 있다. 석곽계를 포함하는 토광은 가라츠(唐津) 만에서 이토시마 평야에 걸쳐서 현해탄 연안에 분포하고 있다. 또한 주검의 안치 방법에도 지역차가 인정된다. 상자식 석관의 하부구조에서는 굴장(屈葬)을 하고, 토광계에서는 굴지장(屈肢葬) 또는 굴장을 하는데 이러한 차이는 재래의 죠몬후만기(縄文後晩期)의 매장 양식의 영향에 의한 것이다.

이상과 같이 지석묘라고 하는 한반도에서 유래하는 묘제가 관개 농경의 전파와 함께 북부 규슈에 전래한 것은 명확한 사실이다. 그러나 상석과 지석이라고 하는 외견상으로 보이는 부분은 한반도 무문토기사회의 지석묘와 같지만 외견상으로 보이지 않는 하부구조는 크게 다른 것을 볼 있다. 이러한 변용은 죠몬사회의 문화수용의 자주성과 선택성, 지역차가 그 수용의 차이를 만들어 내고 있다. 그리고 이러한 지석묘 분포권은 각목돌대문토기로 이루어지는 야요이 조기의 야우수(夜臼)Ⅰ식 단계에서 시작되고 있다. 그러나 본격적인 야요이토기 양식인 이타즈케(板付) 토기가 출현하는 지역은 지석묘 분포권과 지역을 달리하고 있다. 이타즈케토기Ⅰ식 등의 이타즈케토기 양식이 성립하는 것은 미카사가와(御笠川)를 중심으로 하는 후쿠오카 평야이다. 후쿠오카 평야에서는 야우수Ⅱa식 단계의 잣쇼노쿠마(雜餉隈) 유적의 토광묘가 알려져 있지만 지석묘는 발견되지 않고 있다. 이것은 이타즈케토기 양식이 출현하는 시기에 본격적인 야요이 토기의 출현을 촉발한 문화요소와 규슈의 지석묘를 초래한 무문토기사회의 문화 요소가 서로 다르다는 것을 가리키고 있다.

Ⅱ. 규슈 지석묘의 연구상의 문제

규슈의 지석묘 출현은 기본적으로는 한반도 지석묘의 계보 안에서 이해되고 있다. 게다가 그 출현이 야우수(夜臼)식이라고 하는 야요이 조기에는 벼농사의 전파를 시작으로 하는 야요이 초기의 큰 문화 요소로 거론되고 있다. 더욱이 규슈의 지석묘는 야요이 시대가 시작하는 시기에 도래인이 전래한 것으로 논의되어 왔다.

따라서 규슈 지석묘 연구사의 논점은 크게 4개로 나눌 수 있다.

① 한반도 남부의 남방식 지석묘나 혹은 기반식 지석묘 등과의 영

향 관계와 그 후의 지역적 변용으로 보는 관점이다.

② 지석묘의 계보 관계에 근거하는 전파 루트를 모색하는 방법론이다.

③ 지석묘라고 하는 묘제의 수용 프로세스의 해석론이다.

④ 지석묘라고 하는 묘제를 반영한 사회집단을 파악하는 시도이다.

우선 ①에 관해서는 모리 테이치로(森貞次郎)가 한국의 남방식 지석묘와 같이 지석이 없고 석곽형의 하부구조에 신전장(伸展葬)을 하는 오다(小田) 2호 지석묘 단계에서 지석을 가진 굴장의 상자식 석관으로 변화하는 진화 단계를 상정했다. 게다가 상자식 석관은 굴장이라는 재래 죠몬(繩文) 묘제의 전통에 뿌리 내리는 변용을 지적하고 있다. 보다 직접적인 전파로부터 그것을 수용한 재래적 변화는 ③의 논점에 연결되는 중요한 변화 형태이지만 이 단계의 연구에서는 지석묘 하부구조의 지역성이나 연대관이 정확하게 파악되지 않았던 문제점이 있다. 이와사키 지로(岩崎次郎)도 현해탄 연안의 가라츠(唐津)평야를 중심으로 토광을 하부구조로 하는 지석묘가 그 후 석관계의 지석묘로 변용하여 서북 규슈와 시마바라(島原) 반도 등 현해탄 연안으로부터 점차 확산하여 죠몬 시대 전통이 잔존해 가는 변화를 추정하였다. 하부구조가 토광 혹은 석관을 지역차로 인식하는 점은 타당하지만 그것이 시간축 위로 변화되어 가는 것으로 인정할 수 있을지가 문제이다. 고모토 마사유키(甲元眞之)는 규슈의 지석묘를 자신의 편년에서 말하는 최종단계인 곡안리형(谷安里型) 지석묘 계보로 추정하고 있다. 그러나 곡안리형 지석묘와 규슈 지석묘의 하부구조의 차이는 인정되지 않는다. 필자는 오토모(大友) 유적(도 3)의 발

굴 조사를 하여 지석묘의 하
부구조를 분석한 결과 석곽
에서 토광으로 구조가 변화
하는 과정을 논한 적이 있
다. 단 이러한 하부구조의
변화 과정은 오토모(大友)
지석묘의 발굴 자료만으로
분석한 것이다.

〈도 3〉佐賀県唐津市大友支石墓

　②의 논점에 관해서는 지석묘의 분포가 이키(壹岐)·쓰시마(對馬)
에서는 발견되지 않기 때문에 한반도 동남부에서 직접 현해탄 연안
으로 전파했다고 하는 모리 테이치로와 이와사키 지로(岩崎二郎)의
견해이다. 니시타니 타다시(西谷正)는 하부구조가 석관묘에서 토광
묘로의 변천 과정을 상정한 후, 야요이 조기에 나타나는 석관계가 한
반도 서남부 지역과의의 관계에서 이해할 수 있다고 주장한다. 그러
나 그 전파 루트는 한반도 서남부에서 동남부, 더욱이 쓰시마·이키
를 경과해서 서북규슈로 전파했다고 추정한다. 한편 혼마 모토키(本
間元樹)는 한반도 남부의 지석묘가 개석식에서 바둑판식으로 변화하
는 것을 근거로 서북 규슈의 석관계 지석묘는 한반도 서남부에서 제
주도를 경유해서 서북 규슈로 전파한 것이라고 보고 있다. 그리고 지
석묘의 상석, 하부구조 등 각 요소의 비교 분석으로 한반도 남강 유
역과 현해탄 연안의 북부 규슈와의 많은 유사점을 지적하고 있다. 이
러한 전파 루트 연구는 단노 신페이(端野晋平)에 의해서 계승되어 간
다. 모리 테이치로의 가설을 답습한 이러한 견해는 한반도 동남부의
지리 균배에 있어서 지석묘 각 요소의 유사점이 없는 문제가 있다.

나카무라 다이스케(中村大介)는 지석묘의 군집 형태인 열상밀집형(列狀密集型) 묘역의 특징으로부터 그 기원지를 호남(전라남도) 지역에서 영남(경상남도) 서부 내륙부에서 찾고 있다.

③의 묘제 수용 과정에 관해서는 모리 테이치로가 논한 것처럼 야요이(彌生) 문화가 시작하는 시기에 한반도 무문토기문화와의 접촉에 의해서 지석묘를 수용하고 그 후 재지적인 변용을 이뤄 간다고 하는 하야시(林)의 견해가 중요하다. 최근에는 한반도 남부의 남강 유역과 북부 규슈 현해탄 연안과의 문화교류의 수용 과정에서 토광 안에 놓인 목관이 서북 규슈에서는 석관으로 전환했다고 하는 견해가 유력시되고 있다. 이러한 재지적인 변용은 지리적인 차이에 의해서 수용자 측의 선택적인 수용 과정을 나타내고 있다. 이렇듯 규슈의 지석묘에는 한반도의 요소와 규슈의 독자적인 요소가 혼재하고 있어 단순히 일원적인 전파로 설명할 수 없다.

①～③의 문제점은 서로 관련된 것이며 일련의 대상으로서 이해해야만 한다. 이 경우에도 서북 규슈를 중심으로 하는 상자식 석관을 하부구조로 하는 지역과 가라츠 평야에서 이토시마 평야를 중심으로 하는 토광을 하부구조로 하는 지역적 차이 안에서 연대 상으로 어떠한 변화가 있는가에 의해서 그 전파 경로의 해석 차이가 생긴다. 하지만 후쿠오카 평야 이동(以東)의 현해탄 연안 동부에 발견되지 않는 상석이 없는 석곽묘나, 토광목관묘를 후쿠오카 평야 동쪽에서 기본적으로 발견되지 않는 상석을 가진 지석묘와 같이 취급하는 것은 문제가 있다. 서북 규슈에서 가라츠 이토시마 평야의 현해탄 연안 서부에 분포하는 지석묘와 후쿠오카 평야 이동의 현해탄 연안 동부의 석곽묘·목관묘(토광묘)를 시간적·공간적으로 구분하여 각각의 계보

관계와 변용 과정을 분명히 할 필요가 있다. 우선 하부구조의 지역적인 변천과 시간축과의 관계를 실증적으로 파악하는 동시에, 어디까지나 상석이 없는 묘제는 지석묘와는 다른 묘제로 인식함으로써 지역 간의 시간축 상의 묘제 수용 차이를 상정할 필요가 있다. 더욱이 시간축과 지역적인 묘제상의 구조 차이를 삼차원적으로 인식하는 것에 의해서 규슈의 지석묘를 단순히 일원적인 전파로 설명할 수 없다고 하는 지적에 반론할 수 있다. 그 때문에 전술한 오토모(大友) 지석묘에서의 하부구조의 구조변화 과정이 다른 지석묘에도 적용될 수 있는 것이 가능한가 주목 할 필요가 있다.

하부구조의 지역차는 죠몬 시대의 재래 묘제에 의거했을 가능성이 있다. 사카모토 요시히로(坂本嘉弘)는 굴장을 하는 상자식 석관은 서북 규슈 죠몬후만기(縄文後晩期)의 지역적 묘제에 의거했다고 한다. 즉 지석묘 바로 그 자체가 지역적인 하부구조의 차이가 있어 지역적으로 지석묘 수용의 방법을 달리했을 가능성이 있고, 동시에 그것이 죠몬후만기의 재래 묘제의 지역적인 차이에 기초를 두고 있었을 가능성이 높다. 따라서 하부구조의 지역차와 그 계보 관계를 한반도 묘제와의 관계와 함께 재래 묘제와의 관계를 분석 연구할 필요가 있다.

④의 지석묘 사회 집단에 관해서는 지석묘가 소군(小群) 단독으로 묘지를 조영하고 있는 것으로부터 단일 가족묘적 성격으로 생각되고 있다. 야요이(彌生) 전기까지의 묘제는 하구겐(伯玄) 타입을 근거로 혈연공동체의 가족묘로 파악하는 견해가 있지만 필자는 지석묘도 복수의 씨족 대표가 지속적으로 묘제를 조영한 것으로 생각한다. 본고는 이러한 문제점에 대해서도 구체적으로 언급하고자 한다.

이러한 연구사의 여러 문제를 극복하기 위해서는 지석묘의 구조를 다면적으로 검토 할 필요가 있다. 지석묘는 지표에 상석과 지석 부분이 확인되어 그것을 근거로 지석묘라고 인정할 수 있다. 그러나 장송 과정에서 가장 중요한 부분은 사체가 안치되는 하부구조에 있다. 그 하부구조의 지역적인 차이를 밝히는 것과 함께 하부구조의 시간적 변천을 분명히 밝힐 필요가 있다. 하부구조의 구조적인 유사성과 차이가 한반도 남부와의 비교연구에 의해서 그 위치를 부여할 필요가 있다. 그리고 규슈 내에서 구조적인 차이와 그 변천 과정이야말로 전파 루트와 지석묘라고 하는 묘제의 수용 과정을 명확히 할 수 있다. 하부구조를 중심으로 해서 지석묘의 변천 과정을 검토한다.

Ⅲ. 지석묘의 구조와 변천

규슈의 야요이 조기·전기의 지석묘는 같은 시대의 한반도 남부 지석묘의 상석에 비해서 그 크기가 비교적 작다. 지석묘가 대형화하는 것은 야요이 중기의 표석이 된 단계이지만 야요이 중기에는 이미 지석묘의 의미가 변질되고 있는 것으로 보아 본고에서는 논하지 않는다. 또한 규슈의 지석묘는 기본적으로 상석 밑에 지석을 가지고 있다. 지석을 가지지 않는 한반도의 개석식 지석묘와는 형태가 다르고 기반식 지석묘의 계보에 연결되는 것으로 생각된다. 모리 테이치로, 고모토 마사유키, 심봉근이 지적하듯이 개석식 지석묘에서 기반식 지석묘로 이행하는 단계의 지석묘 조영이 한반도에서 북부 규슈로 전래되었다고 할 수 있다.

　매장 시설인 하부구조는 ①상자식 석관, ②석곽형 석관, ③토광으로 크게 3개로 나눌 수 있다. 첫 번째가 상자식 석관이다. ②는 석곽에 가까운 묘광 주위에 돌을 늘어놓는 형태로 나카무라 타이스케(中村大介)는 활석적석관(割石積石棺)이라고 부른다. 그 계보에 대해서는 뒤에서 상술하지만 석관으로 생각한 나카무라의 호칭은 타당하나 본고에서는 석곽형석관이라고 부르기로 한다. 이 석곽형석관의 규범이 무너지고 묘광의 장축에 따라 석재가 둘러싸여 배치되는 석곽형석관의 퇴화 형태도 이 분류에 포함시킬 수 있다. ③의 토광에는 관 바닥 등의 석재가 묘광 저부에 배치되어 목관이 안치되는 것 같은 목관무덤도 존재하고 있다. 혹은 토광묘이지만 토광의 상부에 판돌로 덮개를 얹어놓은 석개토광(石蓋土壙)도 존재하여 토광묘의 형태는 몇 개로 세분할 수 있다.

　이러한 3개의 형태는 서북 규슈에서 시마바라 반도에 상자식 석관, 가라쓰 평야와 이토시마 평야 등의 현해탄 연안 서부에서 사가(佐賀) 평야에는 석곽형석관이나 토광, 시마바라(島原) 반도와 구마모토(熊本) 평야에 토광이 분포하고 있다. 분포상으로 크게 석곽형석관·토광계와 상자식 석관계로 나눌 수 있고 양자가 혼재하는 지역이 시마바라 반도이다. 따라서 크게 석곽·토광계와 석관계로 분류하여 각각 그 구조의 변천과 특징에 대해서 분석한다.

1. 석곽 · 토광계

　이 그룹에는 전술한 바와 같이 석곽계의 퇴화 형태라고 할 수 있는 위석(圍石) 형태와 토광의 지역적인 변종인 석개(石蓋)토광을 포함시켜서 생각할 수 있다. 모리 테이치로는 지석묘 하부구조에 있어서 후쿠오카시 니시구(西區) 오다(小田) 2호 지석묘의 석곽형의 석실 구조에서 토광묘에의 형태 변화를 상정하고 있다. 이 오다 2호 지석묘는 편평한 석재를 묘광에 따라 세워놓은 석곽형의 구조로 구축한 것이다. 이 구조와 유사한 것이 사가현 가라츠시 오토모(大友) 6·7·21호 지석묘이다. 오토모 6·7호 지석묘에는 묘광 표면에 공헌용(供獻用)의 소형 항아리가 안치되고 있어 관외부장(棺外副葬)의 하나의 사례가 되는 유적이다. 이러한 관외부장은 경남 지역의 송국리 단계의 묘제에서 북부 규슈의 지석묘에서도 발견되는 것이며 반드시 지석묘라고 할 수는 없지만 한반도 남부 습속의 전파를 나타내는 요소이다. 그러나 본고에서 석곽으로 분류한 구조(도 4-1)도 한반도 남해안에 발견된 석곽묘와 같이 석재를 거듭하는 쌓아올린 석실 형태와는 다른 것으로 보아 그 변이형이라고 할 수 있다. 오히려 이들 석곽형 구조에 있어서 편평한 돌을 세워놓는 특징은 송국리형 석관 구조와 유사한 것으로 한반도 남부 지석묘 하부구조의 석관계(石棺系)를 계승하는 구조로 인식해야 할 것이다. 그리고 또 이 단계의 지석묘 하부구조에는 오토모(大友) 지석묘의 발굴 소견으로 보아 목관을 묘광 내부에 안치하는 것이 아니라 사체를 직접 석곽형 석관 안에 안치한 것이다. 이 점도 석관을 그 계보로 보는 하나의 근거가 된다. 따라서 이러한 하부구조를 석곽형석관이라고 부르기로 한다.

그런데 필자는 오토모 지석묘 하부구조의 변천과 묘지의 변천을 대응시켜서 시간축 상의 변화를 제시한 적이 있다. 하부구조 석재의 배열과 변화는 공헌 토기나 소아용 옹관의 토기형식에서도 그 시간축 상의 변천 과정이 인정되어 이것은 필자 주장의 타당성을 입증하는 것이다. 더욱이 이러한 하부구조의 변천은 무덤군의 확대 과정을 나타내고 있다. Ⅰ식은 묘광 벽에 따라 돌을 1단 정도로 세워놓고 묘광 밑바닥에 석재를 깔아놓은 것이다(도 4-2). 단 발굴 당시에 묘광 안에 목관이 놓여 있었던 흔적을 확인할 수 없었던 것으로 보아 직접 피장자가 안치된 것으로 생각된다. Ⅱ식은 무덤 밑바닥의 석재가 남아있지만 묘광의 장축 변에 따라서 석재를 1단 세워놓은 것으로 단축 근처의 석재가 사라져가는 퇴화 과정을 보인다(도 4-3). Ⅲ식은 묘광 벽에 석재가 발견되지 않는 사례로 이러한 행위가 퇴화하는 동시에 무덤 밑바닥의 석재가 드문드문 깔려있는 상태로 관대(棺臺)형의 석재만이 무덤 밑바닥에 깔려진 것이다(도 3-4). 이러한 일련의 묘광 벽에 따라 석재를 배치하는 행위의 퇴화 과정을 시간적인 변천 과정이라고 상정했을 경우 Ⅰ식의 6·7호 지석묘에는 야우수Ⅱa식의 소형 옹기를 동반하고 있다. 한편 Ⅲ식의 5호 지석묘에 접해서 10호 지석묘애서 소아용 옹관이 발견되었다. 그 옹관은 구연부가 결손한 것으로 형식적으로는 이타즈케Ⅰ식에서 이타즈케Ⅱa식으로 이행해가는 시기의 것이다. 이러한 연대 관계는 하부구조의 형식 차이와 모순이 없는 동시에 Ⅰ식→Ⅱ식→Ⅲ식의 묘장(墓葬) 배치가 중심에서 점차로 주변으로 확대해 가는 것을 알 수 있어 무덤군의 변천과도 모순이 없다. 따라서 이 하부구조의 변화를 일련의 시간축상의 변화라고 생각할 수 있다.

이 하부구조의 변화 형식을 중심으로 해서 다른 가라츠 평야에서 이토시마 평야에 걸친 현해탄 연안 서부와 사가 평야의 지석묘를 고찰하고자 한다. 묘광 벽에 따라 돌을 세워놓는 오토모(大友)Ⅰ식과 오

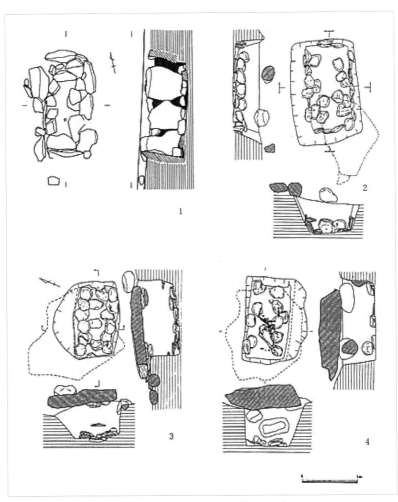

〈도 4〉 1: 瀨戶口7号墓, 2: 大友21号墓, 3: 大友8号墓, 4: 大友4号墓

토모Ⅱ식은 원래 석관 형태의 퇴화 과정을 보이는 것으로 볼 수 있다. 이들 지석묘는 석곽형 석관Ⅰ식과 석곽형 석관Ⅱ식으로 간주된다.

석곽형 석관Ⅰ식에는 오토모(大友) 6·7·21호 지석묘 및 사가 평야의 구보이즈미(久保泉) 마루야마(丸山) 지석묘 SA42·SA61도 이에 해당한다. 또한 오다(小田) 2호 지석묘와 세토구치(瀨戶口) 7호(도 4-1) 지석묘는 보다 본래의 석관에 가까운 형태를 보이는 것으로 이러한 형태의 퇴화한 것을 오토모 6·7·21호 지석묘로 볼 수 있다. 세토구치(瀨戶口) 7호 지석묘와 오다 2호 지석묘를 포함하여 석곽형 석관 I 식으로 부르기로 한다. 석곽형 석관 I 식은 상자식 석관을 의식해서 만든 것으로 생각된다.

그리고 석곽형 석관 II 식은 오토모 3·8호 지석묘가 이에 해당한다. 이것들은 석곽형 석관 I 식의 퇴화 형태로 볼 수 있을 뿐만 아니라 석관의 제작 의식조차 사라져버린 단계라고 할 수 있다. 이 형식에는 목관묘의 목관과 장축 벽 사이에 돌이 가득 채워지는 경우도 있다. 이시가사키(石ケ崎) 지석묘도 석관형 석관 II 식에 해당하는 석관형 석관 II 식 단계부터 지석묘 하부구조에 목관묘가 도입되었을 가능성이 있다.

오토모(大友) III식은 하부구조의 토광저부에 관대형의 석재가 놓여진다. 거기에서 이것을 토광묘로 간주하고 목관이 두어진 경우도 있다고 상정되며 이것을 토광 I 식이라고 부른다. 이 관대형의 석재는 무덤 저부의 전면(全面)에 깔아진 경우도 있지만 일정 부분만의 토광 단축 벽에 따라 돌이 넣어 진 경우도 있다. 이것은 토광과 목관 사이의 일정 부분에 석재를 집어넣는 것으로 추정된다. 이러한 일정 부분에만 관대형 석재가 배치되는 것을 토광 II 식이라고 부른다. 더욱이 토광 저부에 관대형의 석재 등이 발견되지 않는 단순한 하부구조를 토광 III식이라고 부른다. 토광 I 식으로부터 토광 III식은 관대형의 묘광 저부에 배치되는 석재가 감소해 가는 단순한 변화가 아니라

토광 안에서 목관 배치 방법의 차이를 보이고 있는 경우가 있어 일원
적인 시간축의 흐름 안에서 이루어진 것이라고는 판단되지 않는다.
실제로 신마치(新町) 지석묘 묘지에서는 56호 지석묘가 석곽Ⅱ식 지
석묘로는 유일하게 확인되었고 그 밖의 지석묘는 토광Ⅰ식·Ⅱ식·Ⅲ
식으로 이들 형식과 토광묘 간에는 공헌 토기의 형식으로 보아도 시
기 차이는 인정되지 않는다. 확실하게 목관이 배치되고 있는 지석묘
는 에츠지(江辻) 제5지점과 같이 토광Ⅲ식에서 시작된다. 그런데 석
곽·토광을 지석묘 하부구조로 하고 있는 가라쓰 평야와 이토시마 평
야에서도 오토모(大友) 지석묘의 분석 결과와 같이 석곽형 석관Ⅰ식
→석곽형 석관Ⅱ식→토광Ⅰ·Ⅱ·Ⅲ식과 동일한 지석묘 하부구조의
변화를 알 수 있다. 표에서 제시한 것 같이 시토(志登) 지석묘에서는
석관형 석관Ⅱ식과 토광Ⅰ식, 신마치(新町) 지석묘에서는 석곽형 석
관Ⅱ식과 토광Ⅰ·Ⅱ·Ⅲ식이라고 할 수 있듯이 그 조합이 무덤군마
다 차이를 보이고 있는 것은 이러한 형식 분류의 타당성을 가리키고
있다. 또한 석곽Ⅰ식은 오토모(大友) 6·7호 무덤의 공헌 토기로부터
야우수Ⅱa식, 석곽형 석관Ⅱ식은 나가노(長野) 미야노마에(宮前)에서
야우수(夜臼)Ⅱa식, 토광Ⅰ·Ⅱ·Ⅲ식은 신마치지석묘군에서 야우수
새로운 단계부터 이타즈케(板付)Ⅰ식 단계에 출현하고 있는 것을 시
사한다. 보다 원초적인 형식인 세토구치(瀨戶口) 7호 지석묘(도 4-1)
의 석곽형 석관Ⅰ식은 야우수Ⅰ식 등 각목돌대문토기 첫 단계까지
거슬러 오를 가능성이 있다. 따라서 규슈의 지석묘는 석곽형 석관Ⅰ
식(야우수Ⅰ식)→석곽형 석관Ⅱ식(야우수Ⅱa식)→토광Ⅰ·Ⅱ·Ⅲ식
(야우수Ⅱa식~이타즈케Ⅰ식)의 단계에 시작되고, 각각의 형식이 순
차적으로 겹치면서 점차 소실해 가는 하부구조의 변화를 상정할 수

있다. 한편 야우스 I 식에 상당하는 마가리다(曲田) 지석묘의 하부구조는 토광이지만 원형토광으로 일반적인 토광Ⅲ식과는 다르다. 굴장용의 죠몬(繩文)적인 토광묘라고 생각된다. 지석묘 도입기에 볼 수 있는 죠몬적인 선택적 수용의 특이한 사례로 간주된다.

2. 상자식 석관계

상자식 석관계는 기타마쓰우라 반도 등의 서북 규슈에서 시마바라 반도에 걸쳐서 지석묘 하부구조로 인정을 받는 것이다. 상자식 석관은 나가사키현(長崎縣) 오노다이(大野台) 유적의 형식 분류와 같이 크게 4개로 나눌 수 있다.

I 분류: 장축 벽을 사이에 끼게 하여 단축 벽을 우물 정자형(井桁形)으로 만든 것(도 5-1~3).

Ⅱ분류: 1변의 단축 벽만이 장축 벽의 바깥쪽에 배치하여, I 분류와 같은 특징을 나타면서 다른 1변의 단축 벽의 배치에는 규칙성이 없고, 장축 벽에 끼워지거나, 장축 벽과 단축 벽의 접점이 서로 다르게 만들어진 것(도 5-4·5).

Ⅲ분류: 장축 벽의 1변에는 단축 벽이 반드시 장축 벽의 안쪽에 이어져 있지만, 다른 장축 벽과 단축 벽과의 조립에 규칙성이 없는 것(도 5-6·7).

Ⅳ분류: 석관의 플랜이 4각형이 아니라 다각형이 되는 등 측벽의 배치가 불규칙한 것(도 5-8·9).

이 중 Ⅰ분류가 가장 많은 형태이며 이어서 Ⅱ분류가 많다(표 1). 유례가 적은 것이 Ⅲ분류와 Ⅳ분류이다. 가장 수량이 많은 Ⅰ분류를 규범으로 하면서 점차로 그 원칙이 무너지는 형태, 즉 Ⅰ분류→Ⅱ분류→Ⅲ분류→Ⅳ분류와 같은 변화를 상정하는 것도 가능하다. 그러나 공반(共伴)유물 등으로는 이러한 석관의 구조적인 변천은 엄밀하게 검증할 수 없다. 또한 시마바라 반도의 하라야마(原山) 지석묘에는 야우수Ⅰ식단계의 Ⅰ류 석관묘가 존재하는 것으로 보아 반드시 서북 규슈에서 시마바라 반도로 점이적인 전파 과정을 보인다고 할 수는 없다(도 6).

오히려 석관의 크기가 일률적으로 작은 것에 그 특징이 있다. 이러한 작은 크기의 석

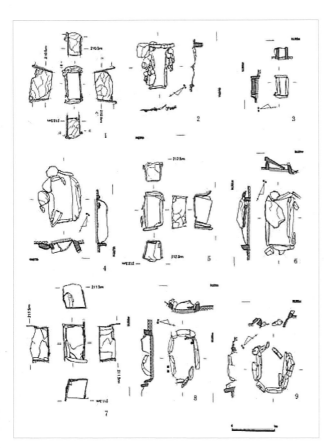

〈도 5〉 1: 風観岳30号支石墓, 2: 大野台34号墓, 3: 大野台32号墓, 4: 大野台20号墓, 5: 風観岳33号墓, 6: 大野台7号墓, 7: 風観岳31号支石墓, 8: 大野台24号墓, 9: 大野台31号墓

관을 보면 굴장 형태로 밖에 매장할 수 없다는 특징이 명확해진다. 석곽형 석관·토광계가 출토한 인골 형태를 보면 굴지장이 주체인 것에 대해서 상자식 석관계는 굴장이라는 명확한 장법의 차이가 인정된다.

〈도 6〉 原山支石墓

지석묘 하부구조의 상자식 석관계의 특징은 한반도 남해안에 유존하는 지석묘 하부구조의 석관의 계통을 이어받은 것이다. 모리 테이치로는 현해탄 연안에 전파한 석곽형 석관·토광계의 지석묘 하부구조가 서북 규슈에 이르러 상자식 석관으로 전형했다고 생각한다. 이러한 견해는 단노 신페이에게 계승되어 석곽형 석관·토광계 지석묘 내의 목관이 석관으로 바뀐 것이라고 추정한다. 그렇지만 한반도 남부에서 최근에 발견된 지석묘 내의 목관은 일반적으로 단축 벽을 장축 벽의 안쪽에 끼우는 형식의 것으로 서북 규슈 시마바라 반도의 Ⅰ분류 석관과는 구조를 달리하고 있다. Ⅰ분류 석관에서는 장축 벽

〈표 1〉 석관 형식 분류

石棺型式	大野台A	大野台C	大野台E	小川内	狐山	天久保	風観岳	原山第3	計
Ⅰ型式	1	3	10	2	1	1	3	8	29
Ⅱ型式		4	1	3	1	1	1	8	19
Ⅲ型式			1				2	2	5
Ⅳ型式			4					1	5

을 단축 벽의 안쪽에 끼운다고 하는 전혀 반대의 구조로 구성되어 있다. 이러한 관점에서 보면 목관을 석관으로 전용했다고 할 수 없다. 한반도 남해안 일대의 지석묘 하부구조에는 석곽계와 석관계가 혼재한다. 예를 들면 경남 사천시 이금동 등에는 같은 지석묘군 내에서 2개의 구조가 공존하고 있다. 이러한 한반도 문화를 받아들인 북부규슈에서는 현해탄 연안동부와 서북 규슈의 시마바라 반도에서 개별적으로 선택 수용한 것이라고 생각된다.

혹은 전술한 바와 같이 현해탄 연안 서부의 석곽형 석관도 원래 석관을 의식한 것이라고 보면 북부 규슈 지석묘의 원형은 모두 석관 타입을 모방했다고 할 수 있다. 이 계보 안에 서북 규슈에서 시마바라 반도까지 지역적으로 수용을 한 것이 상자식 석관이라고 할 수 있다. 서북 규슈에서 시마바라 반도에는 죠몬 이래의 묘제인 굴장 습속을 그대로 유지하면서 지석묘 및 하부구조로서의 상자식 석관을 선택적으로 수용했다고 할 수 있다.

3. 지석묘의 계보

석곽형 석관·토광계의 경우 형식적으로 오래된 석곽형 석관 I · II식이 분포하는 곳이 가라츠 평야와 이토시마 반도 등의 현해탄 연안이며 그 밖의 일부가 사가 평야에서도 발견되었다. 상대적으로 새로운 토광계 하부구조는 사가 평야에서 시마바라 반도의 야요이 중기를 중심으로 해서 구마모토 평야에도 분포하고 있다. 따라서 석곽형 석관·토광계의 계보는 현해탄 연안에서 사가평야, 그리고 더욱 남진해 가는 지리적인 균배(均配)가 인정된다. 현해탄 연안에서 규슈 내륙부에 전파했다는 모리 테이치로의 견해가 인정된다. 이에 대하여 상자식 석관계는 서북 규슈에서 시마바라 반도에 전파했다고 하는 적극적인 증거는 인정되지 않고 오히려 야우수 I 식의 단계에서 시마바라 반도까지 상자식 석관계 지석묘가 분포하고 있는 것을 상자식 석관 내에 안치되어 있는 각목돌대문형토기에 의해서 알 수 있다.

따라서 현해탄에 출현하는 석곽계와 기타규슈에 출현하는 석관계는 야요이 조기의 첫 단계부터 각각 지역을 달리해서 전파되어 간 것으로 생각된다. 하지만 모리 테이치로가 상정한 것 같이 석곽형 석관이 재지적인 지석묘의 수용 안에서 석곽형 석관에서 석관으로 변화된다고 하는 해석이 성립할 지가 문제이다. 이에 대하여 한반도에 존재하는 석곽 내부의 목관을 통해서 석관으로 변화를 상정하는 것은 서북 규슈 시마바라 반도의 지석묘 하부구조가 석관 구조로 구성되지 않았다는 문제점을 전술했다.

다시 말해서 현해탄 연안 지역과 서북 규슈 지역이 각각 선택적으로 석곽형석관·토광계와 상자식 석관계의 하부구조를 수용했다고 생각할 수 있다. 지석묘 수용이 지역 내에서의 그때까지의 죠몬 묘제를 채용하여 기타규슈 시마바라 반도에서는 굴장, 현해탄 연안에서는 앞으로 누운 굴지장이라는 지역의 주체성을 이해할 수 있다. 그리고 이러한 선택적인 문화 수용은 죠몬후만기에서 발견되는 곡옥이나 관옥 등의 모방, 그 위에 공열문형토기의 모방 등 죠몬인의 지향적인 문화 도입의 연장에 있을 것이다.

규슈 지석묘의 부장품과 공헌 토기에 주목해 보기로 한다. 부장품으로서 한반도계 유물로 생각되는 것이 유엽(柳葉)형 마제 석촉과 벽옥제 관옥이다. 유엽형 마제 석촉은 시토(志登) 지석묘와 미쿠모(三

〈도 7〉 井田用会支石墓

雲) 가가(加賀) 지석묘 등 현해탄 연안이라고 하는 이토시마 지역에 한정된다. 또한 벽옥제 관옥은 이토시마 지역의 이시가사키(石ヶ崎) 지석묘, 이타요에(井田用会) 지석묘(도 7) 이외에 서북 규슈의 아마쿠보(天久保) 지석묘의 부장품이다. 이토시마 지역과 서북규슈의 이러한 부장품은 한반도 남부와 강한 결부를 보이는 것이다.

또한 한반도 남부의 매장 습속으로 주목받는 것이 관외(棺外)의 공헌 토기의 배치이다. 경남 지역의 사천시 오곡리 유적이나 양산시 소토리 유적 등에서 보이는 옹기가 관외에 공헌되어지는 습속이 이토시마 지역의 신마치(新町) 지석묘, 사가 평야의 구보이즈미 마루야마(丸山) 지석묘(도 8), 이시가사키(石ヶ崎) 지석묘 등에서 인정된다. 이러한 옹기의 관외 공헌은 가라츠 평야의 오토모(大友) 6·7호 지석묘에서도 발견되었다. 이른바 석곽·토광계 하부구조 지역은 현해탄 연안에서 사가 평야에 걸쳐서 인정되는 매장 습속이다.

이렇게 공헌 토기의 매장 습속과 한반도계 부장품은 이토시마 지역을 중심으

〈도 8〉 丸山支石墓

로 하는 현해탄 연안과 서북 규슈에서 발견되었다. 이 점도 역시 이토시마 평야 등 현해탄 연안을 중심으로 수용된 지석묘 묘제를 현해탄 연안과 서북 규슈에서 각각 선택적으로 수용했다고 해석할 수 있다. 더욱이 지석묘 묘제의 발신원은 한반도 남해안 지역의 경남쪽으로 볼 수 있다. 그중에서도 연구사적으로 호남 지역에서 남강 유역의 관련성이 지적되고 있지만 그 직접적인 발신원은 이러한 부장품이나 공헌 토기로 보면 남강 유역을 포함하는 경남 지역이라고 할 수 있다. 그리고 이러한 지석묘 묘제의 정보가 현재의 이토시마 지역 등 현해탄 연안을 중심으로 우선적으로 수용되어 시간을 두지 않고 서북 규슈에도 전파된다. 하지만 서북 규슈에서는 선택적으로 하부구조를 상자식 석관으로 수용하는 동시에 굴장이라고 하는 죠몬 장제(葬制)를 그대로 채용했다고 생각된다. 그리고 이러한 선택적 수용은 순식간에 시마바라반도까지 확산한다.

4. 이행기에 있어서의 문화수용과 사회조직

죠몬시대에서 야요이 시대로의 이행기에 보이는 북부 규슈의 문화변동의 하나가 지석묘의 출현이다. 지석묘는 이토시마 평야나 가라쓰 평야 등의 현해탄 연안 서부에서 서북 규슈에 걸쳐서 분포한다. 북부 규슈의 각목돌대문형토기 첫 단계인 야우수 I 식단계에 도입된 것이다. 그것은 한반도 남부에서 개석식 지석묘로부터 남방식(바둑판식) 지석묘가 생기는 단계의 남강 유역을 포함하는 영남 지역에 걸쳐서 분포하는 지석묘 습속의 문화수용에 의한 것이었다.

그 흐름은 한반도 남해안에서 현해탄 연안 서부를 경과해서 서북 규슈에 확산했을 것으로 추정된다. 이 단계의 현해탄 연안으로 점진적인 도래인의 유입에 의한 문화접촉으로부터 전래되었을 가능성이 높다. 지석묘 하부구조의 원형은 석관이 기본으로 현해탄 연안 서부에서는 하부구조의 퇴화 형태에 의해서 석곽형 석관Ⅰ식→석곽형 석관Ⅱ식→토광Ⅰ·Ⅱ·Ⅲ식으로 분류할 수 있다. 즉 한반도 남부 지석묘의 일시적인 수용과 함께 그 변천 과정이 지석묘 하부구조의 석곽형 석관·토광계에 나타난다. 그리고 지석묘 수용 초기에는 그 구조적인 측면의 모방적인 도입이 인정되지만 매장 습속은 어디까지나 규슈 지역 고유의 굴지장(仰臥屈肢葬)으로 지석묘 묘제의 도입에는 수용 지역의 선택적인 의지가 인정된다. 그리고 이러한 지석묘 하부구조의 석곽형 석관·토광계가 사가평야에 분포하고, 또한 지석묘 하부구조가 석개(石蓋)토광을 특징으로 하는 지역적인 변용이 생긴다.

한편 같은 지석묘가 수용된 서북 규슈와 시마바라 반도에서는 지석묘 하부구조로 상자식 석관이 채용되고 있다. 이것은 원래 도입기의 지석묘 하부구조가 석관에 있었던 것으로 보면 자연스러운 도입 과정이라고 할 수 있다. 그러나 그 구조는 한반도 남부의 상자식 석관과는 구조가 다르다. 기본적으로 장축 벽을 단축 벽에서 막는다고 하는 한반도와는 다른 구조를 하고 있다. 이것은 규슈 지역의 장제로 죠몬시대 이래의 굴장을 채용한 것에 의한 석관의 소형화와 깊은 관계가 있다. 이것 또한 규슈 지역에서의 선택적인 수용 과정을 나타내는 것이다.

이렇게 각목돌대문형토기 첫 단계 즉 야우수Ⅰ식단계에서 수용된 지석묘는 크게 현해탄 연안 서부에서 사가 평야의 석곽형 석관·토광계의 지석묘 하부구조와 서북 규슈에서 시마바라 반도의 상자식 석관계의 2개의 계보로 나눌 수 있다. 이 과정에서 한반도와의 문화접촉은 현해탄 연안 서부를 중심으로 이루어져 도래 문화를 수용함과 동시에 그 원형은 석관계라고 하는 흐름 안에 있다고 할 수 있다. 그러나 그 수용과 변용은 각 지역의 죠몬 전통의 장제에 유래하고 위를 보고 누운 굴지장과 굴장이라고 하는 2개의 계보에서 선택적인 지석묘 수용과 변용이 존재했다. 또한 지석묘를 축조하는 사회도 기본적으로는 죠몬적인 집괴적(集塊的) 묘지를 조영한다. 한편 씨족 내부의 각 대표를 계속해서 매장해 가는 상속권의 정통성을 나타내는 가계(家系)의 계속성이 강조된다. 이것 또한 수도농경사회의 시작에 수반하는 새로운 사회 시스템의 도입을 나타내는 것이다.

한편 야우수Ⅱa식 단계가 되면 지석묘의 분포와는 대비적으로 후쿠오카 평야 이동(以東)의 현해탄 연안 동부에 목관묘(토광묘)가 출현한다(도 9). 그 계보는 부장품인 마제석검 계보를 고려하면 낙동강 동부의 영남 지역에서 찾을 수 있다. 따라서 한반도 남부에 있어서의 계보관계 혹은 발신원의 변화를 알 수 있다. 다시 말해서 이 단계에 도래인이 후쿠오카 평야를 중심으로 현해탄 연안 동부에 도래했을 가능성이 있다. 혹은 영남 지역의 문화가 현해탄 연안 동부에 전래했다고 할 수 있다. 이러한 새로운 문화접촉은 후쿠오카 평야를 중심으로 하는 지속적인 이타즈케조형(板付祖形) 옹기의 존재를 만들었고, 이것을 계기로 후쿠오카 평야를 중심으로 이타즈케식 토기 양식이 출현하게 된다. 더욱이 이타즈케Ⅰ식 신(新)단계 또는 이타즈케Ⅱa식 고(古)단계에 있어서의 이타즈케 토기 양식의 확산과 함께 목관묘(토광묘)의 묘제가 확산해 간다. 이러한 묘제가 세토우치(瀬戸内)와 산인(山陰)으로 확산된다. 이 시기의 후쿠오카시 덴진노모리(天神森)

유적 등의 2열매장묘도 죠몬적인 쌍분 원리와 함께 농경사회로 도입된 세대 간의 씨족의 계속성이 중시된 묘제이다. 이때의 직접적인 문화접촉을 가졌던 현해탄 연안 동부에서는 한반도 남부와 같이 신전장(伸展葬)이 도입되지만 지리적으로 조금 떨어진 지쿠고(筑後) 평야에서는 데라후쿠도(寺福童) 목관묘지에서는 위를 보고 누운 굴지장이라는 재지적인 변용이 일어난다. 이러한 이타즈케 토기 양식의 확산은 세토우치(瀬戸内)나 긴키(近畿) 혹은 산인(山陰)에서 보다 능동적인 묘제의 수용이 인정되는 것에 비해서 지쿠고(筑後) 평야나 지석묘 분포권인 현해탄 연안 서부와 사가 평야에서는 지역적인 묘제로의 변용이 보인다. 죠몬시대 묘제인 위로 보고 누운 굴지장이 계속 된다. 이러한 지석묘 묘제의 변용이 지석묘 분포권의 오토모(大友) 지석묘, 신마치(新町) 지석묘, 마루야마(丸山) 지석묘 등의 토광묘(목관묘) 전개에도 반영되고 있

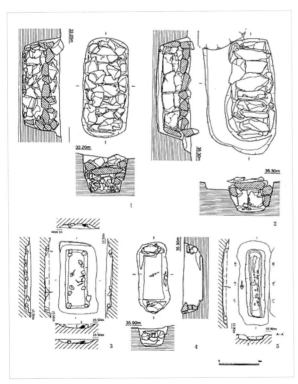

〈도 9〉 1: 田久松ケ浦SK218, 2: 田久松ケ浦SK206, 3: 江辻SK20, 4: 田久松ケ浦SK208, 5: 江辻SK12

다. 이들 현해탄 연안 서부에서 사가평야의 지석묘 분포권에도 이타즈케 토기 양식의 확산과 함께 목관묘가 도입되어 간다. 이토시마시 니조마치(二丈町) 이시가사키야카제(石崎矢風) 지석묘의 하부구조가 목관인 것이 대표적인 사례이다.

야요이 조기에 현해탄 연안 서부 지역과 동부 지역이 각각 한반도 남부와의 문화 접촉 시기의 차이에 따르는 이중구조 현상을 지적할 수 있다. 이 한반도 남부와의 문화 접촉에서의 이중구조야말로 죠몬 시대에서 야요이 시대의 이행기 문화 정황을 복잡하게 하는 동시에 각목돌대문토기 양식에서 이타즈케 토기 양식으로 전환해 가는 과정을 알 수 있는 근거가 된다. 이러한 과정에서 지석묘와 목관묘가 시기 차이와 함께 발신원과 수용지를 달리하면서 북부 규슈에 도입하게 된다. 그리고 후자가 야요이 문화의 주체적인 요소로 일본 열도에서 전개해 간다.

참고문헌

岩崎次郎, 1980, 「北部九州における支石墓の出現と展開」, 『鏡山猛先生古稀記念 古文化論攷』, 鏡山猛先生古稀記念論文集刊行会.

鏡山猛, 1942, 「原始箱式棺の姿相」, 『史淵』第27輯.

金 賢, 2003, 「泗川梨琴洞無文時代木棺에 대한 檢討」, 『泗川梨琴洞遺蹟』慶南考古学研究所.

甲元眞之, 1978, 「西北九州支石墓の一考察」, 『熊本大学法文論叢』第41号.

坂本嘉弘, 1997, 「九州における縄文時代の葬制」, 『古文化談叢』第37集.

高倉洋彰, 1981, 『弥生時代社会の研究』, 寧楽社.

武末純一·平郡達哉, 2009, 「日本支石墓を囲む諸問題」, 『巨済大錦里遺蹟考察編 －巨加大橋接続道路(長承浦～長木)区間内遺蹟発掘報告書－』(財)慶南考古学研究所.

沈奉謹, 1979, 「日本支石墓의 一考察」, 『釜山史学』3.

中村大介, 2006, 「弥生時代開始期における副葬習俗の受容」, 『日本考古学』第21号.

中村大介, 2007, 「日本列島弥生時代開始期の墓制」, 『アジア巨石文化と支石墓』.

西谷正, 1980, 「日朝原始墳墓の諸問題」, 『東アジア世界における日本古代史講座1 原始日本文明の系譜』, 学生社.

西谷正, 1997, 「日本列島の支石墓」, 『東アジアにおける支石墓の総合的研究』.

端野晋平, 2001,「支石墓の系譜と伝播様態」,『弥生時代における九
　　州・韓半島交流史の研究』, 九州大学大学院比較社会文化研究院基
　　層構造講座.

端野晋平, 2003,「支石墓伝播のプロセス －韓半島南端部・九州北部を
　　中心として－」,『日本考古学』, 第16号.

原田大六, 1952,「福岡県石ケ崎の支石墓を含む原始墳墓」,『考古学雑
　　誌』第38巻 第4号.

本間元樹, 1991,「支石墓と渡来人」,『古文化論叢 児嶋隆人先生喜寿記
　　念論集』, 児嶋隆人先生喜寿記念事業会.

朴宣映, 2009,「朝鮮半島中南部における有柄式磨製石剣の編年と地域
　　性」,『考古学研究』第56巻 第1号.

宮本一夫, 2001,「大友支石墓の変遷」,『佐賀県大友遺跡 －弥生墓地の
　　発掘調査－』(考古学資料集16).

宮本一夫, 2003,「大友墓地の変遷」,『佐賀県大友遺跡II －弥生墓地の
　　発掘調査－』(考古学資料集30).

宮本一夫, 2004,「北部九州と朝鮮半島南海岸地域の先史時代交流再
　　考」,『福岡大学考古学論集 －小田富士雄先生退職記念－』小田富士
　　雄先生退職記念事業会.

宮本一夫, 2009,「直接伝播地としての韓半島農耕文化と弥生文化」,
　　『弥生時代の考古学1 弥生文化の輪郭』, 同成社.

宮本一夫, 2011,「板付遺跡・有田遺跡からみた弥生の始まり」,『新修
　　福岡市史 資料編考古3』, 福岡市.

宮本一夫編, 2001,『佐賀県大友遺跡 －弥生墓地の発掘調査－』(考古学
　　資料集16).

宮本一夫編, 2003, 『佐賀県大友遺跡Ⅱ －弥生墓地の発掘調査－』(考古学資料集30).

森貞次郎, 1969, 「弥生文化形成期의 支石墓」, 『金載元博士回甲紀年論集』.

李榮文, 2002, 『한국 청동기시대 연구』, 주류성.

李宗哲, 2003, 「支石墓 運搬에 대한 試論」, 『韓国考古学報』50.